혁명과 민주주의

서울대 민교협 교양강좌 3

혁명과 민주주의

최갑수 · 한인섭 · 한정숙 · 유용태 · 정용욱 · 박구병 지음

경인문화사

차례

중국혁명과 중화공화국의 성립

: 쑨원에서 마오쩌둥까지 _유용태

4 · 19 민주혁명인가 민족혁명인가 _정용욱

'20세기 최초의 사회혁명' 멕시코 혁명 _박구병

혁명과 민주주의

유용태 · 서울대학교 역사교육과 교수

이 책은 서울대학교민주화교수협의회(민교협)가 2014년 1학기에 진행한 민주주의 교양강좌 "혁명과 민주주의"의 원고를 보충하여 구성되었습니다. 이번 강좌는 "한국 현대사와 민주주의", "한국 현대사와 사회경제"에 이은 세 번째입니다.

민교협이 민주주의를 주제로 한 연속강좌를 기획한 것은 87년 6월항쟁 이래 조금씩 진전하던 민주주의가 이명박·박근혜정부에 이르러 뒷걸음질하는 것을 지켜보면서 민주주의에 대한 우리 사회의 이해를 돌아보고 좀 더 심화할 필요가 있다고 보았기 때문입니다. 따라서 우리는 이 강좌를 본교 학생들 외에 일반 시민들에게도 개방하였고 그들의 편의를 고려해 오후 7-9시에 진행하였습니다. 청중의 질문과 답변이 오가는 열기 속에 예정된 두 시간을 훌쩍 넘기곤 하였습니다.

이번 강좌에서 다룬 혁명은 모두 7개입니다. 프랑스혁명, 동학농민혁명, 러시아혁명, 중국혁명, 3·1혁명, 4월혁명, 멕시코혁명 등입니다. 이를 통해 역사상의 혁명이 민주주의의 진전에 어떤 작용을 하였고 어떤 의미를 남겼는지를 짚어보고자 하였습니다.

최갑수 교수는 〈프랑스혁명과 민주주의〉라는 제목으로 프랑스혁명이 어째서 정권교체를 넘어 사회구조의 혁신까지 포함하는 근대적 의미의 혁명의 첫 사례인지를 설명하였습니다. 나아가 그는 혁명의 이상과 현실 사이에서, 이상으로서의 민주주의를 제도화하기 위해 운동으로서의 민주주의가 살아나야 한다면서 그 운동의 시작점을 프랑스혁명이 마련하였다는 데 큰 의미를 두었습니다.

한인섭 교수는 〈3.1운동인가 3.1혁명인가〉라는 제목으로 3.1운동을 혁명으로 보아야 하는 이유를 설명하였습니다. 대한민국은 이 혁명으로 1919년 건국되었고 1948년 재건되었음을 제헌헌법을 근거로 분명히 하였습니다. 따라서 그는 3.1혁명을 개별사건으로서의 여느 독립운동과 같은 항렬에 넣을 수 없음을 강조하였습니다.

한정숙 교수는 〈세계를 뒤흔든 혁명: 러시아혁명〉이라는 제목으로 재산 소유자 중심의 의회민주주의를 금권주의로 비판하고 노동자·농민을 참정주체로 하는 소비에트 민주주의가 대두한 과정을 설명하였습니다. 한 교수는 이 과정에서 다른 정당의 활동을 금지함으로써 풀뿌리 민주주의까지 구현할 소비에트 민주주의가 유보되었음을 지적하였습니다.

유용태 교수는 〈중국혁명과 중화공화국의 성립: 쑨원에서 마오쩌둥까지〉라는 제목으로 중화공화국이 서구식 의회민주주의와 소련식 소비에트 민주주의를 동시에 넘어서는 새로운 민주주의를 추구하는 과정을 설명하였습니다. 직업대표제에 의거한 민주주의가 그것인데, 혁명과 전쟁의 조건에서 일당제가 득세하면서 변형되지 않을 수 없었습니다.

정용욱 교수는 〈4.19민주혁명인가 민족혁명인가〉라는 제목으로 4월혁명은 학생과 기층민중이 각각 선도역할과 심화역할을 담당하였음을 강조하였습니다. 그는 혁명이 이승만 독재체제에 반대하는 자유민주주의 회복으로 출발하여 점차 분단체제에 반대하는 민족주의 복원으로 나아갔다면서, "4월항쟁기간"(4.19-5.16)을 시야에 넣고 이 혁명을 바라볼 것을 제안하였습니다.

박구병 교수는 〈'20세기 최초의 사회혁명' 멕시코혁명〉이란 제목으로 1910-17년 농업의 상업화 추세 속에 촌락 공유지가 파괴되는 것에 대한 민중의 저항을 배경으로 자본주의적 토지국유화를 단행하는 과정과 의미를 설명하였습니다. 그는 이 혁명의 후예들이 마을 단위 자치에 의거한 새로운 삶의 방식, "수막 카우사이"를 추구한 점에 주목하고 이를 강조하였습니다.

부록에는 동학농민혁명 유적지를 답사하고 그 해설을 수록하였습니다.

2014년은 그 120년 주년을 맞는 또 하나의 갑오년임을 기념하는 뜻도 담아서, 강의가 아니라 답사를 통해 현장감을 느껴보기로 한 것입니다. 해설을 맡은 문병학 동학농민혁명기념사업회 사무처장은 이 미완의 혁명을 좁은 한반도에 가두지 말고 동아시아 차원의 넓은 시야로 새롭게 인식할 것을 강조하였습니다.

독자들은 이상의 7개 혁명을 서로 비교해 보면서 몇 개의 유형으로 분류해볼 수도 있을 것입니다. 그리하면 혁명은 어떤 조건에서 왜 일어나는지, 주도세력의 조직과 이념, 민주주의의 진전에서 기여한 의미와 한계 등에 대한 이해를 좀 더 심화할 수 있을 것입니다. 가령 프랑스와 중국에서의 혁명의 개념을 비교해 보는 것도 그 하나의 예에 속합니다.

원고 정리작업이 제대로 진행되었으면 벌써 출간되었을 터이나 이런저런 이유로 늦어지다가 오늘에 이르렀습니다. 그러는 사이 2016년 10월부터 시민들이 맨손에 촛불을 들고 박근혜-최순실 국정농단에 분노하며 "대한민국은 민주공화국이다"고 외치는 '촛불혁명'을 일으켜 2017년 3월 마침내 대통령을 파면하고 구속하도록 만들었습니다. 그리고 촛불시민의 힘으로 선거에 의한 정권교체를 이룩하였습니다. 세계사를 둘러보아도 이처럼 질서 있고 평화로운 혁명을 찾아보기 어렵습니다. 세계의 언론이 깜짝 놀라 대서특필한 까닭입니다. 그러나 이 혁명이 사회구조의 혁신까지 포함하는 근대적 혁명으로 승화하려면 갈 길이 멉니다. 정권교체에 그친 4월혁명이나 6월민주항쟁의 전철을 밟지 말아야 한다는 다짐이 여기저기서 모아져 나오는 것도 그 때문입니다.

지체된 결과로 인한 우연이긴 하지만, 마침 이런 시점에 "혁명과 민주주의"를 다룬 연속강좌를 단행본으로 내게 되었으니 독자들이 역사 속의 혁명을 불러내어 민주주의의 진전을 위한 상상력을 키우는데 작은 도움이라도 되었으면 하는 바람이 큽니다. 강의와 답사 해설을 맡아주신 여러분, 후원해주신 서울대 공익인권법센터, 그리고 함께 해준 수강자 여러분께 감사하며, 어려운 여건에서 기꺼이 출판을 허락하신 경인문화사에 감사드립니다.

2017년 12월 필자를 대표하여
유용태

프랑스혁명과 민주주의

최갑수·서울대학교 서양사학과 교수

반갑습니다. 오늘 제가 맡은 강의는 프랑스혁명에 대한 강의인 동시에 오늘부터 시작될 〈혁명과 민주주의〉 강의 시리즈 전체의 서설 격이기도 합니다. 그래서 오늘 강의는 프랑스혁명 자체에 집중하기 보다는 그것이 갖는 의미에 대해서 역사적으로 보다 큰 틀에서 설명을 드리는 데 초점을 맞추고자 합니다. 프랑스혁명에 대한 구체적인 사항에 대해서는, 프랑스혁명에 대해 제가 일전에 썼던 글들이 있으므로 강의가 끝나고 난 뒤 이를 읽어주시면 그것으로 설명이 되지 않을까 합니다. 오늘 강의의 처음 20~30분 동안은 프랑스혁명이 무엇인지에 대해서 설명하고, 그 뒤에 프랑스 혁명이 갖는 의미에 대해서 함께 성찰해보겠습니다. 마지막으로 민주주의와의 관련성, 특히 2500년 민주주의 역사 속에서 프랑스 혁명과 더불어 등장한 근대 민주주의 탄생의 의미에 대해 설명을 드리도록 하겠습니다.

프랑스혁명이란 무엇인가?

19세기 프랑스, 혁명의 긴 역사

아시다시피 프랑스는 여러 번의 혁명을 겪었습니다. 크게는 네 번의 사건이 있었는데, 그 중에서 오늘 우리가 다룰 혁명은 1789년부터 1799년까지의 프랑스혁명입니다. 이 시기에 일어난 혁명을 다른 혁명들과 구별하기 위해 보통 대혁명이라고 부릅니다. 이 혁명은 규모가 매우 컸고, 그런만큼 많은 이들이 희생되었습니다. 방데 반란[01] 같은 경우에는 나중에 추산한 바로는 사망자가 20만명 정도 됩니다. 1793년 6월 자코뱅파가 정권을 잡으면서 시작되어 이듬해 7월 테르미도르 반동에 의해 끝난 공포정치 시기에 단두대에서 죽은 사람만도 1만 6천명이 넘습니다.

1830년에는 7월 혁명이 발발했습니다. 이 7월 혁명을 통해 1815년 나폴레옹의 몰락과 더불어 왕의 자리에 복귀했던 부르봉가의 왕정이 끝났습

---

01 방데 반란(Rébellion Vendéenne), 일명 "방데 전쟁"(Guerre de Vendée). 프랑스 서부의 방데 지역은 카톨릭의 영향력이 매우 큰 지역이었다. 프랑스 혁명이 가톨릭 교회와의 충돌을 빚고 국왕을 처형하기에 이르자 이 지역의 성직자들과 농민, 귀족들은 '가톨릭 왕군'이란 이름을 내걸고 1793년 3월 봉기를 시작했다. 그 해 6월까지는 세력을 넓혔으나 이내 혁명 정부군에 의한 진압이 시작되었다. 처음에는 강경하게 반란군을 진압했던 정부군은 1794년을 넘어서부터 회유책으로 돌아섰고, 반란군 대열에서 이탈하는 이들이 나오기 시작했다. 그 결과 1796년 이 지역의 반란은 평정된 것으로 보고되었다. 공식적으로는 1801년 나폴레옹이 가톨릭 교황과 화해하고 이 지역을 부흥시키기 위한 정책을 발표하면서 반란이 종결되었다. 약 20만명의 사망자를 낸 이 사건은 프랑스대혁명 당시 가장 처참한 살육으로 평가된다.

니다. 7월 혁명 당시에도 많은 이들이 죽었습니다. 7월 27~29일까지 3일 간 파리시내에서만 정부군과 싸웠던 시민군 사망자수가 8백명 정도에 이르렀으니까요. 하지만 이 정도면 상대적으로 사망자 수가 적은 편입니다.

1848년에는 2월 혁명이 일어났습니다. 1830년 7월 혁명 이후 의회의 추대로 루이 필리프가 왕위에 오르면서 7월 왕정이 시작되는데요, 이것이 1848년 2월 혁명으로 인해 종결되었습니다. 이 2월혁명은 그 자체로 많은 사상자를 내지는 않았습니다.

봉기군에서 사망자는 50여 명 정도였습니다. 하지만 혁명의 향배를 둘러싸고 터진 6월봉기에서는 봉기군만 4천명이 전사하였습니다.

그리고 1871년 3~5월 파리코뮌이 있었습니다. 이 사건에 대해서는 보통 혁명이라 부르지 않고 그냥 파리코뮌이라 부릅니다. '피의 1주'간에 약 3만 4천명 정도의 사람들이 죽었습니다. 혁명의 수도 파리 전체가 쑥대밭이 되었던 것이죠. 이후 1990년대 말 사회당 출신 시장이 나오기까지 좌파 정치인이 파리시장에 당선된 적이 없습니다. 혁명의 수도 파리로 하여금 보수적 색채를 띄도록 만들 정도로 극심한 진통의 과정이 1세기 동안 이어졌습니다.

통상 1870년대 말 온건하고 보수적인 제3공화국의 수립과 더불어 프랑스가 안정된 정치질서를 갖게 되었다고들 합니다. 제3공화국은 1940년에 비시체제가 들어서면서 무너졌고, 제2차대전 이후 제4공화국이 들어섰습니다. 그리고 1958년 샤를 드골이 등장하면서 제5공화국이 수립되어 현재에까지 이어지고 있습니다. 이 과정에서 15번 정도의 헌법 변동이 있었습니다. 이처럼 프랑스혁명에서 출발해 안정된 정치질서가 만들어지기까지는 약 1세기 가까이가 걸렸습니다. 그래서 이러한 오랜 과정을 통틀어 '장기 프랑스혁명'이라고도 합니다. 그럴 경우 18세기말의 이 사건만 따로 '프랑스대혁명'이라 부르는 것이지요.

프랑스대혁명만 놓고 설명을 하겠습니다. 처음부터 혁명이 시작된 것은 아니었습니다. 1780년대 후반 당시 국왕 루이 16세는 워낙 빚에 쪼들리고 있었고, 국가는 파산 위기를 맞고 있었습니다. 흔히 당시 프랑스는 유럽에서 제일 부유했다고 하는데요. 그건 국가가 아니라 귀족과 부르주아지들이 매우 부유했던 것입니다. 당시 국가는 엄청난 빚을 짊어져서, 국공체 이자 및 원금을 갚는데만 1년 예산의 절반을 쓸 정도였습니다. 그래서 국왕은 재정난을 타개하기 위해 전국에 있는 유력자를 불러모았습니다. 이것이 삼부회라고 하는 신분제에 기반한 의회입니다. 보통 프랑스대혁명은 삼부회가 소집되는 1789년 5월 5일부터 시작되었다고 합니다. 훗날 나폴레옹 보나파르트가 '브뤼메르의 쿠데타' 혹은 '무월의 쿠데타'로 권력을 잡게 된 것이 1799년 11월이었습니다. 1789~1799년 사이의 약 10년을 '혁명의 10년'이라고 부릅니다.

혁명의 시작과 끝이 언제인지에 대해서는 다소의 논란이 있습니다. 혁명을 시작한 것은 놀랍게도 특권을 가진 귀족들이었습니다. 명사회[02]가 소집된 것이 1787년이었는데, 그때부터 1789년까지의 2년을 전혁명(pré-révolution)이라고도 부릅니다. 그리고 혁명기간의 끝을 나폴레옹 집권말기인 1814년까지로 잡는 경우도 있습니다. 사실 나폴레옹을 프랑스혁명의 적자로 볼 것인가 아닌가를 두고 논란이 있는데요. 프랑스에서는 그를 긍정적으로 평가하면 좌파, 그를 독재자 혹은 자유주의의 배반자로 보면 우파로 여겨집니다. 그래서 나폴레옹에 대한 평가는 프랑스에서 좌우를 가리는 가장 확실한 지표 가운데 하나입니다. 나폴레옹의 통치기간까지를 합하게 되면 혁명은 1789년부터 약 사반세기에 걸쳐 일어난 것이 됩니다.

나폴레옹은 1804년부터 황제가 되었는데, 그 전에는 나폴레옹이 아니라 보나파르트 장군이라 불렸습니다. 현재 시점에서 돌이켜 보면, 그가 보나파르트 장군이라 불리던 1799년부터 1804년 사이에 만들었던 제도들은 대부분 최근까지 지속되고 있습니다. 민법전, 행정제도, 레종 도뇌르 훈장, 프랑스은행과 유로화 이전의 프랑화폐, 리세(우리의 고등학교)와 프랑스식 대학체계 등이 그렇습니다. 하지만 1804년 이후에 만든 것들은 대부분 사라졌습니다.

다시 혁명으로 돌아와 삼부회 이야기를 해보겠습니다. 삼부회는 세 신분의 대표로 구성되는데, 대표의 자격을 가지는 사람의 수는 인구의 비율에 따르지 않았습니다. 삼부회 소집 당시는 신분제 사회였기 때문입니다. 혁명이 신분제를 철폐하고 만인이 법 앞에 평등한 사회를 탄생시키는데, 이것이 혁명으로 하여금 근대세계를 탄생시켰다는 평가를 받도록 만드는

---

02 명사회(Assemblée des notables)는 국왕이 왕족, 귀족, 주교, 판사 등과 국가의 중요 의제를 두고 상의 하기 위해 만든 제도로, 16세기부터 시작되어 1788년까지 지속되었다. 마지막 명사회는 1787년과 88년 개최되었는데, 국가의 재정이 파탄 지경에 이르자 이를 타개하기 위한 새로운 세금의 도입을 논의하기 위한 것이었다. 그러나 이는 별다른 성과 없이 끝났고, 그 결과는 1789년의 삼부회 소집과 대혁명으로 이어졌다.

것이기도 합니다.

　삼부회는 대략 제 1신분 300명, 제 2신분 300명, 제 3신분 600명 정도로 구성되었습니다. 당시 제 3신분 인구는 프랑스 총 인구의 98% 정도를 차지했다는 점을 고려하면 매우 불평등한 비율이지요. 그나마 이 수치조차도 평민신분 대표자의 숫자를 2배 늘린 결과입니다. 이 회의의 운영 방식은 다음과 같습니다. 1, 2, 3신분 대표들이 따로 모여 최종적 의견을 정하면 그것이 각각 1표입니다. 그런데 성직자들인 제1신분은 대귀족 출신의 고위성직자들이 주도하기에 보통은 1, 2 신분이 공동으로 특권층을 구성합니다. 따라서 제 3신분은 2대 1로 패배할 수밖에 없는 구조를 지녔습니다.

　그래서 제 3신분 대표들이 처음부터 일종의 태업을 벌입니다. 루이 16세는 제 3신분으로 하여금 회의에 참가할 것을 명령했지만 이들은 듣지 않았습니다. 오늘날과 같이 모든 국민이 주권자가 아니라 왕 혼자만이 주권자인 시대였기 때문에 왕의 명령을 들었어야 했음에도 불구하고 말입니다. 제 3신분 대표들은 자격심사를 빌미로 해서 회의를 열지 않았고, 새로운 형식으로 다른 신분들과 함께 합동회의를 개최할 것을 요구했습니다. 이를 계기로 혁명 초기의 교착상태가 전개됩니다.

　루이 16세는 급했습니다. 국왕이 원했던 것은 과세에 대한 동의를 얻어내는 일이었습니다. 빚에 쪼들리고 있었기 때문입니다. 선대에 이미 사용했던 수법으로 파산선고라는 방법도 있었습니다. 중세말기부터의 경험에 의하면 이 방법은 결국 국왕 자신에게 부메랑이 되어 돌아오는 경우가 많았습니다.

해결책은 가장 잘사는 특권층인 제 1, 2신분이 세금을 내면 되는 것이 었습니다. 그런데 이 사람들이 세금을 내지 않습니다. 제 3신분 대표자들 의 입장에선 당시 방식대로 회의를 해 봤자 자신들이 세금을 더 내야 할 뿐이라는 것이 자명했습니다. 그렇기 때문에 기왕의 운영방식을 거부하고 새로운 방식의 합동회의를 요구한 것입니다.

합동회의를 요구하는 과정에서 제 3신분 대표들은 차츰 입장을 정리해 나가게 됩니다. 자신들의 이름을 무엇으로 할지 고민했습니다. 처음에는 영국처럼 '하원'이나 '평민부'라는 이름을 고려하기도 했습니다만, 6월 17 일에 스스로를 〈국민의회(Assemble Nationale)〉로 명명하게 됩니다. 자신들 이 국민들의 대표, 국민주권의 대표라는 것입니다. 사실상 혁명을 선언한 것입니다. 그리고 삼일 뒤에 자신들의 임무는 헌법을 만드는 것이라 하여 〈제헌의회〉라는 이름을 스스로 붙입니다. 그리고 헌법을 제정하기까지 해 산하지 않겠다고 선언을 했습니다. 이것이 그 유명한 〈테니스코트의 선서 (Serment du Jeu de paume)〉입니다.

이에 대하여 루이 16세는 다음과 같이 대응했습니다. 한편으로는 합 동회의의 요구를 받아들여 6월 27일자로 세 신분대표들의 합류를 명령하 고, 다른 한편으로는 이에 앞서 제 3신분 대표자들을 해산시키고자 2만명 의 군대를 베르사유 근처에 몰래 불러모았습니다. 사실 국왕의 입장에서 는 합동회의를 받아들일 수 없었습니다. 왜냐하면 이 합동회의라는 것은 그 자체로 이미 특권의 종식과 신분제의 폐지를 의미하는 것이기 때문입니다. 만인이 법 앞에 평등하다고 하는 근대사회의 도래를 예고하는 것이었지요. 그래서 왕은 받아들이는 척하면서 뒤로는 군대를 동원했던 것입니다.

당시 제3신분 대표들은 자신이 행하는 과업의 역사적 성격을 분명히 감지하고 있었습니다. 그리하여 그들은 자신들이 하는 일을 전세계가 알 수 있게 하고자 했습니다. 국민의회가 구성되자마자 최초로 취한 조치는 국회의원 두 명을 문서관으로 뽑아 모든 회의를 속기하게 한 일이었습니다. 이를 파리에서 쓰는 불어로 뿐만 아니라 지방어로도 번역해서 배포했습니다.

잠시 우리나라 이야기를 하자면, 1948년 제헌의회의 경우 의사록이 남아있어 어떠한 경위로 헌법이 만들어졌는지를 알 수 있습니다. 하지만 그 이후의 나머지 헌법에 대해서는 한동안 제대로 된 기록이 없었습니다. 특히 군사정부 시기에는 중요한 기록을 남겨두지 않았습니다. 자신들이 하는 일을 남이 알지 못하게 하고자 했던 것이지요. 근대국가란 자신들이 하는 일을 온 천하가 알 수 있게 하는 것입니다. 다시 말해, 공공성을 국가가 담보해내는 것입니다.

혁명으로 돌아오겠습니다. 반동을 꾀했던 국왕 루이 16세의 계획을 저지시킨 것이 바로 7월 14일 바스티유의 함락입니다. 파리 민중이 들고 일어나 전제권력의 상징인 바스티유 감옥을 함락시키면서 혁명에 대한 국왕의 반동의지를 꺾어버린 것입니다. 결국 국왕도 3일 뒤에 삼색기 모자를 쓰고 파리 시청에 나타나서 국민들과 함께 하겠다고 선언합니다. 그리고

8월 4~5일 즈음에 가서는 봉건제를 전면적으로 폐지하겠다고 선언합니다. 고르기아스의 매듭을 끊으려고 한 것이지요.

하지만 제 3신분 대표자들이 처음부터 혁명을 목표로 한 것은 아니었습니다. 왕을 죽이려는 생각은 더더욱 없었습니다. 물론 당사자들 스스로는 자신들이 역사상 미증유의 일을 하고 있다는 것을 직감하고 있었습니다. 이미 1789년 6월말 즈음부터 그랬습니다. 혁명가로 모인 것이 아니었던 사람들이었지만, 이들의 생각이 변해갔던 것입니다. 당시 혁명의 주도자들이 고향친구들 등에게 보낸 편지들이 남아있는데, 이들의 인식 변화를 잘 보여줍니다. 이 당시 주도자들 대부분은 자기들이 하는 일이 무엇인지 정확히 몰랐습니다. 이런 일이 역사상 없었기 때문입니다. 이들이 준거로 삼을 만한 경험이라고는 천 년이 훌쩍 지난 로마 공화정 당시의 경험뿐이었습니다. 이 전혀 새로운 경험 앞에서 이들은 놀라기도 하고 무서워하기도 했습니다. 일부 보수파들은 이 시기부터 외국으로 망명을 시작했습니다.

1789년 8월 20일부터 26일 사이에 그 유명한 〈인간과 시민의 권리 선언〉이 작성되어 나왔습니다. 그 첫번째 조항은 "사람들은 자유롭게 그리고 권리에서 평등하게 태어나며 또 그렇게 존속한다. 사회적 차별은 오직 공동의 유용성에 입각할 때에만 가능하다."입니다. 이것이 근대사회의 기본원리입니다. 특권도 없고, 귀족도 없으며, 신분제도 없는 것입니다. 오늘날 우리에게 있어서는 당연한 것으로 여겨지지만 말입니다.

같은 해 10월 5일 파리 민중들, 특히 여성들이 앞장서서 베르사유로가 왕과 왕비를 파리로 데려왔습니다. 왕과 왕비가 일종의 포로가 되어버린 것이지요. 혁명의 도시 파리가 가능할 수 있는 조건이 만들어졌습니다.

이후 일련의 개혁들이 모아져 1791년 헌법이 만들어집니다. 1789년 인권선언은 1791년 헌법의 전문(前文)이라고 할 수 있습니다. 이 헌법은 입헌군주제의 설정을 골자로 하고 있습니다. 루이 16세를 여전히 임금으로 모시지만, 이전의 절대주의를 벗어나 국민을 새로이 주권자로 설정하는 가운데 집행·행정권을 국왕이 갖는 형태를 계획한 것이지요. 이대로 되었더라면 영국식 입헌군주제가 되었을 것입니다.

혁명 당시 프랑스 사회의 실력자들은 대부분 지주들이었습니다. 신분적으로는 많은 귀족과 소수의 부르주아들입니다. 만약 이 지주들끼리만 합의를 했다면 영국식과 유사한 입헌군주제가 되었을 것입니다. 이는 민주주의가 아닌 자유주의 단계라고 할 수 있습니다. 가진자들만 투표권을 갖고 유산자들의 대표가 의회를 이루고, 이들이 주도하여 노동자와 농민을 장악하는 형태로 근대국가를 만드는 것입니다. 계급국가인 것이지요.

하지만 프랑스는 그렇지 않았습니다. 고위성직자와 귀족, 국왕이 한패가 되었고, 특권을 양보하지 않았으며, 1789년 이후에도 계속 반격의 기회를 노렸습니다. 1791년 헌법은 9월에 통과되었는데요 국왕은 이미 6월에 성명서를 써놓고 외국으로 도망가려고 하였습니다. 성명서에는 "내가 인질상태가 되어서 어쩔 수 없이 헌법을 받아들였지만, 본의는 그게 아니었다."라는 내용이 들어 있습니다 그렇게 외국으로 탈출하려던 국왕은 국경 근처에서잡혀 파리로 돌아오게 됩니다.

그런 왕을 파리로 데려온 뒤에도 제헌의회 의원들은 왕이 없는 상황을 겁냈습니다. 그래서 오히려 왕권을 강화시켰습니다. 민중들이 겁났던 것입니다. 혁명을 추진했던 이들은 사실 부르주아였습니다. 로베스피에르도 한국으로 치면 경기고와 서울법대를 수석으로 졸업하고 입학했던 엘리트였습니다. 그는 루이 르 그랑 리세라는 명문학교에서도 공부를 제일 잘하는 학생이었고, 왕이 학교를 방문했을 때 라틴어로 환영사를 읽었으며, 수석으로 졸업해서 큰 액수의 격려금을 받았던 사람이었습니다. 나중에 그 돈으로 고향에 가서 변호사 사무실을 차렸습니다. 로베스피에르는 이미 이 시기에 민주파로 분류되었지만 그 조차도 기본적으로는 유산층이었습니다. 그리하여 왕이 도망가고자 한 것이 아니라 유괴당한 것이라고 얼버무리고 왕권을 더욱 강화시킨 것입니다.

1791년에 시작된 입헌군주제의 실험은 1년도 안되어서 좌초합니다. 프랑스는 구체제 유럽과 전쟁에 돌입했고, 루이 16세가 외국의 군주들과 음모를 꾸민다는 의심을 받으면서 더 이상 신뢰를 받지 못하게 되었습니다. 당시 국왕은 현재의 루브르궁 옆에 붙어 있는, 파리 꼬뮌 당시 불타서 지금은 사라진 튈르리 궁에 머물고 있었습니다만, 결국 파리 민중들이 대포를 끌고 가서 튈르리 궁에 발포했습니다. 이 때 왕을 지키던 스위스 용병 1천여명이 파리 민중의 손에 의해 몰살을 당합니다. 왕은 의회 쪽으로 피난했지만, 결국 파리 시내의 탕플성에 갇히게 됩니다. 이것이 1792년 8월 10일의 일입니다. 군주제가 몰락한 것이지요.

약 한달 뒤인 1792년 9월 20일에 새로운 의회가 소집되었는데, 이것이 〈국민공회〉입니다. 그 전의 의회는 〈입법의회〉라 불렸습니다. 국민공회는 소집되자마자 그 다음날로 공화국을 선언합니다. 왕이 없어졌으니까요. 그 후 로베스피에르가 이끄는 산악파가 중심이 되어 1793년 헌법을 만듭니다. 하지만 이 헌법은 실시되지는 않았습니다. 대내외의 위협으로 비상상황이었기 때문에 헌법을 실시하는 정부 대신 혁명정부가 들어섰습니다.

1789~1792년의 시기를 부르주아 혁명, 1792~1794년의 시기를 민중혁명기라고 합니다. 후자의 시기에 '민중' 또는 '상퀼로트(sans-culotte)'가 대거 정치무대에 등장했기 때문입니다. 이 때 민중들의 정치참여를 어느 선까지 허용할 것인가, 민중들과의 유대의 선을 어느 정도 수준에서 그을 것인가를 두고 혁명의 지도부 사이에, 즉 자코뱅파 안에서 지롱드파와 산악파 사이에 갈등이 생겼습니다. 그 결과 1793년 6월 2일에 지롱드파가 제거되고, 산악파에 의한 공포정치가 뒤따랐습니다.

1794년 7월 27일에 테르미도르의 반동(열월의 반동)이 일어납니다. 그리고 로베스피에르파가 숙청당합니다. 이 테르미도르 반동은 혁명에 있어 가장 중요한 분기였습니다. 이 때까지를 혁명의 상승기라 부른다면, 이때부터는 혁명의 하강기라 할 수 있습니다. 열월파가 주도하는 국민공회가 1년 정도 지속된 뒤, 1795년 헌법에 따라서 총재정부가 들어섰습니다. 이를 주도한 이들은 공화주의자들이었지만, 사회경제적으로는 제헌의회와 유사하게 온건하고 보수적인 이들이었습니다.

1793년 헌법은 성인 남성의 보통선거권을 인정했지만, 1795년 헌법은 유산자의 선거권만을 인정했습니다. 그런데, 이 제한선거를 통해 왕당파가 다수가 되자 총재정부 스스로가 쿠데타를 일으켜 선거를 무효화시켰습니다. 나중에는 스스로 헌법개정을 할 수 없으니 군대를 동원하는데, 이 과정에서 보나파르트 장군이 등장합니다. 그렇게 총재정부에 의해 등용되었던 보나파르트 장군이 스스로 권력을 장악한 것이 1799년의 일로, 브뤼메르의 쿠데타 또는 무월의 쿠데타라 합니다. 이러한 과정에 대해 설명하고 있는 책은 이미 여러 권 나와 있으니 참고하시면 되겠습니다.

프랑스혁명의 의미

혁명은 군주제가 빚더미에 올라앉자 재정난을 타개하기 위해 소집된 삼부회가 국민의회로 바뀌면서 시작되었습니다. 삼부회의 평민대표자들은 과세에 대한 동의를 대가로 개혁을 추진했습니다. 그리고 봉건제를 전면적으로 폐지하겠다는 선언을 통해 국가를 근본적으로 재조직하게 되었습니다. 이는 시공간의 관념까지 바꾸는 참으로 혁명적인 변화였습니다. 행정구역을 크게 개편하고, 그레고리 달력을 대체하여 혁명력이라는 새로운 달력도 만들었습니다. 앞서 말씀 드린 테르미도르(열월), 브뤼메르(무월) 등의 단어들은 혁명력 상 12개월 중의 일부의 이름입니다. 이 달력은 한 달이 30일로 이뤄져 있고, 남은 5~6일은 상퀼로티드라는 이름을 붙여 연말·연초 상퀼로트를 기념하는 연휴로 만들었습니다. 1793년부터 이 달력을 사용했는데, 그 해부터 1년으로 계산한 것은 아니고 공화국 수립일인 1792년 9월 21일을 기원으로 해서 혁명력 1년으로 표시했습니다. 이 달력은 나폴레옹이 황제에 등극하기까지 약 12년간, 그리고 나중에 파리코뮌때에도 일시적으로 사용되었습니다.

혁명은 당초 국왕의 조세개혁과 행정개혁이 계기가 되어 시작되었습니다. 하지만 추진 과정에서 〈인권선언〉이라는 이름으로 새로운 기본 원칙을 제시하기에 이르렀습니다. 이런 과정에서 이전과는 다른 새로운 국가 및 사회의 원리들을 만들어냅니다. 그리고 자신들의 앞선 체제를 구체제(앙시앙레짐), 자신들의 체제를 신체제(누보 레짐)라고 부르게 됩니다.

새로운 주권자의 등장

구체제와 신체제는 어떻게 다를까요? 혁명 이전에는 만인이 법 앞에 평등하지 않았습니다. 신분에 따라, 지역에 따라, 직종에 따라 서로 다른 법이 적용되었습니다. 구체제 하 프랑스에는 '경멸의 폭포'라고 하는 사회 구조가 존재했습니다. 왕을 정점으로 해서 왕을 제외하고 맨 아래 하층민에게까지 모두에게 경멸이 그야말로 폭포처럼 쏟아지는 사회였던 것이지요. 이러한 사회를 만인이 법 앞에 평등한 사회로 변화시킨 것입니다. 그런데 이 평등은 사법적, 시민적 평등입니다. 영어로는 civil equality입니다. 당시에는 사회·경제적으로 평등한 사회를 염두에 둔 것이 아니었던 것이지요. 단순히 신분제와 특권, 귀족제도를 거부하고, 모두가 평민이 되는 것입니다. 그 결과 계급사회가 등장했습니다. 이것이 근대사회의 기본을 이룹니다.

우리나라는 어떻게 근대사회가 되었던가요? 한국의 근대는 모두가 양반이 되는 방식이었습니다. 세종 때만해도 양반은 5%에 불과했습니다. 근대로 이행하는 과정에서 안동 김씨나 안동 권씨네 노비들이 안동 김씨, 안동 권씨가 된 것입니다. 그러니 양반입네 하고 자랑할 일이 아닙니다.

다시 프랑스 이야기로 돌아오겠습니다. 프랑스 혁명은 새로운 주권자를 설정합니다. 국왕이라는 과거의 주권자를 대신해서 새로이 국민과 인민에게 주권이 있음을 선언했습니다. 하지만 이것 자체로 민주주의라고 하기는 어렵습니다. 인민주권은 그나마 민주주의와 약간의 관련성을 지니지만, 국민주권의 경우에는 민주주의와의 관련성이 거의 없었습니다. 보통선거권이 주어지지 않았기 때문입니다. 1791년 제헌의원들은 헌법에서 국민주권론을 설정했지만, 제한선거제를 도입해 유산자들에게만 투표권을 주었습니다. 이는 자유주의의 원리입니다. 모든 주권은 국민에게 있다는 말은 국왕주권을 부정하는 데 중점을 둔 논리였습니다. 이후 프랑스가 민주주의와의 접점을 마련한 것은 공화국으로 이행해가면서였습니다.

역사 속에서 프랑스혁명이 매우 중요한 이유 중 하나는 근대사회의 원리를 밝혔다는 측면에 있습니다. 이념적으로 이는 앞선 시기의 계몽사상과 사회계약론에서 온 것이었습니다. 홉스-스피노자-로크-루소의 순으로 발전해 온 사회계약론은 통치의 대상에 불과했던 이들을 국가의 주권자로 설정하기 시작했습니다. 이러한 사상적 전환은 결코 쉬운 일은 아닙니다.

동아시아는 정치적 축적에서는 오히려 유럽보다 앞섰지만 국왕주권을 대체할 새로운 권력에 대한 전망을 여는 데까지는 이르지 못했습니다.

사실 인류역사에서 가장 많은 지지를 받은 정치체제는 군주제입니다. 고대로부터 민주제가 존재하기는 했지만, 프랑스혁명 이전에 민주제를 좋은 체제라 부른 사람은 사실상 없었습니다. 최악이라는 평가를 받은 것은 아니었지만, 좋은 체제 가운데서는 나쁜 편에 속하고, 나쁜 체제 중에서는 좋은 편에 속하는 정도의 평가를 받았습니다. 가장 좋은 체제라 평가를 받았던 것은 군주제와 귀족제였습니다. 대부분의 사람들은 민주제라는 것을 생각도 못할 정도로 인식의 지평 자체가 차단되어 있었습니다. 그러한 와중에 종교개혁을 계기로 사회계약론이 등장하여 인식의 지평이 열렸던 것입니다. 물론 이러한 사상적 전환만으로 새로운 체제가 만들어지기에 충분했다고는 할 수 없습니다.

프랑스혁명에서 위대하다고 할 수 있는 것 중 하나는, '민중'이라 불리는 사람들이 혁명의 무대에 대거 뛰어들었다는 것입니다. 이에 대해서는 앞서 민중의 정치참여를 두고 혁명의 지도부가 산악파와 지롱드파로 나뉘었다는 말씀을 드린 바 있습니다, 이들 민중은 '무지랭이'거나 최하층까지는 아니었습니다만, 부르주아도 아니었습니다. 어느 정도 먹고 살 수 있는 파리의 장인이나 소상인층이었습니다. 그래서 민중층이라고 할 수 있습니다. 보통 이들을 '상퀼로트'라 부르는데, 과거 이 사람들이 자신의 목소리를 내는 방식은 반란 밖에 없었습니다. 눈에 안보이는 싸움 – 귀족이나 영주에게 나쁜 것 갖다 바치고, 물건 빼돌리고 등 – 은 했겠지만 말입니다.

하지만 과거에는 자신의 목소리를 높이는 순간 죽을 각오를 했어야 했던 이들입니다.

유럽의 지배층은 무자비합니다. 프랑스 종교개혁기에 위그노와 왕당파, 그리고 가톨릭파 이렇게 세 파가 싸우고 있었는데, 농민반란이 일어나자 왕당파와 가톨릭파가 싸우기를 멈추고 함께 수만 명을 한꺼번에 죽인 일도 있습니다. 이렇게 지배층이 확고했기 때문에 유럽에서는 동양에서와 같은 역성혁명이 없었습니다. 그 정도로 샤를르마뉴 시절에 만들어진 국제적인 귀족의 연계망이 전유럽에서 천년 이상 강고하게 자리잡고 있었던 것입니다. 이 지배구조가 만들어지기 전에는 역성혁명이 있었습니다만, 그 이후에는 왕을 암살했을지언정 역성혁명은 일어나지 않았습니다.

역사의 변화와 진보

원래 혁명은 예전부터 쓰이던 단어입니다. 코페르니쿠스의 〈천체의 운행에 관하여〉에도 revolution이라는 단어가 나옵니다. 이 단어는 원래 '천체의 운행'을 뜻하는 천문학적인 용어였고 정치적으로 원용되는 경우에 밀려났던 체제가 다시 돌아오는 것을 일컬었습니다. 예를 들어, 메디치 가문이 쫓겨났다 돌아오고, 쫓겨났던 왕정이 복귀하는 걸 혁명이라는 단어로 표현했습니다. 다른 예를 들어 보자면, 17세기 전반 영국에서 의회파가 국왕 찰스 1세를 폐위 시킨 것을 Great Rebellion('대반란')이라 불렀고, 크롬웰 이후의 왕정복고는 Revolution이라 불렀습니다. 이처럼 과거 revolution은 계절이 순환하는 것처럼 역사가 순환하는 것을 의미했습니다.

하지만 18세기 이후 혁명이라는 개념은 진보 관념과 결합하였습니다. 비합법적인 방식으로 사회를 근본적으로 또 질적으로 다르게 변화시켜 나가는 과정을 일컫게 된 것입니다. 이같이 근대적인 의미에서의 혁명이라는 개념이 확정된 계기가 바로 프랑스혁명입니다. 미국혁명 시기에도 이를 혁명이라 불렀지만, 미국혁명을 주도했던 이들은 겁이 많았는지 스스로 그 혁명적 성격을 부정했습니다. 그리고 근대적 의미의 혁명 개념이 창출된 공로를 프랑스에 양보했습니다. 미국헌법은 1789년에 발효되었습니다만, 당시 미국의 중앙권력은 너무 부실했습니다. 세금도 잘 납부되지 않고, 도처에서 반란이 일어났으며, 주에 따라서는 농민들이 토지 분배를 요구하기도 했습니다. 이런 상황 속에서 연방주의자들이 몰래 의회를 소집해서 비밀로 회의(Philadelpia Convention)를 연 뒤 신문에도 보도하지 않은 채 만든 것이 미국 연방헌법입니다. 이 헌법에는 권력구조에 관한 부분만 존재했습니다. 이것이 문제가 되니까 나중에 인권에 관한 부분을 수정조항으로 넣었습니다. 이처럼 미국 헌법이 만들어지는 과정은 프랑스의 그것과 많이 다릅니다.

잠시 동양의 역사 속에서 존재하는 혁명이라는 개념에 대해 살펴보겠습니다. 혁명(革命)이라는 한자어는 전통적으로 사용되어 오던 '역성혁명'에서 두 글자를 따온 것입니다. 혁명은 하늘의 뜻 즉, '천명'이 바뀜을 의미합니다. 그런데 역성혁명은 기껏해야 정치혁명에 불과합니다. 왕조가 교체되는 것을 일컫는 것이지요. 조선 건국의 사례 속에서 토지제도의 변화를 가지고 지배층의 변화 등 사회혁명의 요소를 발견하고 그 의미를 폭넓게 파악하려는 노력이 없지는 않습니다만, 기본적으로는 왕조가 바뀐 것 이상의 의미를 부여하긴 어렵습니다. '국가', '자연', '사회' 등 우리가 쓰는 많은 개념어들 중에는 근대로의 전환을 이루는 시기 서양의 개념을 번역하기 위해 새로이 한자들을 조합해 만든 것들이 많습니다만, 이와 달리 혁명이란 글자는 동양의 역사 속에서 원래부터 존재하던 단어를 사용한 것입니다. 하지만 같은 단어라도 그 의미는 전혀 새로워졌습니다.

프랑스혁명 이후 유럽인들은 과거를 새롭게 보기 시작했습니다. 그 전에는 혁명이라 부르지 않았던 것들을 새롭게 혁명으로 해석하기 시작했습니다. 영국혁명(청교도혁명과 명예혁명), 네덜란드 혁명(독립전쟁), 종교개혁기 농민혁명(반란) 등이 그렇습니다. 한국도 마찬가지입니다. 그저 '난(亂)'이라 불렸던 것들을 혁명으로 바꿔 해석하기 시작한 것입니다. 전통적으로 쓰이던 용어가 새로운 의미를 갖게 된 후, 새로운 의미는 새로운 깨달음으로 이어졌습니다. 이를 통해 과거를 새롭게 조명하게 하고 역사인식이 달라졌습니다. 혁명이라는 개념이 비합법적인 수단을 통한 급격한 변화만을 가리키던 것에서 벗어나, 역사적 진보의 분기로 새롭게 이해되기 시작한 것입니다.

프랑스혁명은 민중의 목소리가 의회에 반영된다고 하는 전례 없는 사태를 만들어 냈습니다. 혁명 당시 교육이 기본권으로 설정되고, 공적 부조가 권리로 설정되며, 약간의 토지가 무상으로 분배도록 하려 했던 시도 등이 그 사례입니다. 그러니까 자유권이 기본적인 인권으로 갓 인식되는 바로 그 시기에 사회권의 문제가 제기되고 또 혁명의회를 통해 구체화되었던 것이지요.

어떻게 보면 프랑스 혁명은 당시 프랑스인들에게는 비판적 거리를 허용하지 않는, 모든 이들의 삶을 바꾸는 사건이었습니다. 혁명 당시에는 날카로운 역사의식을 가진 이들조차도 정확히 그 실체를 몰랐습니다. 자신들이 모여 있으면서도 왜 일이 그렇게 커졌는지 이해하지 못했습니다. 또, 어떤 이들은 일루미나티나 프리메이슨같은 밀교집단의 음모라고도 했습니다. 물론 이는 '설명'이 아닙니다. 이해하려 하지 않는 데서 나오는 결과이지요. 바르나브같은 이는 부르주아라는 새로운 집단이 사회의 주역이 되어가는 과정으로 관찰하기도 했습니다. 이는 1840년대에 등장하는 사적 유물론을 예시하는데, 어디까지나 매우 예외적이었습니다. 혁명 당시에는 핵심인물이었던 로베스피에르조차 그 현상이 어떤 성격을 가지는 것인지 제대로 설명하지 못할 정도였습니다.

프랑스 혁명이라는 현상의 핵심은 변화를 정상 상태로 만드는 것입니다. 프랑스 혁명 이전에는 보수주의가 필요하지 않았습니다. 기득권집단이 보수주의라는 이론을 만들 필요도 없었습니다. 전통적 용법으로서의 revolution의 의미하듯이 변화가 있더라도 결국 제자리로 되돌아왔기 때문입니다. 누구도 사회가 근본적으로 바뀔 수 있다는 생각을 하지 못했고, 실제로 그렇게 변화한 적도 없었습니다. 그런데 프랑스 혁명을 통해 사람들은 사회를 근본적으로 바꿀 수 있다는 생각을 하게 됩니다. 소유권의 문제가 본격적으로 제기된 것입니다. 집단적인 노력을 통해 공통의 운명을 바꿀 수 있으며 이를 위해 노력해야 한다는 생각이 자리를 잡았습니다. 그리고 그 결과 근대적 의미의 '정치'가 등장하였습니다.

　그래서 혁명의 현장에서 자유주의와 보수주의, 그리고 사회주의가 동시에 탄생했던 것입니다. 저명한 보수주의자 에드먼드 버크가 쓴 〈프랑스혁명에 대한 성찰〉이 1791년에 나왔고, 혁명의 주동자들이었던 자유주의자들의 문서라 할 수 있는 〈인권 선언〉이 그 때 나왔고, (이후 사회주의자들의 전범이 되었다 할 수 있는) 바뵈프 또한 바로 이 시기에 등장하여 1797년까지 사회주의로의 사상역정을 겪습니다. 기획으로서의 혁명이 등장하자, 이를 구체화하기 위한 운동(movement), 조직, 이데올로기가 뒤이어 등장했던 것입니다.

　이제 사회는 변화하는 것이 정상으로 여겨지게 됩니다. 변화가 불가피한 것으로 간주되니 보수주의조차도 기득권이 유지되는 선에서 변화를 받아들여야 하는 상황이 되었습니다. 버크가 〈프랑스혁명에 대한 성찰〉에서 말한 것도 바로 그것이었습니다. 기득권을 유지하는 수준에서 변화를 받아들여야지, 변화를 무시하고 있다가는 혁명으로 이어진다는 것입니다.

　그리고 장기적으로 혁명은 부르주아 학문으로서 사회과학이 탄생하는 데 영향을 미쳤습니다. 사회과학은 불가피한 것, 자연적인 것이 되어버린 변화를 예측하고 통제하려는 노력의 일환으로 탄생했습니다. 이를 위해 사회과학은 데이터를 축적하고 그것에 입각하여 이론을 세웁니다. 그리고 이 사회과학을 담아내는 그릇이 바로 근대 대학입니다. 근대대학이 상대적으로 후진적이었던 독일에서 생겨난 것은 결코 우연이 아닌 것입니다.

이제 변화는 불가역적인 것이 되었습니다. 이러한 사고가 약 200년 정도 지속되었는데요, 유럽의 경우 이제 변화를 더 이상 당연히 여기지는 않는 것 같습니다. 반면에 한국은 여전히 새 것을 좋게보는 사고방식이 지배적인 것 같습니다. 발전주의의 기저에는 기실 근대적인 혁명관이 놓여져 있는 것입니다.

부르주아 혁명

프랑스 혁명을 부르주아혁명이라 부르는 이유는 주동자들이 부르주아였을 뿐만 아니라 이들이 만들고자 하는 사회 및 국가의 상이 부르주아의 이해관계에 맞는 것이었기 때문입니다. 일례로 혁명의 주도자들은 소유권을 매우 중요한 다른 권리들과 동렬에 놓았습니다. 사람에게 제일 소중한 것은 무엇일까요? 목숨입니다. 그런데 인권선언과 헌법에서는 소유권이 목숨에 관한 권리의 하나로 제시됩니다. 이러한 사고가 도출되는 논리적인 과정이 있습니다. 이를 설명해 드리겠습니다.

태초에 자연상태가 있습니다. 역사 속의 특정한 시기를 일컫는 것은 아니고, 일반적으로 공통의 권력이 부재한 상태를 가리킵니다. 이 상태에서 인간은 자연권을 누립니다. 제일 중요한 것은 생명이고, 안전, 자유, 자신의 생명을 해치는 자에 대한 저항권 등이 여기에 들어갑니다. 그런데 여기에 소유권이 추가됩니다. 홉스는 소유권을 자연권에 포함시키지 않았지만, 로크와 루소에 이르러 소유권 또한 자연권의 하나로 여겨지게 되었습니다. 그리고 자연상태를 지배하는 규칙이 자연법입니다. 자연법의 제 1준 칙은 '네가 하기 싫은 일을 남에게 시키지 마라'입니다. 그런데 이 말은 열 월의 반동 이후 새로 만들어진 '1795년의 헌법'의 전문이 되는 '인간과 시 민의 권리 및 의무 선언' 중 첫 번째 의무조항이기도 했습니다. 자연법은 사실 훌륭한 덕목을 나열한 것입니다. 홉스는 〈리바이어던〉에 서 17개의 자연법을 열거하고 있는데요, 고등종교들과 고전문명이 가르쳐 온 인류의 지혜 중 최고의 덕목들을 정리한 것이라 볼 수 있습니다.

이념형적으로 본다면 사회계약을 맺고 국가를 만드는 것(통치계약)은 자연법을 집행하기 위해서입니다. 곧 국가와 사회의 존재이유는 자연권, 요즘 말로 하자면 인간의 기본권을 지키기 위한 것입니다. 동시에 자연권 은 국가와 사회에 선행하기에, 국가와 사회는 그 자연권에, 그 일부인 소 유권에 개입할 수 없습니다. 프랑스혁명이라는 사건을 통해 이러한 사고 방식이 근대법체계를 비롯한 다양한 영역 속에 침투해 들어간 것입니다.

자연법사상과 사회계약사상에 있어 기본 단위는 개인입니다. 가족이 아닙니다. 그 개인이 바로 근대적 주체입니다. 1789년의 인권선언이 이 같은 사고방식을 매우 적나라하게 드러내줍니다. 이 선언에서 국가나 사 회가 만든 소유권은 진정한 의미의 소유권이 아니라 특권에 불과합니다. 그래서 1789년의 인권선언은 기왕의 소유권 중에서 귀족제나 동업조합, 기타 온갖 종류의 특권은 폐지하고, 나머지 소유권에 대해서는 법적 정당 성을 부여해 주었습니다. 부르주아들에게는 더없이 좋은 일이지요. 과거 에는 어땠을지 몰라도 이제 소유는 자신의 노동의 산물로 인정받게 되었으니까요. 로마법에 등장하는 'property'를 우리는 지금 소유권이나 재산권으로 번역합니다만, 정확하게 옮기자면 '고유한 속성'입니다. 로크의 책 속에서 'properties'에 해당하는 것은 생명과 자유, 안전 등이었습니다. 의미심장하게도 '재산' 또한 그 중의 하나로 들어갑니다. 따라서 재산이란 나에게 고유한 것을 일컫습니다. 재산은 내 몸의 일부처럼 소중한 것입니다. 이를 정당화 하는 논변이 '노동'입니다. '노동이 그의 것이듯 노동의 산물도 그의 것이다.'라는 것입니다. 그런데, 실제로 모든 소유권이 노동으로부터 옵니까? 삼성 회장이 벌어들이는 10조는 온전히 삼성 회장의 노동의 산물일까요?

노동이라는 관점에서 보면 국가나 사회가 만든 것들, 예를 들어 '통행세' 같은 것들은 제대로 된 소유권으로 여겨지지 않게 됩니다. 구체제 하에서는 대귀족 가문이 경제적 위기에 처하면 왕이 귀족들에게 간단한 일을 시키고 세금징수권 같은 것을 주었는데, 혁명의 시기에 이르러 이는 진정한 소유권으로 인정받지 못하게 되었습니다. 부르주아적 소유권만이 진정한 의미에서의 소유권으로 인정된 것입니다. 그리고 이 소유권 개념에 입각해서 정치권력 또한 가져야 된다는 생각을 하게 된 것이었습니다.

혁명과 근대 산업문명

이제 프랑스혁명과 민주주의의 관련성에 대해 말씀 드리겠습니다. 이에 대해서는 장기적인 시각에서 볼 필요가 있는데요. 저는 프랑스혁명이 문명사적 차원의 중요성을 갖는다고 봅니다.

　일찍이 인류 역사 속에 농경과 정착생활이 시작되는, 신석기혁명이라 불리는 사건이 있었습니다. 가장 빠른 것이 약 1만 년 전으로 확인되는데, 신·구대륙의 최소 9곳에서 독자적으로 발생했습니다. 그리고 가장 빠른 곳에서는 약 5천년 전에는 문명이 발생했습니다. 그것과 함께 국가, 도시, 계급, 가부장제, 문자 등이 동시에 나타났습니다. 이를 도시혁명이라고도 합니다. 또한 이는 청동기 시대의 시작이기도 합니다. 이후 철기문명이 시작되면서 고전문명이 등장합니다.

　고전문명으로부터 산업혁명 이전까지 인간은 농업문명의 시대를 살았습니다. 농업문명 하에서 경제적 잉여의 대부분은 토지로부터 옵니다. 이에 더해 부차적 요소로서 부등가 교환으로서의 교역이 있었습니다. 전통문명은 기본적으로 농업문명이라고 할 수 있는데, 먹고 살 수 있는 것을 충분히 생산하지 못할 정도로 생산력이 취약했습니다. 사람들이 먹고 살 수 있는 양을 숫자 100이라고 한다면, 농업문명은 최대 120이상을 생산하지 못했고 흉년이 들면 종종 파국적인 위기를 경험하곤 했습니다. 아무리 위대한 문명이라도 그랬습니다. 이 20을 가지고 위대한 문명을 만들어 낸 것 입니다.

　동서양 공히 농업문명 하에서 지배층은 생업에 종사하지 않았습니다. 오로지 피지배층만 생산에 종사했습니다. 그리고 대다수가 예속노동의 형태여서, 노비거나 농노라는 신분이었습니다. 자유로운 농민은 거의 존재하지 않았습니다. 경제적 잉여를 만드는 방법이 바로 생산자를 예속신분으로 만드는 것이었지요. 지배층은 생산에 종사하지 않으면서 생산자가 자신들의 말을 듣지 않을 경우 무력을 동원하여, 곧 '경제외적 강제'를 행사하여 겁박하곤 했습니다. 이런 상황 하에서 생산에 종사하던 예속신분의 사람들은 지배층에게 소출의 최소 절반을 바쳤습니다. 우리가 알고 있는 위대한 유산들은 이 절반으로부터 만들어진 것들입니다. 예외 없이 농업문명의 중심지는 모두 예속노동이 지배적이었고, 생산자들은 말 그대로 부자유신분이었습니다.

다만 농업문명의 주변부에는 자유민이 있습니다. 유럽에서는 스위스, 아이슬란드, 북유럽 같은 곳이 이에 해당합니다. 우리나라의 경우 과거 소작을 하면 최소 절반 이상을 지주들에게 빼앗겼습니다. 그러다가 흉년이 들면 소작농들은 꼼짝없이 굶을 수밖에 없었습니다. 최악의 경우에는 13세 정도 되는 딸을 곡물 대신 바쳐야 했습니다. 그러다 울분을 참지 못하면 호미나 낫을 들고 가서 주인을 해치게 됩니다. 그리고 나면 저잣거리에 살지 못하고 화전민이나 산적, 해적 등이 됩니다. 그런데 이런 사람들이 모여 집단을 이루면 힘을 가지게 됩니다. 유럽 최대의 지배왕조 합스부르크가가 바로 옆의 스위스를 지배하지 못한 것처럼 말입니다. 다만 주변부에 존재했던 자유민들이 살아가는 방식을 그 자체로 민주주의라고 부를 수는 없습니다.

그런데 농업문명의 가장 늦둥이였던 유럽이 역사상 처음으로 농업문명의 한계를 돌파합니다. 그것은 바로 '자유로운 임금노동'에 입각한 자본주의라는 새로운 생산양식입니다. 이 새로운 생산양식이 얼마나 높은 생산력을 만들어 냈는지는 유럽이 19세기 말이 되면 중국이나 터키와 같은 위대한 농업문명을 압도하면서 사실상 지구 전체에 패권을 확립한데서 잘 드러납니다. 그 요체는 만인을 인신적으로 자유롭게 하면서 소유권을 소수가 장악함으로써 대다수가 자신의 품을 팔지 않을 수 없게되는 산업사회의 등장입니다. 칼 마르크스는 '경제외적 강제'를 행사할 수 없는 지배층의 무능력이 농민층의 분해 및 해제와 맞물린 16세기 영국의 농촌에서 새로운 사회적 소유관계가 탄생했다고 지적했습니다. 바로 이것이 자본주의를 만들어 냈습니다. 그리고 산업혁명과 더불어 '산업자본주의'가 등장했습니다.

흥미로운 것은 영국발발 산업혁명이 전개되는 단계와 프랑스의 대혁명이 같은 역사적 흐름에 속할 뿐 아니라 시기적으로도 겹친다는 사실입니다. 이를 최초로 파악한 인물이 헤겔입니다. 1770년생인 그는 프랑스 혁명발발 당시 19세였습니다. 그는 뛰어난 감수성으로 혁명의 추이와 의미를 성찰했고, 독일이 상대적으로 후진적이었기에 근대세계의 주조자인 영국과 프랑스를 함께 견주어 볼 수 있었을 것입니다. 그는 요즘으로 보자면 대학원생 정도의 나이인 1797~1798년에 이미 영국과 프랑스에서 일어난 변화가 동일한 역사적 흐름의 각기 다른 표현임을 예리하고 간파했습니다. 앞선 시대 토지의 소유관계의 변화를 바탕으로 새로운 기계들이 만들어지고 생산력이 비약적으로 증가하던 영국에서 일어나고 있던 일과, 기존 체제를 전복하고 왕정을 무너뜨리며 새로운 헌법과 국가를 만든 프랑스에서 일어난 정치적 변화가 전혀 다른 외양을 취하고 있었음에도 불구하고 말입니다.

19세기 초 프랑스가 혁명에 힘입어 유럽을 휩쓸고 프로이센을 위시로 하는 독일을 패배의 수렁으로 밀어넣자 독일은 더 이상 개혁을 미룰 수 없게 되었습니다. 그래서 독일의 지배층 스스로 농노를 해방시켰습니다. 예속노동의 생산력이 '자유로운 임노동'의 생산력을 따라잡을 수 없음을 알게 되었던 것입니다. 그리하여 이후 많은 나라의 지배층은 스스로 '위로부터의 혁명'을 추진했던 것입니다.

산업혁명과 프랑스혁명에 의한 거대한 변화를 두고 저명한 역사학자 에릭 홉스봄은 '이중혁명(dual revolution)'이라 불렀습니다만, 사실 이것은 헤겔이 훨씬 앞서 발견한 것이었습니다. 그리고 마르크스를 포함하는 후대의 이론가들이 헤겔의 통찰을 이어받았다고 볼 수 있습니다. 심지어 헤겔은 적어도 젊은 시절에는 식민지 문제와 노예노동까지 연결해서 '이중혁명'의 세계사적 의미를 파악하려고 했습니다.

프랑스 혁명기에 나온 문건 하나를 제가 한번 읽어보겠습니다. '1793년 헌법'의 전문을 이루는 자코뱅파 인권선언의 한 조항인데, 이 문서는 근대사회의 원리를 명쾌하게 밝히고 있습니다.

모든 사람은 자신의 영역과 시간을 고용대상으로 할 수 있다. 그러나 그는 자신을 팔 수도, 판매의 대상이 되게 할 수도 없다. 그의 신체는 양도할 수 있는 소유권이 아니다. 법은 하인의 신분을 전혀 인정하지 않는다. 노동하는 사람과 그를 고용하는 사람 사이에는 수고와 승인의 계약만이 존재할 수 있다.

이것은 역설이 아니겠습니까? 자기의 몸은 판매 대상이 아니랍니다. 자기의 몸은 자신만이 주인이라고 합니다. 그런데 자신의 용역과 시간은 팔 수 있다고 합니다. 그래도 남의 하인은 아니고, 자신을 판매한 것은 아니라는 것입니다. 이것이 바로 자유로운 임노동의 요체이고 역설입니다. 그런데 여러분, 남의 피고용인이면서도 그의 머슴이 되지 않을 수 있습니까? 그렇기에 '자유로운 임노동'은 민주주의를 함축하며, 이런 조항이 민법전이나 상법전이 아니라 기본권을 규정하는 '인권선언'에 들어있는 것입니다.

물론 새로운 노동양식은 영국에서 이미 만들어져 있었습니다. 프랑스혁명보다도 훨씬 앞선 시기 영국의 농업노동자들은 이론적으로 자유로운 신분이면서도 실질적으로는 지주들에 의해 땅에서 쫓겨나 자신의 노동을 팔아야만 하는 상태에 놓여 있었습니다. 그리고 이는 장기적으로 18세기에 영국이 대두한 핵심적인 요인의 하나였습니다.

그래서 이를 지켜본 덴마크에서는 프랑스혁명 이전인 1782년에 이미 지주들이 나서서 농노들을 해방시켜 버립니다. 일반적으로 유럽에서 주변부의 작은 나라들은 큰 나라들이 겪는 진통을 보면서 굉장히 기민하게 행동하는 경향이 있있는데, 덴마크의 농노해방도 그 한 사례에 해당합니다. 오늘날 저 유명한 덴마크 농업은 자유로운 자기노동이 가능해지고, 협동조합이 만들어질 수 있게 된 상황을 배경으로 하고 있는 것입니다.

본래 루소와 같은 민주주의자들이 꿈꿨던 사회는 빈부의 차이가 크지 않은 소생산자들의 연합이었고, 초기자본주의의 상황을 반영한 것이었습니다. 하지만 자본주의의 원리 상 남의 노동을 사면 그것은 자신의 것이 됩니다. 타인은 내 하인이 아니지만 타인의 노동과 시간은 내 것이 될 수 있습니다. 당연히 타인을 고용한 사람과 타인에게 고용된 사람 사이의 빈부차는 점점 벌어집니다. 그런데 그 소유권은 특권이 아닌 자연권으로서 소유권으로 인정받습니다. 고용을 한 사람들의 입장에서는 얼마나 기분이 좋을까요? 혁명의 문서가 바로 이것을 정당화해주었으니 말입니다.

프랑스혁명은 이와 같은 것이었습니다. 그렇기에 영국의 농업혁명, 재정혁명, 산업혁명의 보이지 않는 원동력인 자유로운 임노동의 원리가 바로 프랑스 혁명가들의 문서 속에서 공식처럼 명확하게 그 모습을 드러냈던 것입니다.

고대민주주의에서 근대민주주의로

따라서 프랑스혁명은 부르주아 원리의 승인과 함께 민주주의의 탄생을 일구어냈습니다. 메소포타미아, 이집트, 고대 그리스 등을 통해 농업문명을 들여다보면, 문명이 처음 등장한 이후 어느 사회나 예외없이 암흑시대가 찾아옵니다. 암흑시대라 함은 문자가 어느 순간 사라지고 기록이 존재하지 않는 시기를 말합니다. 짧게는 백 년간, 길게는 몇 백 년 동안 그랬습니다. 이에 대해서는 여러 가지 해석이 존재하는데, 저는 문명의 초기 단계에서 착취와 폭력이 난무하는 가운데 지배층 내의 분열과 지배층과 피지배층 사이의 충돌이 암흑시대를 불렀다고 봅니다. 이는 유명한 고고학자 고든 차일드의 주장이기도 합니다.

문명이 생기면 문자가 생깁니다. 창고지기가 재고조사를 위해 문자를 만들었습니다. 이후 성직자가 등장하고, 이어서 전사가 등장합니다. 그리고 국가가 만들어집니다. 문자는 착취의 지속을 위해 만들어진 것입니다. 그래서 문자는 지배층이 피지배층의 노동력을 엄청난 규모로 착취한 흔적이기도 하며, 지배층 사이의 분열도 보여줍니다.

이런 초기 단계를 지나 철기의 도입으로 생산능력이 커지면서 고전문명이 나타났고 인류는 이제 공존하는 법을 배웁니다. BC 900~200년 사이에, 야스퍼스가 말하는 '축의 시대'에 공자, 소크라테스, 붓다 등의 위대한 가르침들이 나타나면서 인류는 최초로 평형상태를 빚어낼 수 있었습니다. 물론 그 공존의 기반은 매우 취약합니다. 왜냐하면 농업문명의 착취구조 속에서 생산자는 예속민일 수밖에 없기 때문입니다. 하지만 인간의 정체성에 관한 본질적인 규정과 함께 지배층의 착취와 피지배층의 사회적 재생산이 함께 보장되는 안정된 문명질서가 대두했고 간헐적인 파국 속에서도 2천년 이상을 유지하게 됩니다.

프랑스혁명에 의한 근대 민주주의에 앞서 고대 민주주의가 존재했습니다. 오리엔트문명의 주변부였고, 페르시아로부터 절멸 당할 위기에 처했던 그리스의 사람들이 그리스문자와 민주주의라고 하는 말과 제도를 만들고 남겼습니다. 그 이전에도 민주주의가 있기는 했습니다. 구석기 시절에는 본디 인류는 모두가 민주주의자들이었을 것입니다. 각자가 자기 운명의 주체가 되는 것 외에 다른 도리가 없었기 때문입니다. 그러나 고대 그리스에 이르러 민주주의는 최초로 그리고 본격적으로 기록으로 남겨집니다.

고대 아테네민주주의는 우리가 아는 민주주의와는 많이 다릅니다. 우선 아테네시민들은 완벽한 자유민입니다. 세금도 내지 않는 주권자들이었습니다. 따라서 전통문명의 시기에는 매우 예외적인 존재였고, 아테네 시민들 역시 이를 인식하고 있었습니다. 이것이 가능했던 것은 시민단 전체가 노예노동의 뒷받침을 받을 수 있었기 때문입니다. 다만, 시민들 각자가 노예를 소유하며 생산노동으로부터 해방되었던 것은 아니었음을 명확히 할 필요가 있습니다. 특정인이 더 많이 갖는 것을 막기 위한 소유의 상한선이 있었습니다. 솔론의 개혁의 핵심도 이와 연결되어 있습니다. 솔론의 개혁은 정치적 결정을 통해 채무노예도 시간이 지나면 해방시키기로 한 것인데, 정치적 결정을 통해 사회경제적 조치를 취한 것입니다. 그리고 농사에 노예를 대거 동원할 수 없도록 제한했습니다. 시민단 내에 빈부의 차가 용인할 수 없을 정도로 커지는 것을 막기 위한 조치였습니다. 은광개발과 조선업에 노예를 집약적으로 사용하에 얻은 과실이 세금을 대신했습니다. 나중에 아테네가 델로스동맹의 맹주가 되고 나서는 그 돈도 가져다 쓰긴 했지만 말입니다.

예속민 중심 농업사회였던 큰 국가들의 틈바구니 속에서 이 조그마한 그리스 도시국가들은 정치적으로 큰 유산을 남겼습니다. 그리스 민주제는 못사는 다수에 의한 계급지배였습니다. 잘나고 거만한 사람이 있으면 추방시켜 버렸습니다. 공직에 오를 때는 추첨을 통했는데, 남자에 한정되어 있었지만 남자는 누구나 다 공직에 진출할 수 있었습니다. 이들에게는 선거가 오히려 귀족적인 제도로 여겨졌습니다. 이처럼 정치적 조치들이 사회경제적으로 강력한 영향을 미치다 보니 과두파들이 이를 뒤집기 위해 두 번인가 쿠데타를 일으키기도 했습니다. 하지만 민주주의 역사는 짧막하게만 중단되었다가 다시 이어졌습니다. (BC 461~322년)

이러한 그리스의 민주제에 대하여, 펠로폰네소스 전쟁사에서 페리클레스가 했던 발언을 빼고는 플라톤을 포함해 누구도 긍정적으로 평가하지 않았습니다. 아리스토텔레스는 군주정-귀족정-폴리테이아-민주정-과두정-폭군정 순으로 평가했습니다. 군주제를 가장 긍정적으로 평가한 것입니다. 그나마 좋은 민주정이라고 생각한 것이 폴리테이아였습니다. 이는 플라톤이 쓴 〈국가론〉의 그리스어 제목이기도 합니다.

이 책을 키케로가 번역하면서 붙인 제목이 '공화국(les publica)'입니다. 플라톤의 국가론의 영어 제목론은 〈Republic〉인데, 과거 우리나라에서 이를 〈공화국론〉으로 번역한 사람도 있었습니다. 엉뚱한 번역이지만 말입니다. (웃음) 어쨌든 이 번역 과정은 폴리테이아=국가=공화국=좋은 민주주의가 동일한 의미망 속에 있음을 말해줍니다. 그러므로 좋은 민주주의는 모두의 것이어야 하는 동시에 공적인 것을 모두 담아야 하는 것에 다름 없습니다. 공공성을 모두 합한 것이 리퍼블릭이고 폴리테이아이며, 좋은 민주주의라고 할 수 있습니다.

자, 이제 산업문명의 시대가 되었습니다. 이것은 신석기 혁명 및 고전 문명의 등장과 마찬가지로 인류의 삶의 조건을 근본적으로 바꾼 핵심적인 역사적 계기라고 볼 수 있습니다. 저는 이 산업문명과 자본주의 하에서 등장한 공존의 방식이 바로 민주주의가 아닌가 생각합니다. 앞서 자코뱅의 인권선언문을 통해서도 보았지만 혁명의 한복판에서 자본주의의 기본 원리를 밝혔던 문서에 민주주의의 원리를 밝히는 부분도 함께 들어 있습니다. 또 다른 예를 들자면 이렇습니다. 앞서 읽었던 1793년의 산악파의 인권 선언의 마지막에 나오는 대목입니다.

"정부가 인민의 권리를 침해할 때 봉기는 인민과 인민의 각 부분에 가장 신성한 권리이자 가장 불가결한 의무이다."

이 대목이 앞서 읽어보았던 문서와 같은 문서에 들어 있습니다. 정부가 인민의 권리를 침해하면, 인민과 인민의 각 부분, 각자에게는 봉기라는 신성한 권리가 있다고 말입니다. 인민의 각 부분이라는 표현은 시민들이 모여서 발언할 때마다 '소수'라고 말하는 한국의 보수언론들의 주장을 미리 예견한 것일지도 모르겠습니다. (웃음) 실제로 프랑스혁명기에 이르러 민주적 제도와 관행들이 최초로 실시되었습니다.

프랑스혁명에 이르러 혁명의 성과는 헌법에 담기기 시작합니다. 고대와 다른 점은 바로 이 입헌주의에 있습니다. 프랑스혁명 이후에도 대부분의 19세기에 유럽 국가들의 상황을 보면, 영국과 프랑스 정도를 제외하고는 절대왕정의 무지몽매한 상태에 있었다고 할 수 있습니다. 그러던 가운데 1859~1871년 사이에 거의 예외 없이 모든 유럽 국가들이 헌법을 만들기 시작합니다. 헌법을 가져야 나라다운 나라가 되고, 부강한 나라가 된다고 생각하기 시작한 것입니다. 이는 '위로부터의 혁명'이라고 할 수 있습니다. 이걸 본 따서 일본도 메이지유신 이후 헌법을 만들었습니다. 신해혁명 직후의 중국, 청년튀르크혁명(1908) 당시의 오스만투르크, 입헌혁명(1906~1911) 당시의 이란도 마찬가지였습니다. 러시아혁명 이후 혁명에 대한 시각이 달라졌습니다만, 그 전에는 혁명이라 하면 입헌주의를 만들어내는 혁명이었습니다. 자유주의의 원리와 결합한 것입니다.

민주주의가 유럽에서 뿌리내리는 과정은 다음과 같습니다. 19세기 역사 속에서 민주주의는 성년남자의 보통선거권으로 상징됩니다. 미국혁명에서도 마찬가지였지만, 사람들은 프랑스혁명 당시에도 성년남자의 보통선거권이 도입되면 고대 아테네에서와 유사한 일이 일어날 것이라 여겼습니다. 이후 보통선거권을 허용하지 않으려 했던 부르주아들이나 이를 쟁취하려 했던 노동자 대표 및 사회주의자들 모두가 당시에는 고대적 관념에 사로잡혀 있었습니다. 보통선거권이 주어지면 계급정치가 나타난다고 본 것입니다. 그런데 1848년 이후 나폴레옹 3세 시대에 이르러 실제 보통선거권이 주어졌지만 예상하거나 우려했던 큰 변화가 나타나지 않았습니다. 영국도 19세기 말에 가서 어쩔 수 없이 노동자들에게 투표권을 허용했습니다. 이 때에 이르면 보통선거권을 얼마든지 길들일 수 있다는 자신감이 지배층에서 나타나기 시작합니다.

이를 위해 교육에 중요한 역할이 부여되었습니다. 이 무렵에 역사가 완전히 새롭게 쓰여지기 시작했습니다. 에릭 홉스봄의 명저 〈전통의 발명〉이 바로 이 시기를 다룹니다. 대중민주주의가 도래하던 시기 유럽 국가들의 변화를 다룬 것이지요. 이 시기 민족설화가 새로이 만들어지고 전통도 새롭게 만들어져, 대중민주주의에 대한 통제가 가능해 졌다는 것입니다. 이를 통해 가상의 공동체로서의 민족(네이션)을 강조하고 그 내부의 계급적 차이는 부차적인 것으로 만들었습니다.

그 후 20세기에 들어서면 모든 이가 민주주의를 가장 좋은 체제, 가장 훌륭한 정치적 덕목이라고 말하기 시작했습니다. 과거 민주주의에 대해 부정적이었던 목소리는 사라지고 이구동성으로 민주주의를 찬양하게 되었습니다. 그러다보니 민주주의로 말할 수 없는 것까지도 민주주의라고 말하는 상황에까지 이르게 되었습니다. 민주주의라는 이름하에 정치적 위선이 등장한 것이지요.

역사학자들은 민주주의 시대 도래 이전과 이후에 있어 사료를 읽는 방법이 달라야 한다고 말합니다. 18세기~19세기 전반기만 하더라도 오스트리아의 수상 메테르니히 같은 사람들에게 정치는 오직 지배층만의 게임이었기에 '무지렁뱅이들이 정치에 관여해도 되는가?' 등의 발언을 직설적으로 했습니다. 그런데 민주주의 정치가 확립되자 지배 엘리트 그룹의 구성원들끼리 있을 때 하는 이야기와 바깥을 향해 하는 이야기가 달라지게 되었습니다. 정치인들은 바깥을 향해서는 항상 좋은 말만 합니다. 하지만 간혹 새어 나오는 자기들끼리의 이야기가 그들의 본심이지요. 민주정치란 그런 것입니다.

현재에도 민주주의의 이상은 여전히 존재합니다. 그 이상이란 못사는 다수의 계급지배입니다. 때로 제도화된 민주주의는 사실 권태롭습니다. 그리고 '겨우 이것을 위해 싸워 왔단 말인가'하는 회의를 불러일으키기도 합니다. 하지만 현실을 넘어선 이상으로서의 민주주의는 영속하리라고 봅니다. 그리고 이 이상을 향해 나아가기 위해서는 운동으로서의 민주주의가 살아나야 합니다. 이 부분이 걱정스럽지만 말입니다. 그래서 이상으로서의 민주주의는 죽지 않고, 모두의 마음속에 존재할 것이라고 생각합니다. 문제는 이 이상으로서의 민주주의가 현실 속에서 제도의 변화로 이어져야 한다는 데 있습니다. 이 때 불가결하게 필요한 것이 운동입니다. 그리고 그 운동의 시작점을 마련한 것이 바로 프랑스혁명이었던 것입니다.

3·1운동인가? 3·1혁명인가?

한인섭·서울대학교 법학전문대학원 교수

오늘 강의에서 저는 1919년 3월 1일부터 시작된 독립선언 및 만세운동과 이후 진행된 일련의 사건들을 다루고자 합니다. 대다수의 사람들은 이를 두고 '3·1운동'이라 부르고 있습니다. 이것이 '혁명'이었다고 말하는 사람은 찾아보기 어렵습니다.

하지만 저는 오늘 1919년 3월 1일 이후 진행된 사건의 연쇄들을 종합적으로 평가해보았을 때, 혁명으로도 해석할 수 있다는 점을 말씀 드리고자 합니다. 다시 말해, '3·1'은 단순한 '의거'나 '봉기' 정도로 해석될 수 있는 것이 아니라는 점과 '혁명'으로 표현해야 한다는 점을 말씀 드리고자 하는 것입니다. 이를 위해서 오늘 제 강의를 두 부분으로 구성하고자 합니다. 강의 전반부에서는 '운동'으로서 일어난 '3·1'을 먼저 알아보도록 하겠습니다. 그리고 나서 혁명으로서의 성격을 가진 3·1을 설명해 드리는 순서로 강의를 진행하겠습니다.

먼저 3·1운동에 대한 기초적인 지식에 대해 이 자리에 참석하신 여러 분들과 간단한 문답을 주고받으면 어떨까 합니다. 마이크를 받으신 분께서는 제가 질문했을 때 간단하게 답해주시고 나서 옆의 사람에게 마이크를 넘겨주시면 감사하겠습니다.

Q 3·1운동은 언제 일어났을까요?
A 1919년 3월 1일입니다.

Q 좋습니다. 그렇다면 이 운동이 끝난 것은 언제였을까요?
A 3개월 정도 지속된 것으로 압니다.

Q 3·1 운동은 어디에서 일어났습니까?
A 전국적으로 일어났습니다.

Q 앞서 3개월 정도 지속되었다는 대답이 있었습니다만, 그 중에서도 3월과 4월이 매우 큰 규모였습니다. 그렇다면, 왜 그토록 오래 지속되었을까요?
A 확산된 시기가 그 정도가 아닐까 합니다.

Q 3·1운동은 서울에서 시작된 것으로 알려져 있는데요, 어떻게 다른 지역으로 확산되었을까요?

A 잘 모르겠습니다.

Q 3·1운동하면 떠오르는 인물이 있으신가요?

A 유관순이 떠오릅니다.

Q 유관순은 모두가 알고 있지요. 유관순 이외에 떠오르는 인물이 있으신가요?

A 33인입니다.

Q 네. 민족대표라 불리는 33인이 있습니다. 그런데 유관순이 이들 33인에 못지 않게 유명하지요. 유관순은 남녀노소 중 어디에 해당할까요?

A 여성이고 소녀입니다.

Q 독립선언서에 서명한 33인은 어떻게 구성되어 있지요?

A 종교계와 각계각층으로 구성되었다고 알고 있습니다.

잠시 여기서 독립선언서에 서명한 33인에 대해 간략히 설명을 드리겠습니다. 원래는 각계각층 여러 집단을 대표하는 이들이 자신의 집단을 대표해 독립선언서에 서명을 하는 것이 좋지만, 당시는 각계각층을 대표하는 사람들로 구성할만한 여유가 없었습니다. 그래서 종교계가 주축을 이루었습니다. 천도교와 기독교가 주축이 되었고, 불교계에서는 스님 두 분이 참여했습니다. 종교계 이외에 다른 대표자는 없었습니다. 종교계를 대표하는 이들만 독립선언서의 서명에 참여했던 것입니다. 질문은 계속 이어가겠습니다.

Q 그 33인이 무엇을 했었지요? 3월 1일에 만세를 불렀습니까?
A 뭔가를 선언한 것으로 알고 있습니다.

Q 33인은 어떤 방식으로 선언을 했습니까?
A 선언을 하고 바로 피신한 것으로 기억하고 있습니다.
Q 맞습니다. 이들은 선언을 하고 난 뒤 지하에 잠적해서 운동을 계속 이끌었습니까?
A 경찰서에 전화해 자신들을 잡아가 달라고 했습니다.

Q 예, 경찰서에 전화해서 자신들을 잡아가 달라고 했습니다. 이에 대해서는 어떻게 평가하시는지요? 잘한 일인가요? 그렇지 않은 일인가요?
A 잘 모르겠습니다. 과거에는 좋은 행동이라 생각했지만, 지금에 와서 보면 잘한 행동은 아닌 것 같습니다.

1919년 3월 1일 당시의 정황에 대해 잠시 설명을 드리겠습니다. 1919년 3월 1일 오전, 독립선언서에 서명한 33명은 서울 종로 인사동 근처에 있는 음식점 태화관에 모였습니다. 원래는 독립선언서를 낭독할 계획이었지만, 선언서가 워낙 장문인 관계로 전문낭독은 생략하고 뒤에 붙어 있는 공약삼장을 낭독했습니다. 그리고 나서 모인 이들이 한용운 선생께 한마디 할 것을 부탁했습니다. 한용운 선생은 "우리가 독립이 되었으니 너무 기쁩니다. 축배를 듭시다"라는 말을 했습니다.

그런데 이 33인이 얼마나 착한 사람들인가 하면, 자신들의 행위로 인해 음식점 주인이 고초를 겪을 것이 분명하니까 음식점 주인에게 종로경찰서에 전화해서 자신들을 잡아가도록 해달라고 부탁습니다. 지금의 태화사회복지관 자리에 있던 태화관은 인사동 어귀에 위치하고 있는데, 가보신 분들은 아시겠지만 종로경찰서에서 금세 달려올 수 있는 거리입니다. 그래서 금방 경찰이 와 이들을 잡아갔습니다.

이 당시에 학생들은 가까운 탑골공원에 모여 있었습니다. 이들은 독립선언서에 서명한 33인의 대표 누군가가 탑골공원에 와서 선언문을 낭독해줄 것을 요청해놓은 상태였습니다. 그런데 33인의 대표 중 아무도 오지 않았습니다. 그러자 그곳에 모인 학생들끼리 독립선언서를 읽고 만세운동을 시작했습니다. 이 학생들도 곧장 잡혀 갔습니다. 여기까지 설명을 하고 계속 질문을 이어가보겠습니다.

Q 이들 33인의 행위를 어떻게 평가하십니까? 이들의 행동을 잘한 것으로 평가할 수 있을까요?

A 여러 측면이 있을 것 같습니다. 당시 학생들 사이에서는 33인의 대표의

이런 행동을 약속된 운동에 대한 배신으로 여기면서 반발하는 여론이 거셌다고 알고 있었습니다. 이들이 바로 체포됨으로써 운동을 주도해야 하는 주체들이 없어짐으로 인해서 운동이 바로 소멸될 수도 있는 상황을 초래할 수 있었기 때문입니다. 다른 한편으로는, 이 33인의 대표들이 일부러 자신들의 활동을 알려 감시 당국의 시선을 자신들에게 붙잡아두려 했던 측면도 있다고 들었습니다. 이를 통해 학생들을 중심으로 운동이 더욱 확산될 수 있는 여건이 마련되었다는 평가도 있습니다. 실제로 학생들이 3·1운동을 주도했다고 들었는데요, 그 결과 학생들이 더욱 역사의 전면에 나서고 이후에도 독립운동의 중심세력으로 성장할 수 있는 계기가 되었을지도 모르겠습니다.

Q 앞에 나오셔서 강의를 하셔도 될 정도이신 것 같습니다. (웃음) 이 외에도 3·1운동에 대해 궁금한 것이 있으시다면 저에게 질문해 주시기 바랍니다. 저는 대학과 다른 교육기관의 중요한 차이가 질문을 가지는 것에 있다고 생각합니다. 모두가 '~이다.'라고 할 때, '설마 그럴까?'라고 질문할 수 있는 공간이 대학이라고 생각합니다. 즉, 대학에서는 많은 궁금증을 가져야 한다고 보는 것이지요. 답변해주신 여러분들께 감사 드립니다. 수고하셨습니다.

운동으로서의 3·1

오늘 강의를 통해 3·1운동의 전모를 모두 알기는 어렵습니다만, 운동으로서의 3·1에 있어 중요한 몇 가지를 함께 살펴보겠습니다. 잘 아시다시피 3·1운동은 1919년 3월에 일어났습니다.

그로부터 1년 뒤인 1920년, 상해에 체류하고 있던 역사학자 박은식은 〈한국독립운동지혈사〉를 썼습니다. 박은식선생께서 이 책에 앞서 쓴 책은 〈한국통사〉였습니다. 〈한국통사〉라는 책은 한국이 일본의 식민지가 되었는지를, 그 아픈 역사에 대해 기술한 책이었습니다. 그런데 식민화의 과정만을 저술한 책을 쓰고 끝난다면 한국의 역사란 너무 슬프고 비관적이었을 것입니다. 따라서 〈통사〉 뒤에는 희망을 이야기할 수 있는 무언가가 나와야 했습니다.

3·1 독립운동이라고 하는 거대한 움직임이 일어나자 중국 상해에 머물고 있던 근대역사학자 박은식은 국내로부터 들어오는 소식들을 모으고, 국내에서 상해로 들어오는 사람들을 통해 증언들을 수집했습니다. 이를 바탕으로 3·1운동의 전모가 어떠했는지에 대한 저작을 1920년에 내놓았습니다. 그 책이 바로 〈한국독립운동지혈사〉입니다. 이 책 이후로도 3·1운동에 대한 꼼꼼하게 분석한 책들이 여럿 나왔지만, 저는 뜨거운 열렬함과 지성이 결합된 최고의 저작은 〈혈사〉라고 생각합니다. 꼭 한번 읽어보시기 바랍니다. 〈혈사〉의 한 페이지를 함께 보겠습니다. 제가 나눠드린 유인물 중 "드디어"로 시작하는 부분이 있습니다. 그 부분을 한번 낭독해주

시기 바랍니다.

"드디어 기미년 3월 1일, 우리의 태극기가 돌연히 하늘에 휘날리어 해와 달과 더불어 광채를 다투고, 독립 만세의 소리가 천지를 진동시켰다. 우리 남녀노소가 흘린 피가 길에 가득하였지만 용기는 더욱 충천하고 기세는 한층 장렬하였다. 국내외의 보잘것없는 외딴 시골구석에서도 우리와 똑같은 목소리로 만세를 외쳐 부르짖지 않음이 없었고 앞을 다투어 목숨을 바쳤다. 충정과 믿음을 갑주로 삼을 뿐, 손에는 한 치의 무기도 들지 않은 사람들이었다."

제가 보기에는 이 부분이 3·1운동의 전개과정을 가장 잘 요약한 문장인 것 같습니다.

3·1운동의 준비

3·1운동은 3월 1일 정오부터 시작되었는데, 사실은 그보다 앞서 일어난 일들이 많습니다. 같은 해 2월 만주에서 무오독립선언이 있었고, 일본 동경에서는 2·8독립선언이 있었습니다. 이들 독립선언에 뒤이어 3·1독립선언이 나왔습니다. 이러한 일련의 과정을 지켜본 일본 권력당국의 입장에서는 이러한 전체의 과정을 기획하고 조정한 누군가가 배후에 있을 것이라는 혐의를 가질 수밖에 없었을 것입니다. 그렇다면 이를 기획한 것은 누구였을까요? 이에 대해서는 여러 설이 있습니다만, 그 중 유력한 한

가지는 파리강화회의에의 대표 파견과 관련되어 있습니다.

1차대전이 끝난 후 개최된 파리 강화회의는 개최에 앞서 식민지문제를 중요한 의제로 다룰 것임을 예고하고 있었습니다. 회의가 다루고자 했던 것은 1차대전의 승전국들이 모여 독일, 오스트리아, 오스만투르크 등 패전국들의 과거 식민지를 원위치 시키는 것이었습니다. 이를 통해 패전국들의 국세를 약화시키고자 했던 것입니다. 이 회의를 거쳐 폴란드가 독립했고, 오스만투르크 지배하에 있던 동구권 국가들도 독립을 이루었습니다. 오스만투르크가 지배했던 아라비아 국가들이 독립을 이룬 것도 이때였습니다.

그런데 식민지 문제를 다루고자 한 것과 평화와 민족자결을 그 정신으로 표방한 것이 다른 식민지 국가의 독립운동 지도자들에게 크게 다가왔습니다. 그래서 이 회의와는 직접적 관련이 없던 곳에서도 이 회의를 자신들의 독립에 관한 문제를 다룰 기회라 여겨 참석하고자 했습니다. 한국에서도 여운형과 김규식 등이 신한청년단을 만들고 파리 강화회의에 대표를 보내고자 했습니다. 이 회의의 대표라고 한다면 아무래도 영어를 비롯한 외국어가 능통해야 할 것입니다. 그래서 과거 미국 선교사 언더우드의 주선으로 미국에서 공부한 바가 있는 김규식이 대표로 가게 되었습니다.

회의가 열리는 파리로 떠나기 전 김규식은 여운형에게 "내가 가서 독립을 이야기하긴 할 텐데, 조선에서 실제로 독립을 위한 목소리가 일어나야 조선이 독립을 희망하고 있다는 것을 대대적으로 소개하면서 이야기를 풀어나갈 것 아닌가?"라는 말을 합니다. 이를 들은 여운형은 "좋다. 그럼

운동을 일으켜보자"고 응답했습니다. 그리고 상해의 열혈 청년들을 만주, 동경, 경성으로 파견하여 각 지역에서 운동의 불을 지피는 역할을 하도록 했습니다. 물론 독립선언이라는 커다란 불이 붙는 과정에는 여운형과 김규식, 그리고 파견된 청년들로 설명될 수 없는 독자적인 요소들을 여럿 갖고 있습니다. 하지만 첫 단추는 여운형과 김규식의 아이디어로부터 끼워진 것이 아닌가 여겨집니다. 국외에서 붙은 불이 국내로 확산되어 들어온 것이라 할 수 있습니다.

지난주에 강의하셨던 최갑수선생님께서는 혁명은 예측 불가능하게 일어나며, 돌연히 일어난다는 말씀을 하신 바 있습니다. 3·1운동 또한 그렇습니다. 제국주의 식민권력의 시점에서는 3월 1일보다 몇 일 전, 대략 2월 25일 정도만 하더라도 바로 일주일 뒤에 시위가 일어 2개월 동안 온 조선을 뒤덮으리라는 생각을 꿈에도 하지 못했을 것입니다. 왜냐하면 일제 식민권력의 입장에서는 앞선 10년간 조선사회를 완전히 평정했다고 여길 정도로 철저히 독립운동에 대한 진압과정을 펼친 바 있기 때문입니다. 1913년경 이후에는 독립이란 말이 들리지 않을 정도가 되어, 권력당국은 이제 게임이 끝났다고 생각할 정도였습니다. 제국주의 권력은 이 시기 모든 사회단체의 활동을 불가능하게 만들었고, 한국인에 의한 언론활동도 모두 금지시켜 놓은 상태였습니다.

이러한 상황에서 만세운동이 일어났을 때 실제적인 구심점 역할을 할 수 있던 것은 종교단체밖에 없었습니다. 당시 종교들의 교세를 살펴보자면, 천도교가 가장 교세가 큰 종교여서 전국적으로 200~300만 정도의 신자를 가지고 있었습니다. 그 다음은 기독교로 20만 정도의 신자를 가지고 있었습니다. 이와 달리 불교계의 참가는 다소 어려웠는데요, 사찰이 산중에 있다 보니 긴밀한 네트워크가 존재하지 않았기 때문입니다.

당시 최대의 종교세력은 유림이었습니다만, 이들은 3·1운동에 참여를 하지 못했습니다. 이로 인해 유교는 치명타를 맞았습니다. 독립선언의 대열에 들지 못하니 유교에 대한 평판이 굉장히 나빠졌기 때문입니다. 삼일운동 전후하여 유교계에서는 영남유림을 중심으로, 그 중에서도 심산 김창숙선생이 중심이 되어 늦게나마 유림들의 서명을 모아 파리에 보냈습니다.

3·1운동 당시만 해도 기독교는 교세가 약한 편이었음에도 3·1운동 초기에는 나름의 역할을 했습니다. 3·1운동이 초기에 서울과 평안도 등 기독교세가 강한 지역에서 전개되었기 때문입니다. 운동이 중기에 접어들면서부터는 천도교가 보다 중요한 역할을 다했습니다.

전국적 전파와 참여

이제 3·1운동에 대한 소식이 어떻게 전파되었는가에 대해 알아보겠습니다. 대표적으로 유관순의 경우, 먼저는 서울에서 학생운동의 일환으로 시위에 참여했습니다. 그 여파로 자신의 학교인 이화학당이 폐쇄되자 고향인 천안 병천지역에 가서 운동을 계속 이어나가려 했습니다. 유관순은 서울에서 들었던 소식들과 열정을 가지고 천안으로 내려가 남녀노소를 불러모았습니다. 그리고 "우리도 가만히 있어서는 안된다. 독립선언을 해야 한다."고 했습니다.

독립선언은 기본적으로 사람들 많이 모인 장소에서 해야 합니다. 시골의 경우 장터가 그런 장소입니다. 그 지역의 사람들이 많이 모여있는 곳일 뿐 아니라 이웃 지역에서 온 사람들도 적지 않았기에 장터에서 독립만세 시위를 하면 인근 지역 사람들도 이를 목격하고 자신의 지역으로 돌아가 운동을 확산시킬 수 있었습니다. 이러한 방식으로 3월과 4월 내내 시위가 이어지고 확산되었습니다.

우리가 읽은 박은식 선생의 글에는 "남녀노소의 흘린 피가 길에 가득하였다."라는 구절이 있습니다. 이 문장은 삼일운동이 그 전에 일어났던 운동들과 결정적 차이가 있음을 보여주는 대목입니다. 일례로 동학농민운동의 경우, 관군과의 전투 및 일본군과의 전투를 치러야 했던 관계로 성인 남자가 중심이 될 수밖에 없는 운동이었습니다. 그리고 여성, 노인, 어린이는 빠지거나 보조적인 역할밖에 할 수 없었습니다. 반면에 3·1운동의 경우 비폭력적인 평화시위였기 때문에 누구나 동참할 수 있었습니다. 남녀노소가 동참한 운동이었기 때문에 한국역사 속에서 여성의 이름(유관순)이 가장 앞서 등장하는 첫 번째 사례가 될 수 있었던 것입니다. 그보다 앞서 일어났던 갑신정변, 동학혁명 등 어떤 운동에서도 10대 여성이 상징적인 인물로 등장한 적은 없습니다.

이와 같이 독립운동의 과정에서 남녀노소가 함께 참여를 한 경우, 운동의 뒤를 이어 나라를 세우고자 하는 과정에서 남녀노소 모두가 발언권을 갖게 됩니다. 운동에 다같이 참여하고 다같이 목숨을 걸었던 사실이 있으므로 말입니다. 만약 동학농민혁명 이후 새로운 나라를 만드는 과정이 이어졌다면 주로 성인남자들에게 헌법상의 발언권이 주어졌을 것입니다. 그런데 3·1운동이라는 운동을 거치고 나서는 남녀노소가 동등한 지분을 가지고 자신들의 주장을 내세울 수 있게 되었다고 볼 수 있습니다.

어느 지역이 운동을 주도했는가 하는 문제 또한 차후 나라를 세우고자 하는 과정에서 공치사의 대상이 될 소지가 다분합니다. 그런데 3·1운동의 경우 전국적으로 어느 지역도 그 대열에서 뒤쳐진 바가 없습니다. 〈혈사〉를 보면 "국내의 보잘 것 없는 외딴 시골 구석에서도"라는 구절이 있습니다. 심지어는 귀양지의 대명사였던 함경남도의 고원지대 삼수와 갑산에서도 3·1운동이 있었다고 〈혈사〉는 소개하고 있습니다. 그래서 뒤이어 등장하는 것이 "만세를 외쳐 부르짖지 않음이 없었다"라는 구절입니다.

저는 〈혈사〉에서 제 고향의 사례를 열심히 찾아봤습니다. 경상도 진주인데요. 진주의 경우, 이 때 학생, 교인, 농민, 시민, 노동, 걸인, 기생 등이 독립단을 조직했습니다. 다른 집단은 그렇다 치더라도 걸인들이 무슨 독립운동을 하는가 하는 의구심이 들 수도 있겠습니다. 〈혈사〉는 이들에 대하여 다음과 같이 기록하고 있습니다.

"두 시간이 지나자 다시 걸인들의 독립단이 나타나 태극기를 흔들며 소리치기를, '우리들이 떠돌며 구걸을 하는 것은 왜놈들이 우리들의 먹을 것을 빼앗아 갔기 때문이 아닌가? 우리 나라가 독립하지 못한다면 우리들은 물론이고 이천만 동포들이 모두 걸인이 될 것이다."

이처럼 걸인들까지도 독립단이라는 이름으로 3·1운동에 참가했습니다. "장터에서 시위를 하고 돌아간 사람들이 돌아간 마을마다, 각 산의 나무마다 태극기를 꽂아 광채를 휘날리고 있었고, 남녀노소 모두가 만세소리가 기뻐 춤을 추었다"는 구절이 말해주듯이 모든 지역에서, 모든 연령에서, 모든 계층에서 운동에 참가하는 이들이 등장했습니다. 기생들이 3·1운동에 참가한 기록 또한 다음과 같이 남아있습니다.

"기생독립단도 애국가를 부르고 만세를 부르며 남강을 따라 오니 왜경 수십명이 급히 달려와 칼을 빼어 쳤다. 기생 한명이 부르짖어 말하기를 '우리가 죽어 독립을 이룰 수 있다면 죽어도 한이 없다.' 여러 기생들은 모두 태연히 전진하여 조금도 두려운 기색이 없었다."

블라디보스톡에서는 노인동맹이 결성되어 3·1운동에 가담했다는 기록이 등장합니다.

"청년 자제들이 모두 독립을 위해 피를 흘리고 있는데 늙은이라고 이를 할 수 없으랴 하고 동맹을 거론하자 호응한 사람이 수천명이었다."

이처럼 〈혈사〉는 각계각층, 남녀노소, 전국각처의 사람들이 3·1운동에 참가하는 장면들을 소개하고 있습니다. 이와 같이 지역과 성별, 계층을 망라한 일반적이고도 보편적인 성격을 띤 운동은 대한민국 역사 속에서 전무후무할 정도입니다. 오천년 역사 중에서 가장 큰 데모였다고도 할 수 있습니다.

3·1운동의 성격과 의의

그런데 독립을 요구하기 위해 이들이 만세를 외치는 방법을 택한 이유는 무엇이었을까요? '만세'라는 자세는 언뜻 보면 마치 이를 보는 상대방에게 항복하는 모습과 비슷합니다. 하지만 이러한 자세를 통해 무력이 아닌 방법으로 독립 운동을 할 수 있다는 것을 보여주고자 한 것 같습니다. 보통의 독립투쟁이 무력을 통해 이뤄지는 것과 다르게 말입니다.

보통 우리는 3·1운동이 비폭력적 수단을 통한 운동이었기에 더욱 숭고하다고들 합니다. 하지만, 만일 3·1운동이 폭력적 수단을 동반한 운동이었다면 나쁜 것이었다고 할 수 있을까요? 절대 그렇게 말할 수는 없습니다. 영토를 강탈한 이민족 지배자에 대항해서 가능할 경우 무력으로 이들을 몰아내는 것은 나쁜 일이 아닙니다. 그렇지만 동학농민전쟁이나 의병전쟁의 사례처럼 우리 역사는 무력을 사용하여 저항해보려다가 실패한 역사를 가지고 있습니다. 1910년 이후 무력을 사용해 독립을 성취하고자 했던 운동가들 또한 만주 쪽으로 떠밀려 간 상태였습니다.

1919년 당시 일본제국의 직접적 지배가 관철되고 있던 한반도 내에는 조선인들에게 어떠한 종류의 무력적 수단도 허용되지 않던 상태였습니다. 무력을 가지고 싸우기 위해서는 총포류가 필요합니다만, 일본 군대, 경찰서, 주재소만이 이를 가지고 있었습니다. 예외적으로 사냥을 직업으로 하여 생계를 이어가는 이들이 총포류를 다뤘습니다만, 경찰은 이들에게 사냥철에만 잠시 총을 내어주었다가 사냥이 끝나면 곧바로 다시 회수했습니다. 이렇게 식민 권력이 무력적 수단을 완전히 독점하고 이를 엄격하게 관리하는 가운데 조선 민중들은 어떠한 무력 수단도 가지고 있지 않았습니다.

그래서 〈혈사〉에서 박은식 선생은 "충정과 믿음을 갑주로 삼을 뿐, 손에는 한 치의 무기도 들지 않았다.", "민중은 촌철도 갖고 있지 못했다."고 썼습니다. 만세를 외치는 방법은 '촌철' 마저도 없는 상황, 맨손 밖에는 없는 상황에서 독립을 요구하고자 하는 이들에게 아직도 무언가가 남아 있음을 보여주는 방법이었다고 생각됩니다. 또한 아무 무기도 들지 않은 맨손으로 '독립만세'를 외치는 것은 운동에 참가한 이들에게 아무런 무기도 없음을 보여줌으로써, 이들을 향해 총을 비롯한 무력을 사용하는 것이 얼마나 비도덕적이고 비양심적인지를 선명히 드러나게 하는 효과를 지닌다 생각됩니다.

압도적으로 비폭력적 시위의 비율이 높았지만, 폭력을 사용한 경우도 조금은 있었습니다. 예를 들어 일본 군경이 시위대를 향해 발포하면 물러났다가 이들이 물러가면 다시 진격해서 시골 주재소 몇 군데를 습격하고 일본 경찰 측에 인명피해를 입힌 경우도 있었습니다. 그래서 당시 일본은 3·1운동을 두고 폭력시위라고 정의하거나 기미소요 사건이라고 불렀습니다. 하지만 3·1운동 참가자의 절대적 다수 폭력적 수단을 쓰지 않았습니다. 만세운동의 99%는 비폭력적인 방법으로 이루어졌다고 할 수 있습니다.

다른 식민지에서도 이 3·1운동을 목격하면서 무언가를 느끼게 되었습니다. 예를 들어, 중국이나 인도 같은 곳에서는 3·1운동으로부터 비폭력적인 방법으로 제국주의와 싸울 수 있는 운동의 아이디어를 얻게 되었습니다. 따라서 3·1운동은 다른 식민지인들에게 매우 큰 규모의 비폭력적 대중운동의 전범을 보여주었다고 할 수 있습니다.

이제 3·1운동으로 인해 입게 된 피해에 대해 함께 살펴보겠습니다. 〈혈사〉의 다음 부분을 함께 보겠습니다.

> "그러나 저 일본인들은 즉각 대대적으로 군경을 동원하여 살육을 자행하였다. 창으로 찌르고 칼로 쳐서 마치 풀을 베듯 하였으며, 촌락과 교회당을 불태우고 부수었다. 잿더미 위에 해골만이 남아 쌓이고, 즐비했던 집들도 모두 재가 되었다. 전후 사상자가 수만 명이었고, 옥에 갇혀 형벌을 받은 사람이 6만여 명이나 되었다. 하늘의 해도 어두워져 참담하였으며, 초목도 슬피 울었다. 하지만 우리 민족의 의혈은 조금도 막히거나 방해되는 바가 없었다."

제가 드린 유인물의 나와 있는 표를 함께 보겠습니다. 이 표는 박은식 선생의 책에 나온 내용들을 사회학계의 원로이신 신용하 교수께서 〈3·1운동과 독립운동의 사회사〉를 통해 표로 정리한 것입니다.

	집회 회수	집회 회수	사망	부상	옥살이	불탄 교회	불탄 학교	불탄 민가
경기도	297	297	1,472	3,124	4,680	15		
황해도	115	115	238	414	4,128	1		
평안도	315	315	2,042	3,665	11,610	26	2	684
함경도	101	101	135	667	6,215	2		
강원도	57	57	144	645	1,360			15
충청도	156	156	590	1,116	5,223			
전라도	222	222	384	767	2,900			
경상도	223	223	2,470	5,295	10,085	3		16
용정·봉천· 기타 만주	51	51	34	157	5			
합계	1,542	1,542	7,509	15,961	45,948	47	2	715

※ 출처 : 신용하, 〈3·1운동과 독립운동의 사회사〉, 서울대학교 출판부, 2001

각 지역별 일어났던 3·1운동 집회의 수를 세어 보면 전국 어느 지역도 다른 지역들에 비해 뒤떨어짐이 없었다는 것을 알 수 있었습니다. 해외에서도 마찬가지였습니다. 만주, 봉천, 용정, 미국의 워싱턴, 필라델피아, 하와이 등 한국인들이 모여있는 곳이면 어디서나 3·1운동이 일어났습니다.

그런 만큼 그 피해 또한 매우 컸습니다. 3·1운동과정에서 열린 집회에 참가한 인원으로 추정되는 수가 약 2백만 명이었습니다만, 그 중 사망자 수가 7천 500명 정도였습니다. 이처럼 큰 희생자 규모는 한국 현대사 속에서도 매우 이례적인 수치입니다. 1980년 광주민중항쟁당시 발생한 사망자 수가 약 200여 명이었고, 1960년의 4·19의거 당시 희생자의 수도 200명 정도였습니다. 이들에 비한다면 7천 500명 정도의 희생자가 발생했다는 것은 실로 상상조차 하기 어려운 숫자입니다. 물론 이 희생자들 중 대부분은 빈손으로 만세를 부르다 죽은 이들이었습니다.

이 운동의 과정에서 부상을 입은 사람들의 수는 1만 5천명 정도로 전해지는데요, 실제로는 훨씬 많았을 것 같습니다. 왜냐하면 이후에도 일본 제국주의의 지배가 계속되었기 때문에 운동에 참여했다가 부상을 당했다고 하면 불이익을 당할 확률이 있기 때문입니다. 이를 우려한 이들이 부상을 숨겼을 확률이 적지 않습니다. 그럼에도 불구하고 옥살이 하게 된 사람이 약 4만 6천명에 달했습니다. 이들을 수용한 감옥이 모자라서 1920년대 초에 대대적으로 감옥을 증설하기까지 할 정도였습니다. 3·1운동 과정에서 불에 탄 교회가 47개 정도 되는데, 대표적으로 제암리교회 사건은 매우 잘 알려져 있습니다. 운동 과정에서 불에 탄 민가의 수도 715채 정도 되었습니다. 이런 수치들을 볼 때 3·1운동은 그야말로 조선역사 중 제일의 대사건이라 하기에 조금도 손색이 없다고 생각됩니다. 3·1운동에 대한 간략한 설명은 여기까지 하고 이제 혁명으로서의 성격을 가진 3·1에 대해 알아보도록 하겠습니다.

혁명으로서의 3·1

제가 나눠드린 책자를 보시면 〈대한민국임시헌장〉이 수록되어 있습니다. 구체적인 내용은 조금 더 뒤에 확인하기로 하고, 먼저는 이 헌장이 만들어지는 과정에서 대해 함께 알아보도록 하겠습니다.

대한민국 임시헌장의 탄생

이 헌장은 1919년 4월 10일 밤 10시 중국 상하이의 프랑스 조차지 다락방 2층에 대한민국 임시의정원이라는 이름으로 모인 이들이 이튿날 오전 10시까지 회의를 통해서 제정한 것입니다. 그리고 이는 4월 13일에 대외적으로 공표되었습니다. 이 날이 대한민국의 헌법의 기초를 만들어낸 역사적 순간이라고 할 수 있겠습니다. 당시 국내에서 독립선언에 참여했던 33인은 경찰에 체포되어 감옥에 들어가 있는 상태였습니다. 그래서 상하이의 프랑스 조차지에 모인 이들은 국외에서 활동하고 있던 독립운동가들 29인이었고, 이 소수의 인원마저도 낮에 모이면 거동수상으로 의심받을 수 있다 하여 밤 10시에 모였습니다. 장소를 상하이의 프랑스 조차지 내에 있는 한 건물의 다락방 2층으로 한 이유 또한 일본경찰이 들어와 잡아갈 수 없도록 하기 위해서였습니다.

당시 이곳에 모인 이들은 신채호, 신익희, 여운형, 이동녕, 조소앙 등으로, 당대 최고의 지성인이라 불릴만한 사람들이었습니다. 이들은 먼저 1919년 3월부터 국내 여기저기서 일어났던 봉기와 그로 인한 희생 등의 상황에 대한 소식을 청취했습니다. 그 후 임시헌장 각 조항의 내용들을 정했습니다.

이는 3·1운동의 후속작업이라고 할 수 있습니다. 1919년 3월 1일에 맞춰 발표된 독립선언문은 "조선의 독립국임과 조선민의 자주민임을 선언하노라"라고 말했습니다. 일본은 이 선언의 효력을 전면 부정했지만, 조선의 독립을 선언한 이들은 자신들의 선언을 구체화시킬 후속작업에 착수해야 했습니다.

그렇다면 이제 임시헌장의 구체적인 내용이 만들어지는 과정에 대해 함께 이야기를 나눠볼까 합니다.

헌법과도 같은 역할을 했던 이 임시헌장을 작성함에 있어 가장 먼저 필요한 작업은 나라의 이름을 정하는 것이었을 것입니다. 여러분들께 한 가지 질문을 드리겠습니다.

Q 수강생 여러분께서 만약 1919년 4월 임시헌장이 만들어지는 자리에 참석했고, 나라 이름이 백지였던 상태에서 새로 지어야 했다면 어떤 이름으로 나라의 이름을 지으셨겠습니까?

A1 그 전의 나라 이름이 조선이었으니까 신조선이라고 했거나, 고구려의 기상을 잇는다는 의미에서 고구려와 관련된 이름을 썼을 것 같습니다.

A2 고민되는데요. 새로이 만들 국가의 정통성이 필요한 상태였으니까, 구 왕조에 관련된 이름은 사용하지 않았을 것 같습니다. 왕조국가에서 근대국가로 이행하던 것이 당시의 세계적인 흐름이니까 이에 맞춰 동학 등과 연결해서 이름을 만들지 않았을까 합니다.

Q 그렇다면 '개벽'이나, '대동' 이런 이름을 사용했을까요?

A2 대동이 좋을 것 같습니다.

A3 고구려나 고려 정도에서 정했을 것 같습니다.

A4 앞서 말했던 분과 마찬가지로 새로운 이름을 지었을 것 같은데요. 당시 독립국을 표명했으니까 독립이라는 단어를 넣어서 ○○독립공화국이라 이름을 지었을 것 같습니다.

이 이름을 짓던 당시에는 베르사이유 궁전에서 열렸던 파리강화회의에 참석한 다른 나라의 사람들이 새로운 나라의 이름을 바로 알수 있게 해야 한다는 점을 고려해야 했습니다. 당시 국제적으로 통용될 수 있을만한 한국의 이름은 세 개 정도가 있던 것 같습니다. 1) 먼저는 "조선"이라는 이름이 있습니다. 고조선부터 내려온 오래된 이름입니다. 2) 조선에 못지 않게 많이 쓰였던 것으로 "고려"라는 이름도 있었습니다. 국제적으로도 Korea라는 이름이 보편화되어 있던 상태였습니다. 3) 세 번째로 "대한"이라는 이름이 있습니다. 대한제국이라는 이름에서도 이미 쓰였던 것인데요, 한(韓)이라는 이름은 삼한시대부터 주로 한반도 남쪽을 지칭하는 이름으로 사용되어 오던 것이었습니다. 반면에 북쪽은 조선이라는 이름을 선호했습니다. 이에 더해서 4) 당시 결성되었던 신한청년단에서 따온 "신한"까지 총 4개 정도의 이름을 두고 논쟁을 벌이게 되었습니다.

참고로 말씀드리자면, 해방 이후 남한과 북한이 새로이 나라를 만들어 갈 때 그 이름을 둘러싼 논쟁이 없을 리 없었습니다. 이러한 논쟁의 와중에서 김성수는 새로운 나라이름에 '고려'라는 단어가 들어갈 것으로 예측

하고 보성전문학교의 새 이름을 "고려대학교"로 고쳤습니다.

나라 이름을 둘러싸고 토론을 벌이는 과정에서 참가자들의 나이에 따라 의견을 나뉘게 되었습니다. 나이가 많은 이들이 겨우 30대, 젊은 세대도 20대이긴 했지만 말입니다. 나이가 많은 편인 참가자들 중에는 대한제국 시절에 벼슬길에 올랐던 사람이 있었습니다. 이들은 대한제국이라는 이름에 대한 애정이 있었기에 '대한'이란 이름에 찬성했습니다. 하지만 당시 젊은 세대들에게 대한제국은 어디까지는 과거에 망해버린 국가에 불과했고, 이 국호에 별다른 애정도 없었습니다. 토론의 과정에서 나이가 든 세대는 "대한으로 망했으니 대한으로 새롭게 흥하자"는 논지를 앞세워 젊은 세대를 설득하고자 했습니다. 그 결과, '대한'이라는 이름이 새로운 나라의 이름으로 쓰이게 되었습니다.

사실, 이런 자리는 이를 위해 여러 미리 논지를 마련하고 이를 정당화하기 위한 자료라든가 근거에 대해 충분히 준비를 해온 사람이 설득력을 갖게 마련입니다. 이 회의 자리에도 '대한'이라는 이름으로 헌장의 초안을 준비해 온 사람이 있었습니다. 그는 이미 1917년부터 이미 "대한"이라는 이름을 쓰기 시작했던 사람입니다. 그가 바로 조소앙입니다.

대한민국이라는 이름을 영어로 옮기면 Great Republic of Daehan이 되겠지만, 이런 이름을 쓸 경우 아무도 이 새로운 국가가 어떤 국가인지 모를 우려가 있었습니다. 그래서 상해임시정부가 만들어 질 당시부터 영어로는 Republic of Korea라는 이름을 썼습니다. 해방 이후 북한은 조선을 나라의 이름으로 쓰게 되었는데, 거기도 영어로는 Korea를 쓰고 있습니다. 현재 한쪽은 대한, 다른 한쪽은 조선이라는 이름을 쓰고 있기 때문에 양쪽을 포괄할 수 있는 한글 이름은 아직 없습니다. 하지만, 영어로는 둘 다 Korea라는 이름을 쓰고 있습니다.

대한민국 임시헌장의 혁명적 성격

새로운 나라의 이름을 정한 다음에는 새로운 나라의 체제를 정해야 합니다. 보통 나라 이름 옆에 자신들의 정치체제를 잘 보여주는 이름을 붙여 넣기 때문입니다. 이 자리에 참석한 이들은 우리나라를 '민국(民國)'으로 부르기로 결의했습니다. 이때가 우리나라를 '민국'으로 처음 부르기 시작한 때입니다. 과거 대한제국이 1910년에 종언을 고했지만 제국(帝國)이라는 관념은 사람들 사이에 짙게 남아있던 것이 당시의 상황이었음에도 불구하고 말입니다.

그렇다면 1918년까지, 아니 1919년 2월까지만 해도 등장하지 않던 민국(民國)이라는 이름이 1919년 4월에 등장하게 된 이유는 무엇이었을까요? 이것이 오늘 강의의 중요한 부분입니다. 어떻게 "제국에서 민국으로"의 전환이 가능했던 것일까요? 지난번 강의에서도 이에 대한 설명이 있었습니다만, 왕국에서 민국으로의 전환은 혁명이 있을 때 비로소 가능합니다. 이것이 가시화되는 사건이 왕을 죽이는 행위인 것입니다.

우리나라의 경우 직접 왕을 죽이거나 하진 않았지만, 사람들이 마음 속에 있는 왕을 지워버리게 되었습니다. 만약 이런 작업이 없었다면 1945

년 해방을 맞이했을 때 조선왕실의 영친왕이 왕으로 복권되었을지도 모르겠습니다. 그리고 그 상태에서 절대군주제냐 입헌군주제냐를 두고 논쟁이 벌어졌을지도 모릅니다. 저 개인적으로는 초등학교 6학년이던 당시 유주현씨의 소설『영친왕 전하』감명 깊게 읽고, 당시 영친왕이 왕이 되었더라면 하는 생각도 해보고, 우리나라에서 왕이 왜 없어졌는지에 대한 궁금증도 가진 적이 있습니다. 이러한 궁금증에 대한 답이 바로 1919년 3월에 있었습니다. 바로 이 3·1운동이 왕이라는 그림자를 지워낸 것입니다.

전제군주국·왕국에서 민국으로의 전환은 혁명을 통해서 일어납니다. 그리고 이 혁명은 유혈사태 없이 이뤄지기 매우 어렵습니다. 당연히 어마어마한 유혈사태가 동반되게 마련입니다. 영국의 경우 명예혁명이라는 무혈혁명이 있었다고 하지만, 그 전의 청교도 혁명을 통해 국왕세력과 전쟁을 치르고 왕을 처형한 사례가 있습니다. 프랑스는 혁명 이후 루이 16세를 처형했습니다. 러시아 또한 혁명을 통해 니콜라이 2세를 처형했습니다. 중국의 경우에도 신해혁명을 통해서 마지막 황제의 존재가치를 없애다시피 했습니다. 이처럼 왕의 존재를 지우거나 없애고 나서야 '민국'이 존재 할 수 있다는 것이 역사 속에서 알게 되는 사실입니다.

혁명이 수반하는 유혈사태라는 것은 보통 전제군주의 군대와 싸우면서 피를 흘리게 되는 사태를 일컫습니다. 하지만 3·1운동으로 인해 발생한 유혈사태는 제국 일본과 싸우는 과정에서 발생한 것이었습니다. 그랬기 때문에 지금껏 3·1운동을 반외세 독립운동으로만 생각해왔던 것입니다.

하지만 당시의 선각자들은 3월 1일부터 4월까지 지속되고 있던 운동과 이 과정에 많은 민중이 흘린 피를 토대로 새로운 나라를 만들고자 했습니다. 피흘림을 토대로 만들고자 했던 나라이기에 주권자를 누구로 상정해야 할 것인가라는 질문이 제기되었을 때 그 답은 명료할 수밖에 없습니다. 새로운 나라의 주권자는 국왕도 아니고, 특정 지역인도 아니고, 특정 계층만도 아니고, 전국각처, 남녀노소, 각계각층을 망라한 "인민"이 되는 것입니다.

이를 달리 표현하자면 헌법제정권력과 주권자의 소재라 할 수 있는 사람들이 가시화 된 것이고, 새로운 주권이 출현한 것이라 할 수 있습니다. 1910년부터 1918년까지는 주권자가 될 사람이 눈에 보이지 않았다가, 1919년 3월과 4월에 이르러 새 나라를 만들어 낼 주권자가 등장하게 되는 것입니다.

대한민국 임시헌장의 내용

이러한 토대 위에서 만들어진 〈대한민국 임시헌장〉은 다음과 같습니다. 이제 그 구체적인 내용을 살펴보겠습니다.

1919년 3월에 새로이 등장한 주권자들이 만드는 새로운 정치체제에 대하여 〈임시헌장〉 제 1조는 "대한민국은 민주공화제로 함"이라고 정의하고 있습니다. '민주'라고 하는 것은 국민이, 전체 인민이, 이전에는 시정잡배, 어중이떠중이, 무지렁이 등으로 불리며 무시당하던 사람들이, 이제는 주권자라는 이름으로 불리게 되었음을 의미합니다. '공화'라는 단어는

대한민국 임시헌장

제1조 대한민국은 민주공화제로 함.

제2조 대한민국은 임시정부가 임시의정원의 결의에 의하야 이를 통치함.

제3조 대한민국의 인민은 남녀 귀천 급 빈부의 계급이 무하고 일절 평등임.

제4조 대한민국의 인민은 신교 언론 저작 출판 결사 집회 신서 주소 이전 신체 및 소유의 자유를 향유함.

제5조 대한민국의 인민으로 공민 자격이 있는 자는 선거권 및 피선거권이 유함.

제6조 대한민국의 인민은 교육 납세 급 병역의 의무가 유함.

제7조 대한민국은 신의 의사에 의하여 건국한 정신을 세계에 발휘하며 나아가 인류의 문화 및 평화에 공헌하기 위하야 국제연맹에 가입함.

제8조 대한민국은 구황실을 우대함.

제9조 생명형 신체형 및 공창제를 전폐함.

제10조 임시정부는 국토회복후 만1개년 내에 국회를 소집함.

대한민국 원년 4월

매우 다양한 의미를 가집니다만. 기본적으로는 군주 없는 공동의 통치를 일컫습니다. 이 '공화'라는 단어가 '민주'와 결합됨으로써 국민에 의한 통치가 명확히 정의된 것입니다.

제1조가 이 가지는 의미는 매우 큽니다. 〈대한민국 임시헌장〉 이후에도 임시정부 헌법이 여러 차례 재등장했고, 해방 이후 대한민국 헌법도 10번 넘게 개정되는 가운데서도 이 조항만큼은 전혀 흔들림 없이 100년간 지속되어 왔습니다. 만약 이것이 1948년의 건국과 더불어 시작된 것이라면 우리의 민주공화국은 미군정 덕택이라 말해지게 되었을지도 모르겠습니다. 하지만 이 조항이 1919년부터 지속되었기 때문에 우리의 민주공화국은 우리가 만들어낸 것이라고 말할 수 있습니다. 따라서 이 민주공화국은 3·1운동의 희생 위에서 만들어진 것이라 말할 수 있는 것입니다.

다만 〈임시헌장〉에서는 '대한민국은 민주공화제로 함'이었던 것이 헌법에서는 '대한민국은 민주공화국이다'로 바뀌었습니다. 1948년 제헌헌법을 만드는 과정에 깊숙이 관여했던 유진오씨가 당시 법률조문에 일반적이었던 "함"으로 끝나는 문장들을 모두 동사("이다")로 끝나는 문장들로 바꾸었기 때문입니다. 헌법 전문도 유진오씨가 ("이다"로) 바꾼 것입니다. 유진오씨를 흔히들 한국 헌법의 아버지라고 하는데, 조문을 상당부분 손질했다는 점에서는 그렇습니다. 하지만 중요한 구절은 이미 1919년에 만들어진 것이라고 볼 수 있습니다.

제 2조, "대한민국 임시정부는 임시의정원의 결의에 의하여 이를 통치한다"고 쓰여 있습니다. 이는 민주국가의 주권자의 의지를 묶어낼 때 통상적으로 등장하는 대의제라는 원리에 따를 것임을 밝히는 조항입니다. 임시의정원, 말하자면 국회를 통해 통치한다는 것이지요. 구체적으로는 의원

내각제를 채택한 것이라 볼 수 있습니다.

　제 5조, "대한민국의 인민으로 공민자격이 있는 자는 선거권 및 피선거권이 있다"고 쓰여 있습니다. 이 조문이 만들어지던 1919년 당시에는 여성에게 투표권이 없는 나라가 훨씬 많았습니다. 미국의 경우 1920년, 영국의 경우 1928년에 여성에게 처음으로 투표권을 부여했습니다. 하지만 1919년 3월과 4월의 희생 위에서 새롭게 만들고자 했던 국가의 헌법은 투표권을 성인남자에게만 제한하지 않았습니다. 이는 남녀노소를 불문하고 모두가 3·1운동에 참가했기 때문입니다. 만일 모두가 참여한 3·1운동이 없었다면 해방 이후 1948년에 헌법이 만들어지는 과정에서 여성투표권을 둘러싼 논란이 있을 수밖에 없었을 것입니다. 하지만, 여성투표권을 둘러싼 커다란 논쟁이 한 번도 발생하지 않았던 것은 전국각처에 존재했던 '유관순'들의 희생이 있었기 때문입니다. 나라를 위해 희생한 이들의 피를 바탕으로 세우고자 하는 나라에서 여성에게 투표권이 주어지는 것은 당연한 것이었습니다. 남녀노소가 함께 3·1운동에 참여했다는 사실이 대한민국이 출발할 때부터 모두에게 투표권을 주도록 만든 것입니다. 이후에도 투표권을 특정집단으로 제한하려는 시도는 단 한 번도 등장한 적이 없습니다. 3·1운동의 주역들에게 매우 감사해야 할 부분입니다.

　제 3조, "대한민국의 인민은 남녀귀천 및 빈부의 계급이 없고 일절 평등하다"고 쓰여 있습니다. 평등에 관한 조항을 살펴보자면 갑오개혁 이후 만들어진 〈홍범 14조〉에서도 신분제를 없애겠다는 조항은 존재했습니다. 하지만 그 규정이 애매했고 실제 관행적 차원에서는 차별이 사라지지 않

았습니다. 이와 달리, 3·1운동 과정에서는 걸인, 기생 등 다양한 계층이 자신들의 정체성을 드러내면서 운동에 참여했습니다. 그리고 참여한 다양한 계층의 사람들 모두가 '민국' 건설의 초석이 되었습니다. 그런 이들에게 일절의 평등이 주어지는 것은 당연한 일이었습니다.

제 4조, "인민은 신교(信敎), 언론, 저작, 출판, 결사, 집회, 신서(信書), 주소 이전, 신체 및 소유의 자유를 향유함"이라고 쓰여 있습니다. 현재 헌법의 제 10조부터 20몇조 까지에 걸쳐 있는 내용을 압축적으로 보여주고 있는 대목입니다.

제 8조, "대한민국은 구황실을 우대한다"고 되어 있는데요. 이것은 이들에게 특권을 주겠다는 것이 아니라, 황실을 독립운동에 동참시키기 위한 것이었습니다. 황실이 일반대중에게 심리적인 영향력을 갖고 있으니까 이를 고려하여 과도기적으로 들어간 조항입니다. 1925년 무렵에 가면 이 구절은 사라지게 됩니다.

제 9조 "생명형, 신체형, 공창제를 전폐(全廢)한다"고 되어 있습니다. 저 개인적으로는 사형폐지론자이기도 합니다만, 대한민국은 출발시점부터 사형제를 폐지하기로 한 바 있다는 사실이 여기 나옵니다.

제 10조 임시정부는 국토 회복 후 만 1년 내에 국회를 소집한다고 쓰여있습니다.

그리고 맨 아래에 1919년 임시헌장 제정 당시를 대한민국 원년이라고 표시하고 있습니다.

이로부터 약 30년이 지난 1948년에 7월 17일 만들어진 대한민국 헌법(제헌헌법)의 전문은 다음과 같이 쓰여 있습니다. "유구한 역사와 전통에 빛나는 우리들 대한국민은"(- 이 때의 대한국민은 총체로서의 대한국민을 이야기 하고, 주권자로서의 전체국민을 일컫습니다.) "기미 삼일운동으로 대한민국을 건립하여"(- 3·1운동을 통해 대한민국이 건국되었다는 사실을 명시한 것입니다.) "세계에 선포한 위대한 독립정신을 계승하여 이제 민주독립국가를 재건함에 있어서"(- 1948년은 건국이 아니라 재건의 시점임을 밝히고 있습니다.) 오늘날 1948년의 헌법과 체제를 놓고 '건국'이라고 일컫는 이들이 있습니다만, 이는 잘못된 주장입니다. 1948년 헌법이 만들어지던 시점부터 헌법 전문에 대한민국은 '재건'되는 것이 밝혀져 있습니다. 따라서, 건국은 1919년 4월 11일에 이뤄졌다고 보는 것이 옳습니다. 이 건국의 토대가 된 것이 바로 3·1운동입니다.

3·1혁명과 민주주의

그 이후 대한민국의 헌법 전문이 여러 차례 바뀌었지만 3·1운동에 관한 언급은 전문에서 빠진 적이 없습니다. 5·16 이후 군사정권은 5·16을 전문에 넣으면서 3·1운동, 4·19, 5·16까지 함께 넣었습니다. 1980년 5월 17일 집권한 신군부는 5·17을 광주에서의 학살로 인해 5.17을 넣을 수 없게 되자 4·19와 5·16도 함께 헌법 전문에서 삭제했습니다. 하지만 3·1운동만큼은 전문에 남겨두었습니다. 1987년에 가서는 3·1과 4·19

이 두 가지를 전문에서 언급되었습니다. 이와 같이 우리 헌법의 전문이 바뀌는 과정 속에서도 3·1은 한 번도 빠진 일이 없습니다.

그렇다면 왜 3·1은 왜 헌법 전문에 반드시 들어가야 했던 것일까요? 저는 다음과 같이 해석해볼 수 있다고 생각합니다. 헌법 전문에 3·1운동을 비롯한 항일독립운동을 계승한다는 내용이 있을 경우 6·10만세운동, 광주학생운동, 신간회운동 등 식민지기의 다른 독립운동의 의미도 함께 살릴 수 있으므로 더 나아 보일지도 모르겠습니다. 하지만 3·1운동은 다른 독립운동에 비해 독보적인 존재로, 다른 '운동'들과 같은 이름으로 부를 수 없는 것이 아닐까요? 3·1은 이것이 토대가 되어 제국을 '민국'으로 바꾸어낸 사건입니다. 다른 종류의 사건들과는 차원을 달리 하는 것이지요. 따라서, 3·1은 다른 운동들과 같은 항렬에 있을 수 없다 여겨집니다. 이러한 점을 분명하게 표시하기 위해서는 "3·1혁명"이라고 불러야 한다는 것이 저의 생각입니다.

3·1의 혁명적 성격을 정리하자면, 이것은 일본을 물리치고자 한 동시에 전제왕권도 물리치고자 했다는 것입니다. 제가 드린 유인물 중에 1941년 임시정부가 만든 〈대한민국 건국대강(강령)〉이 수록되어 있습니다. 함께 읽어보겠습니다.

"우리나라의 독립선언(獨立宣言)은 우리 민족의 혁혁한 혁명을 일으킨 원인이며 신천지의 개벽이니 … 이는 우리 민족이 3·1헌전(憲典)을 발동한 원기이며 동년 4월 11일에 13도 대표로 조직된 임시의정원(臨時議政院)은 대한민국을 세우고 임시정부와 임시헌장 10조를 만들어 반포 하였으니 이는 우리 민족의 힘으로써 이족전제를 전복하고 5천년 군주정치(君主政治)의 구각(舊殼)을 파괴하고 새로운 민주제도(民主制度)를 건립하여 사회의 계급을 없애는 제일보의 착수였다. 우리는 대중의 핏방울로 창조한 국가형성(國家形成)의 초석인 대한민국을 절대로 옹호하며 확립함에 같이 싸울 것임."

오천년 군주정치의 구각(舊殼), 즉 낡은 껍질을 파괴했다는 이 구절이 매우 중요하다 생각됩니다. 3·1운동을 해석적으로 포착할 때, 오천년 군주정치에 대한 거부였다는 점을 분명히 한 것이기 때문입니다. 1919년 3월을 통과하고 난 이후 제국, 군주국에 대한 주장은 더 이상 등장하지 않았습니다. 그 후로는 어떤 '민국'을 만들 것인가에 대한 이야기가 나왔을 뿐입니다. 제국이나 군주국을 만들어야 한다는 주장을 담은 문서 중 의미가 있다 볼만한 문서는 등장하지 않았습니다. 그리고 대한민국의 탄생에는 1919년 3월과 4월 내내 이어졌던 어마어마한 유혈의 희생이 바탕이 되었음을 밝히고 있습니다.

많은 이들이 한국 역사 속에 혁명이 있었는가라고 묻습니다. 빈번하게 언급되는 프랑스혁명, 러시아혁명 등에 비할 때 이 같은 부분에 있어 한국의 역사는 모자람이 있다는 느낌을 가져왔던 것도 사실입니다. 하지만 그렇지 않습니다. 한국의 역사가 전혀 모자랄 것이 없습니다. 1919년 3·1을 통해 비폭력적 방법으로 독립을 외치고 그 후 어마어마한 희생을 치르면서도 한 걸음씩 나아가서 만들어 낸 것이 대한민국의 역사입니다. 진짜 혁명 중의 혁명은 여기에 있었던 것이 아닌가 생각합니다.

현재 대한민국 헌법(1987년) 전문은 다음과 같이 시작합니다.

"유구한 역사와 전통에 빛나는 우리 대한국민은 3·1운동으로 건립된 대한민국임시정부의 법통과 ... 계승하고"

대한민국 임시정부라는 말이 헌법 전문에 들어간 것은 1987년에 이르러서였습니다. 사실 주요독립운동인사들 중 1948년에 수립된 정부에 들어간 이들이 많지 않았기 때문에, 당시에는 임시정부의 법통을 계승한다는 말을 할 수 없었기 때문이 아닌가 생각됩니다. 하지만, 시간이 지나면서 반드시 들어가야 할 것이 헌법 전문에 포함되게 되었습니다. 그것이 바로 3·1운동과 임시정부의 법통입니다. 그리고 이를 통해 대한민국이 만들어지고 변화해가는 과정에서 저질러졌던 오류들이 법적으로는 상당부분 바로잡히게 된 것이 아닌가 합니다. 여기까지 해서 강의를 마치도록 하겠습니다. 감사합니다.

세계를 뒤흔든 혁명
: 러시아 혁명

한정숙 · 서울대학교 서양사학과 교수

안녕하세요. 민주주의와 혁명을 주제로 계속되고 있는 민교협 세 번째 강좌입니다. 저는 러시아 혁명을 맡게 된 서양사학과의 한정숙이라고 합니다. 러시아 혁명에 대해 강연을 하게 된 것이 매우 오랜만입니다. 러시아 역사나 문화와 관련된 강의에서 러시아 혁명에 대해서 언급을 하기는 합니다만, 러시아 혁명에 대해서 이런 공개강의를 하게 된 것은 오랜만이어요. 2005~2006년 무렵에 노동자들을 위한 강의에서 몇 차례 러시아 혁명 강의를 했었는데요. 그 무렵에 제가 러시아 혁명에 대한 강의를 하면서 다소 착잡한 심정에 사로잡히곤 했습니다. 러시아 혁명에 대한 한국 사회의 평가라는 것이 아주 짧은 기간 동안 극과 극을 달린 것 같습니다. 그 과정에서 러시아 혁명시기에 대해 공부하고 논문을 쓴 사람의 입장에서 이를 해석하고 전달하는 것이 쉽지 않은 문제였습니다.

예를 들면, 노동자들은 '러시아 혁명이 정말 훌륭한 것이었다'는 평가 뿐 아니라 우리도 그런 방식의 혁명을 하자는 이야기를 듣기 원하더라고 요. 그런데 한국사회는 당시 정반대의 방향으로 가고 있었어요. 러시아혁 명과 관련해서는 무조건 희망적인 말도 그렇다고 해서 절망적인 말도 할 수 없는, 그런 상황이었다고 생각합니다. 그리고 일반 교양 강좌의 경우 에도 청중들이 러시아 혁명은 굉장히 소중한 무엇이라고 생각하고 우리 도 그렇게 해볼 수 있는 무언가를 얻고자 하는 기대를 가지고 있다는 생각 이 들었습니다. 그런데 러시아 혁명에 대해 이러한 태도를 가지게 된 것은 한국사회에서 오래된 일이 아니었습니다. 1970년대까지만 해도 소련이나 러시아 혁명에 대해 이야기를 한다는 것 자체가 쉽지 않았죠. 물론 러시아 혁명에 대한 책은 몇 권 나왔지만 대체로 비판적으로 살피는 글들이었죠. 이후 1980년대 초 서울의 봄과 신군부의 집권, 광주 민주화항쟁을 거치면 서 한국사회의 지적 지형이 급격히 바뀌었어요. 그 과정에서 러시아 역사 에 대한 관심이 높아지고 러시아 혁명에 대해서도 우호적으로 보게 되는 방향으로, 관심의 급격한 변화와 확대가 이뤄졌습니다.

특히나 1980년대 후반 소련에서 공산당 서기장인 고르바초프(Михаил Горбачёв, Mikhail Gorbachev)의 주도 아래 페레스트로이카(перестройка, perestroika)가 시작되었을 때 그는 사회주의 개혁을 표방했고 다른 사회주 의 국가들의 개혁을 촉구하면서 세계적으로 호의적 반응을 이끌어냈습니 다. 소련 내부에서도 초기에는 우호적인 반응들이 많았죠. 물론 사회주의 자들 사이에선 의견이 엇갈렸지만 전반적으로 우호적인 반응이 지배적이었습니다. 한국사회에서도 러시아혁명과 레닌주의에 대한 관심이 고조되었습니다. 왜냐하면 페레스트로이카라는 것이 레닌주의로의 회귀를 표방하고 있었고, 러시아 혁명의 원래의 정신으로 돌아가자는 게 중요한 가치였기 때문입니다.

그런데 페레스트로이카 시기에 고르바초프가 얘기한 레닌주의라는 것은 사실 1921년 봄부터 시작된 신경제주의의 레닌주의를 의미하는 것입니다. 그것이 농업 집단화 정책, 급속한 공업화 정책 같은 스탈린주의와 대비가 되었죠. 농민과 노동자 계급의 계급적 동맹이라는 기치 속에서 농민들에게도 많은 양보를 하고, 사회 전체가 농민의 경제적 자립에 대해서도 배려를 많이 하자는 뜻인 레닌의 신경제정책에 고르바초프가 관심이 많았습니다. 여기에다 개혁을 위해 사회주의 이상이라는 테두리 내에서 평화적인 방식으로 합의를 이루어 사회적 변화를 이끌어낸다는 구상이 소중해보였죠. 이러한 페레스트로이카 흐름 내에서 사회주의와 사회주의 개혁 그리고 러시아 혁명에 대한 관심도 고조되었던 것이 사실이었습니다.

그러다가 페레스트로이카가 난조를 보인 끝에 1991년 말에 소련이 해체되죠. 그 후 러시아가 경제적, 정치적 어려움을 겪으면서 이미지가 다시 악화되었습니다. 그런 속에서 러시아 혁명에 대한 평가도 부정적인 것으로 바뀌는 경향을 보였습니다. 세계적 차원에서도 러시아 혁명의 정신과는 반대되는 흐름으로 가는 신자유주의가 심화되었습니다. 그럼에도 러시아 혁명의 이상과 이념 자체는 부정할 필요가 없다고 믿는 사람들도 여전히 많이 있고요. 한국사회에서 러시아혁명에 대한 평가의 역사가 불과 30~40년 사이에 극과 극을 달리며 바뀌어 왔습니다만 서양사회에서도 이런 변화들이 있었다고 볼 수 있습니다. 여기서 얘기하는 러시아 혁명은 러시아력으로 했을 때 1917년 10월 24/25일부터 26일까지 진행되고 이후에 볼셰비키(большевики, Bolsheviks)의 집권으로 이어졌던 10월 혁명입니다.

러시아 혁명에 대한 평가와 해석으로 말하자면, 러시아 내에서는 혁명 당시와 그 직후 당사자들의 이런 저런 해석이 있기는 했지만 1922년에 소련이 수립되고 난 후에는 러시아 혁명에 대해 공식적 해석 외에는 다른 해석이 있기 어려워졌죠. 그러다가 페레스트로이카가 진행될 때는 러시아 혁명의 이념 자체에 대해서는 건드리지 않고, 비판보다는 혁명정신을 어떻게 살릴 것인가에 대한 얘기가 많이 나왔는데, 소련 해체 이후에는 러시아 혁명에 대한 굉장히 비판적인 의견도 생기고 상당히 다양한 논의들이 진행되고 있습니다. 한국에도 극우 보수주의자들의 터무니없는 주장이 있는 것처럼 러시아에서도 극우적 생각들이 생겨나고, 다양한 논의들이 이뤄집니다. 그런 논의들을 볼 때 러시아 혁명에 대해서 어떤 방식으로 이야기를 할 것인가, 이 혁명에 대한 이야기가 어떤 의미를 가질 것인가가 고민거리입니다. 어떤 면에 초점을 맞추어 러시아 혁명을 볼 것인가에 대한 생각이 다들 다르기 때문인 것 같습니다.

여기 오신 분들 중에는 러시아 혁명을 통해 사회적 변화, 사회적 불평등의 해소, 계급적 차별이 없는 사회에 대한 논의를 해보자고 생각하는 분들이 많을 것이라고 생각하는데 그러한 면에 초점을 맞추어 이야기를 나뉘볼까 합니다. 러시아 혁명이 일어나기까지의 과정을 주로 살펴보겠습니다만 강좌 전체의 주제가 '민주주의와 혁명'이라는 점도 생각해야겠네요. 즉 혁명 이후 수립된 체제가 정치적인 면에서 많은 문제를 드러내 기도 했기에 그것이 주는 안타까움, 아쉬운 점들에 대해서도 짚어보려고 합니다.

저는 러시아 혁명이 세계사가 진행되는 보편적 방향 속에서 인류가 나아갈 방향을 모색하려는 의미를 가지고 있었다고 생각하고, 동시에 러시아 역사 자체의 특수성, 즉 러시아 사회가 봉착하고 있던 절체절명의 위기가 있었는데 그 속에서 해법을 찾아야 하기도 했기에, 보편성과 특수성이라는 두 가지 면에서의 과제를 모두 가지고 있었다고 생각합니다. 그래서 저 나름대로의 해석을 해보았습니다.

혁명 전의 러시아

비잔티움과 몽골의 영향

러시아 혁명에 대해서 얘기하기 위해서 혁명 이전의 사회가 어떤 성격을 가지고 있었던가를 살펴볼 필요가 있습니다. 구체제, 곧 러시아의 앙시 앙레짐에 대해서 길게 이야기할 순 없고 개관을 잠시 해보겠습니다. 러시아 국가의 초기 형성 과정을 얘기할 때 보통 키예프 루스 시대(Kievan Rus', 9세기후반~1240)부터 시작합니다. 키예프 루스라는 것은 여러 개의 공령(公

領)들이 느슨하게 연결되어 있었던 정치단위이고, 키예프 국가가 처음 형성되었던 것이 9세기 후반의 일이라고 이야기합니다. 그리고 10세기에 비잔티움(동로마)제국으로부터 동방 정교를 받아들였습니다. 이 나라가 나름 번영하다가 쇠퇴하던 중 1220년대부터 몽골 군대의 공격을 받습니다. 몽골군대가 키예프 루스의 수도였던 키예프를 1240년에 정복하면서 키예프 루스는 완전히 망하고, 동슬라브 민족의 정치 연합체가 분열되게 됩니다. 그래서 북쪽 모스크바를 중심으로 하는 대러시아, 서남쪽의 우크라이나, 서부의 벨라루스 3개의 큰 민족단위가 분리되게 됩니다. 그 중에서 북쪽의 모스크바를 중심으로 하는 정치세력이 나중에 러시아 국가로 성장합니다. 우크라이나와 벨라루스는 처음에는 몽골의 지배를 받았지만 몽골세력이 주춤해진 후에는 리투아니아의 지배를 한참 받다가 리투아니아와 폴란드 연합국가의 지배를 받게 됩니다. 리투아니아가 지금은 작은 나라지만 옛날에는 세력이 굉장히 컸는데 우크라이나와 벨라루스가 그들의 지배를 받았던 것이죠. 키예프 루스라는 느슨한 단위 아래 묶여있던 동슬라브인들이 몽골의 지배를 받은 이후부터 정치적으로 다른 운명을 겪게 되었고, 그 중에서 그 후 얼마 안 있어 유일하게 독립국으로 자리 잡은 것이 러시아입니다.

러시아가 모스크바를 중심으로 세력을 팽창시키고 독립을 하면서, 이 시기의 모스크바의 군주는 비잔티움의 황제를 본받아서 스스로 차르(царь, Czar)라고 칭하고 전제군주라고 선언합니다. 그래서 군주의 전제권력이 강화됩니다. 이전에 키예프 시대의 통치자는 왕이나 황제가 아니고 공(公)이었고, (아주 예외적인 경우를 빼고는) 가장 거창했던 칭호가 대공이었는데, 모스크바 시대에 와서는 자신이 유일한 지배자라고 하면서 차르라고 말합니다. 유일한 지배자라는 것은 기본적으로 대외적으로 지배받지 않는 군주를 의미하지만, 대내적으로도 어떤 사회적 신분의 간섭도 받지 않겠다는 선언이기도 했습니다. 군주권 외의 정치적 기구, 즉 입법을 위한 의회 등의 기구를 인정하지 않는 전제 권력인 거죠. 그래서 전제정이 수립되었는데, 이런 와중에 농민층에 대한 국가통제도 강화됩니다. 농민들이 이전에는 거주이전의 자유를 어느정도 누리고 있었는데, 이후 점차 농민의 거주이전이 제한되고, 이후 1649년에 농노제가 최종적으로 법제화되게 됩니다.

그러면서 러시아가 우크라이나나 벨라루스와는 상관없는 길을 걸어가다가 1654년에 우크라이나의 일부를 사실상 합병하면서 러시아·우크라이나 관계가 굉장히 복잡하게 얽혀 들어가기 시작하죠. 그 외에는 러시아는 외부세력과 얽히기보다는 우랄 산맥을 넘어서 시베리아 쪽으로 영토를 확장해나가는 정책을 주로 씁니다. 17세기에는 시베리아 동쪽 끝까지 이르는 일이 있었고, 남쪽으로도 계속 영토 확장을 합니다. 이 시기에 이렇게 영토 확장에 주력하는 모습을 볼 수 있고, 대제라고 일컬어지는 표트르 1세(Пётр I Алексеевич, Peter the First, 재위 1682~1725)가 서구화 정책을 추진하면서 서구문물, 제도를 많이 받아들입니다. 그 속에서 서구 문명을 지향하는 상층과 전통적 기층민 사이에서 분열이 일어나게 됩니다. 서구적 상층과 전통적 슬라브적 생활을 유지하는 대부분의 농민층 사이에서 문화,

생활방식, 세계관을 둘러싸고 생긴 분열은 18세기를 거치며 계속됩니다. 표트르 1세가 17세기 말부터 18세기 초에 권력을 확립했는데, 이 시기를 거치면서 분열이 계속되었다고 할 수 있고 농노제는 여전히 유지됩니다.

그리고 18세기를 거쳐가면서 러시아가 우크라이나와 벨라루스를 대부분 장악하게 됩니다. 당시 우크라이나를 소러시아로 부르고, 러시아를 대러시아라고 불렀기 때문에, 러시아인들은 이 과정을 러시아와 우크라이나의 재통일이라고 인식했습니다. 그래서 키예프에서부터 러시아로 이어지는 러시아 역사의 정립과 기술도 이때, 즉 18세기말부터 19세기초에 이뤄지게 됩니다. 역사의 기원을 키예프 루스에 두고 동슬라브민족의 국가 형성에서부터 러시아로 이어지는 과정을 살피는 이런 역사해석의 전통이 18세기말부터 19세기초에 확립됩니다. 이런 일은 우크라이나 영토를 대부분 차지한 후 이뤄진 것으로 볼 수 있습니다.

그리고 우크라이나 변경지역에서 살던 자유민들인 코사크(Cossacks), 혹은 러시아 식으로 하자면 카자키(казаки)라는 이들이 있었습니다. 이들은 농노가 아니고, 무장해서 자신들의 공동체를 이루며 떠돌아다니던 사람들이었는데, 이 사람들도 상층과 하층이 나뉘어지니까 러시아정부는 상층 코사크들은 귀족으로 대우를 해줘서 러시아 귀족으로 만들고, 하층 코사크들은 농노로 만듭니다. 결국 새로 획득한 우크라이나 지방의 농민들을 러시아 귀족이나 황족에게 농노로 선물해 줌으로써 농노제가 확대가 되었고, 18세기에 전제정과 농노제가 절정에 이르게 됩니다.

전통시대 러시아의 역사는 문명사적으로 비잔티움적 기독교와 황제정의 전통, 몽골적 군주권에서 강한 영향을 받았고, 몽골지배후 농노제를 확립한 것이 특징이라고 아주 거칠게 말씀드릴 수 있겠습니다.

인텔리겐치아와 혁명운동

그렇게 되니까 러시아인들 중에서 교육받고 생각있는 사람들은 1789년에 프랑스에서 혁명이 일어난 것을 보고 서유럽은 러시아의 상황과 다르다는 것을 느끼고 되었고, 외국에 직접 다녀온 사람들은 러시아와 서유럽의 차이에 대해 더욱 뼈아프게 느끼지 않을 수 없었습니다. 그래서 농노제와 전제정을 비판하는 이른바 인텔리겐치아(intelligentsia)라는 사람들이 18세기 말부터 러시아에서 등장합니다. 이들은 단순한 지식인이 아니고 비판적으로 사회에 대해 사고하고 기존 사회를 변화시키고자 하는 지식인들이었습니다.. 세계사적으로 근대적 인텔리겐치아는 러시아에서 처음으로 집단적으로 출현했다고 볼 수 있고, 러시아는 근대 사회에 들어와서 자신을 후진국이라고 인식한 최초의 국가라고 할 수 있습니다. 물론 프랑스 혁명 이후 근대적 지향성이 발현된 속에서 자기 사회를 후진적이라 인식한 독일 지식인들 같은 사례들도 있지만, 독일보다 훨씬 더 강렬하게 자국의 후진성을 인식하게 된 게 러시아 사회이고, 이 속에서 인텔리겐치아가 굉장히 치열한 논쟁을 벌이게 됩니다. 쟁점은 이 사회를 어떻게 바꿀 것인가 하는 것인데, 이 사회를 서구와 같은 방향으로 가게 할 것인가 그렇지 않으면 러시아의 고유한 전통과 덕목들을 살려 독자적 길을 갈 것인가 하는 것이죠. 지금의 사회가 나쁜 것은 잘 알겠는데 앞으로 나아가야 할 방향이 어떤 길인가를 둘러싼 큰 논쟁이 일어난 것이죠. 이 논쟁이 본격화하기 전에 러시아 전제정과 농노제를 철폐시켜서 입헌군주정을 만들든지 공화정을 만들든지 정치체제를 변화시키고 자유로운 시민사회를 수립해야한다는 지향으로 일군의 귀족 장교 혁명가들이 데카브리스트 봉기(Восстание декабристов, Decembrist revolt)를 일으키기도 했습니다. 이 봉기가 실패로 끝나고 1840년 대에는 본격적으로 이 논쟁이 치열하게 진행됩니다.

그 속에서 전제정은 완고히 유지되었습니다만, 러시아가 크림전쟁에서 패배하고 차르인 알렉산드르 2세(Александр II, Alexander II)가 1861년 대개혁을 추진해서 농노제를 철폐합니다. 그러나 전제정의 원칙은 전혀 철폐하지 않았습니다. 농민해방의 내용도 실망스러웠습니다. 그래서 지식인들이 굉장히 분노를 하고 이때부터 오히려 혁명운동이 본격화됩니다. 그러니까 농노제를 철폐한 다음부터 오히려 인텔리겐치야의 혁명운동은 본격화된다고 볼 수 있습니다. 사실 데카브리스트 봉기가 끝난 다음 1840년대에는 인텔리겐치야가 정부의 탄압을 많이 받아서 살롱이나 응접실에 소그룹으로 모여서 토론들을 합니다. 이들이 새로 점잖게 대화를 주고 받으며 러시아가 서구적 길로 갈 것이냐, 슬라브적 길을 갈 것인가에 대해 토론을 했던 것입니다. 그런데 1861년 대개혁 이후에는 오히려 지식인들의 급진화가 일어나서 대학생들의 혁명운동 같은 것이 훨씬 더 큰 규모로 전개되기 시작합니다.

혁명운동의 전개와 관련해서, 그 전에 어떠한 사상적 변화의 흐름이 있었는지 말씀드리겠습니다. 1840년대 인텔리겐치야 사이에서 서구적 길과 슬라브적 길 사이에 논란이 많았는데, 이들 중에 귀족의 사생아였던 알렉산드르 게르첸(Александр Герцен, Alexander Herzen)이라는 사람이 있었습니다. 재미난 것은 그는 어렵게 아버지의 아들로 인정을 받아 재산은 물려받았지만, 아버지의 성은 받지 못해서, '사랑의 소산(made of heart)'이라는 뜻의 독일어인 헤르첸(Herzen)이라는 성을 썼습니다. 이걸 러시아식으로는 게르첸이라고 발음하는 것이고요. 그가 아버지 재산을 다 챙겨서 서유럽으로 떠나서, 영국, 프랑스, 스위스 등지에서 살았는데, 이 사람이 서유럽의 사회를 보면서 러시아적인 사회주의라는 것을 개창합니다. 그것이 '인민주의(народничество, narodnichestvo)'라고 불립니다.

이 사람은 처음엔 러시아 인텔리겐치야가 자기네 사회를 변화시키는 데 서구적 경로도 굉장히 중요한 하나의 준거가 된다고 생각했지요. 그런데 1848년에 전 유럽에서 혁명이 일어났을 때, 프랑스에서 7월 왕정이 무너지고 2월 혁명으로 새로운 공화정이 수립되었는데 그 후 6월 봉기 때 부르주아지가 노동자들의 요구를 유혈적으로 억압하는 사태가 벌어졌습니다. 그는 이것을 보고 부르주아지가 노동자들을 배신했다고 생각하게 되고, 러시아는 이런 길을 가면 안 된다는 생각을 확고하게 품게 됩니다. 그리고 서유럽에서 토지를 잃고 떠도는 도시빈민화된 사람들의 삶을 보고, 그게 러시아가 가야할 길이 아니라고 생각하게 됩니다.

그래서 게르첸은 러시아는 독자적인 길을 가야된다고 생각하게 되는데 그러한 사상을 체계화한 것이 러시아식 사회주의입니다. 그리고 그 바탕에 있던 것이 러시아에 있던 농민 공동체입니다. 이것은 정기적으로 토지 재분배를 하는 농민 공동체로서 구성원들에게 원칙적으로 토지를 평등하게 나눠줬는데, 그는 이것이 농민들이 무산자가 되는 것을 막아줄 수 있다고 생각했어요. 그리고 러시아는 이것을 바탕으로 해서 자본주의 단계를 거치지 않고 바로 사회주의로 나가야 된다고 주장했습니다. 여기에 농민공동체가 굉장히 중요한 역할을 할 수 있는 것은, 농민들의 자율적인 결정에 의해 토지의 평등한 재분배가 이루어지기 때문이죠. 요즘 식으로 말한다면 풀뿌리 민주주의가 작동할 수 있는 단위라고 생각을 한 거죠.

그런데 농민공동체가 평등한 기구이고 농민들의 무산자화를 막아줄 수 있는 기구라고 생각한 사람은 게르첸이 처음이 아니었습니다. 독일 출신의 보수적인 귀족인 학스트하우젠(August von Haxthausen)남작이 먼저 이런 생각을 합니다. 프랑스 혁명 이후에 독일도 많은 변화를 겪었는데, 농민들도 예속 상태에서 벗어나 자유의 몸이 되었지만 그 과정에서 무토지 해방으로 인해 농민들이 도시로 몰려나와 무산자화가 이루어졌습니다. 학스트하우젠은 이것에 대해 비판적으로 생각했는데 그가 러시아에 와서 봤더니, 농노제 하에 있긴 하지만 농민공동체가 굉장히 잘 기능을 하는 거예요. 그래서 이 사람이 농민공동체를 '발견'하고 여행기를 씁니다. 그런데 이걸 러시아의 혁명적 사상가가 혁명적으로 전유한 것입니다. 그래서 게르첸은 러시아의 농민공동체가 농민들의 무토지화, 무산자화를 막아줄 뿐만 아니라 이것은 자율적이고 민주적인 단위인데, 다만 지금은 농노제 하에 있기 때문에 이런 억압적 외피를 걷어내고, 여기에 최신의 기술적인 발전을 더하면, 이것을 바탕으로 해서 러시아가 서구적인 경로를 밟지 않고 사회주의, 즉 농민 사회주의로 갈 수 있겠다고 생각을 합니다. 이것이 1848년 말부터 시작된 러시아식 사회주의, 곧 '인민주의'의 출발점이 됩니다.

이 인민주의가 러시아에 전파되어서 굉장히 큰 영향력을 가지고 지식인들을 매료시킵니다. 그래서 대개혁 이후에 러시아 지식인들이 인민주의로 많이 입문하게 되고, 1873~1874년에는 '인민 속으로'라는 기치로 브 나로드 운동(V narod movement)을 전개합니다. 요즘 식으로 하면 대학생들의 농활 같은 것인데, 좀 더 집단적이고 정치성이 강한 활동이었던 거죠. 농촌에 가서 농민들에게 '전제정을 타도하고 모든 토지를 평등하게 분배합시다'라고 선전을 하는 것이죠. 당시 상황을 보면, 농노제가 철폐된 다음에 농민들이 지주 소유 토지의 절반 정도를 갖게 됩니다. 사실 러시아에는 국유지도 많았는데, 국유지는 농업생산성이 높은 곳이 아니라 숲이거나 황무지지대에 많았지요 그 반면 경작할만한 토지 중에서는 지주 토지가 많았습니다. 대개혁 이후에 그 중에서 절반정도는 지주가 가져가고 절반은 농민이 가져왔지만 이것은 무상분배가 아니고 유상분배였습니다. 농민들은 유상분배의 조건이 자신들의 관점에서 봤을 때 가혹하다고 생각했고 토지부족에도 불만이 많았지만, 그렇다고 전제정을 타도하자는 주장에는 별로 귀를 기울이지 않았습니다. 농민들의 정치적인 의식수준은 높지 않았던 것이죠. 그런데 지식인들이 몰려가서 선전을 하니까 이 둘 사이에서 마찰이 많았습니다.

그러니까 지식인들은 '토지와 자유'라는 기치를 가지고 갔는데 농민들이 귀를 기울이지 않으니 대중의 몽매한 상태를 어떻게 변화시킬 것인가, 어떤 충격을 주어서 사회를 깨어나게 할 수 있을 것인가를 고민하다가 일부는 테러전술로 나아갑니다. 그래서 1870년대 후반에 가면 대인테러가 이뤄지고, 황제에 대한 암살모의도 굉장히 여러 차례 있었습니다. 알렉산드르 2세가 농노제를 철폐한 황제이고 19세기 러시아 황제 중 가장 자유주의적인 황제라고 알려져 있는데, 이 사람이 다섯 번의 암살시도를 비껴갔다가 1881년 3월에 결국 암살을 당합니다. 암살모의가 정말 집요했고, 이것이 인민주의자들 중 테러전술을 옹호하는 사람들에 의해 행해진 거죠.

그런데 테러 전술을 옹호했던 두드러진 혁명가들 중에 여성들이 많았습니다. 아래 사진을 보시면 그 중 유명했던 베라 자술리치, 베라 피그네르(Вера Фигнер, Vera Figner; 1852~1942), 소피야 페로프스카야가 있습니다. 베라 자술리치(Вера Засулич, Vera Zasulich; 1849~1919)는 나중에 마르크스주의자 중에서도 멘셰비키에 속하게 되는 인물입니다. 이 사람은 1878년에 상트 페테르부르그 광역시장인 표도르 표도로비치 트레포프 장군이라는 고위관료를 저격해서 큰 상처를 입혔습니다. 그런데 이 사건의 재판이 엄청난 파문을 불러 일으키게 됩니다. 알렉산드르 2세 대개혁의 일환으로 배심원제 사법개혁이 이루어져서 재판에 배심원들이 들어왔는데, 배심원들이 베라 자술리치에게 무죄라는 평결을 내린 것이지요. 사실 트레포프 장군이 정치범에게 태형을 가하라고 명령을 내리는 바람에 공분을 샀기에, 트레포프 장군이 응당 벌받을만한 일을 한 악덕관리라는 자술리치 변호인의 변호를 듣고 배심원들이 동조를 한 겁니다. 그래서 자술리치가 무죄로 풀려나고 스위스로 망명을 가서 거기서 마르크스주의자가 됩니다.

그리고 오른쪽에 있는 여성은 소피야 페로프스카야(Софья Львовна Перовская, Sophia Perovskaya; 1853~1881)라는 인물인데 으리으리한 집안 출신이었습니다. 할아버지가 엘리자베타여제의 종손자(從孫子)였고 아버지는 상트 페테르부르그도지사여서 한마디로 대귀족 출신인데, 소피야는 정치적으로 차르 체제에 대해서 굉장히 비판적이었습니다. 아버지의 지나친 가부장성과 권위주의가 소피야를 혁명운동으로 나아가에 했다는 해석도 있습니다. 소피야는 인민주의 중에서도 '인민의 의지'라는 테러 집단의 핵심적 인물이 됩니다. 농민출신인 애인과 주축이 되어 알렉산드르 2세의 암살을 모의했고 결국 그를 암살하는 데에 성공합니다. 그러나 그 이후 더 심한 정치적 반동이 초래되고 이들은 다 처형되게 됩니다.

테러전술의 여주인공들

베라 자술리치 　　　　베라 피그네르 　　　　소피야 페로프스카야

러시아에서는 1753년부터 사형제가 원칙적으로는 폐지가 됩니다. 굉장히 일찍 철폐된 건데, 예외가 있다면 반역죄입니다. 그래서 데카브리스트들도 5명이 처형됐습니다. 나머지 중범죄자는 다 시베리아 유형(流刑)이 원칙입니다. 소피야를 비롯한 황제 암살범들은 사형에 처해진 것이지요.

이후에 황제 암살을 시도하는 사람들이 또 나옵니다. 알렉산드르 2세의 아들이 새로운 차르 알렉산드르 3세인데 이 사람은 혁명가들에 대한 강경억압책을 사용합니다. 그러면서 더 큰 반발을 불러일으키는데 테러 전술의 옹호자들은 더 의지를 불태워서 황제 암살을 모의하지요. 그 중에 알렉산드르 울리야노프(Александр Ульянов, Aleksandr Ulyanov)라는 젊은이가 있었습니다. 이 사람은 화학을 공부하는 대학생이었는데 알렉산드르 3세를 암살하는 데 실패하지만 그 음모가 적발되어 역시 사형을 당합니다. 그런데 이 사람이 나중에 레닌(Ленин, Lenin)이라고 불리는 블라디미르 울리야노프(Владимир Ильич Ульянов, Vladimir Ilyich Ulyanov; 1870~1924)의 형이었습니다. 블라디미르 울리야노프는 형이 사형된 이후 엄청나게 분노하고 사회에 대한 비판과 변혁의 의지를 불태우게 됩니다.

인민주의자라고 하는 세력이 농민들에게 토지를 평등하게 분배하고, 자본주의를 거치지 않고 바로 사회주의로 나아가자는 노선을 지향하고 있었던 데 반해서, 이것만 가지고 사회주의를 제대로 시행할 수 있는가에 대해 질문하는 다른 인텔리겐치야 그룹이 나타납니다. 이 사람들은 대개 이전에 인민주의자들이었으나 농민들에게 선전을 해봐도 이것이 제대로 안 먹히니까 좌절해 있다가, 유럽에서 노동운동이 활발하게 전개되는 것을 보고, 노동자들은 농민들에 비해 정치적인 의식수준이 높다고 생각하게 됩니다. 여기서 이 사람들이 노동운동과 마르크스주의에 깊이 빠져들게 됩니다. 그리고 왕년에 인민주의자였던 플레하노프(Георгий Плеханов, Georgi Plekhanov; 1856~1918) 같은 인물이 마르크스주의로 전향해서 '이제는 인민주의자들의 주장처럼 러시아가 봉건적 체제에서 자본주의 단계를 거치지 않고 바로 사회주의로 가야 한다는 생각은 틀렸다. 러시아도 자본주의 단계를 거쳐서 노동자들이 정치적으로 성숙하고, 자본주의가 발달해서 물질적으로도 사회주의로 나갈 수 있는 기반이 확립된 후에 사회주의로 가야한다'고 주장하게 됩니다. 그래서 그는 인민주의자와 마르크스주의자의 생각 차이를 정리해서 책으로 내게 됩니다. 『우리들의 이견』(Our Differences)라는 제목의 책인데, 여기서 그는 인민주의자들을 강력하게 비판합니다. 플레하노프의 주장은 러시아 내에서 마르크스주의자들 중에서도 멘셰비키의 길을 지시하게 되는 격입니다. 러시아가 한동안 자본주의의 길을 가고 그 이후에 사회주의로의 이행을 준비해야한다고 생각한 것이 플레하노프의 생각입니다. 그리고 그의 추종자들이 망명지에서 마르크스주의 문건을 번역도 하고 이를 러시아에 전파도 합니다. 1880년대 무렵의 대세는 인민주의였지만 조금씩 러시아 내에서도 마르크스주의 그룹들이 형성됩니다.

그런데 레닌도 자기 형이 죽고 학교에서 퇴학도 당하고 1890년대에 마르크스주의자로서 정체성을 형성한 다음에 인민주의자들을 비판하는 글을 많이 썼습니다. 레닌이 그런 글을 쓴 다음에 수도인 페테르부르그로

와서 노동자들의 조직을 형성하고, 여기서 동지였다가 미래의 경쟁자가 되는 마르토프(Юлий Мартов, Julius Martov; 1873~1923)도 만납니다. 그리고 거기서 활동하다가 체포돼서 1897년부터 시베리아 유형을 당합니다. 수 많은 사람들이 시베리아 유형을 당했는데, 레닌, 트로츠키, 스탈린, 그 이 전의 인민주의 혁명가들 등 정말 많은 사람들이 유형을 당했죠. 레닌이 2 년 넘게 유형을 당해있으면서 『러시아에서의 자본주의 발달』(Development of Capitalism in Russia, 1899)이라는 책을 썼고, 여기서 인민주의자들이 주장 하는 것과 달리 농민이 평등한 공동체 내에서 평등한 토지분배를 이뤄서 사는 집단이 아니고 농민층 내에서도 심한 분화가 이루어졌고, 농민층이 사실상 자본주의적으로 분화가 돼서 농촌 내에도 부르주아가 있고, 프롤 레타리아가 있다고 주장합니다. 그래서 러시아는 사실상 자본주의 상태로 들어갔으니, 인민주의자들 말처럼 농민만을 기반으로 해서 사회주의로 가 야 한다고 생각하지 말고 마르크스주의처럼 노동에 바탕을 두고, 자본주 의적 계급투쟁에 바탕을 두고 투쟁을 해서 사회주의로 가야한다고 주장을 합니다. 그는 이 책을 쓴 후 1900년에 스위스를 거쳐 뮌헨으로 망명을 갑 니다.

그는 그전까지는 여러 필명을 쓰다가, 이때 1901년경부터 레닌이라는 이름을 씁니다. 왜 레닌이라는 이름을 쓰느냐에 대해서도 의견이 분분합 니다. 어떤 사람들은 레닌은 레나라는 이름에서 나왔으니까 레나라는 여 자가 첫사랑이었는데 그래서 레닌은 레나의 남자라는 의미라고 얘기하기 도 합니다. 다른 사람은 레나라는 강이 시베리아에 있는데 이 사람이 시베리아에서 유형을 당했으니, 거기서 따왔다고도 합니다. 어쨌거나 20세기 초부터는 레닌이라는 필명이 이 혁명가의 전투명이 됩니다.

1898년에는 러시아 내 마르크스주의자들이 결집을 해서 러시아사회민주주의노동당을 창립합니다. 그런데 결집을 해봐야 참석자가 아홉 명이었습니다. 사실 이들 창당대회 참석자들은 주로 현장활동가들이었고 전국적 지도자는 아니었습니다. 마르크스주의자들이 명실상부하게 창당을 한 것은 1903년 브뤼셀과 런던에서 열린 제2차 사회민주노동당 대회에서였습니다. 그리고 약간 앞선 시기에 인민주의자들의 정당인 사회혁명당이 1902년에 창당됩니다. 이 무렵이면 이들도 마르크스주의에서 많은 영향을 받게 돼서, 노동계급을 경시하지 않게 되고, 멘셰비키 노선과 유사한 강령을 따르게 됩니다. 그래도 '모든 토지를 농민에게'라는 구호만은 놓지 않는 것이 인민주의자들의 사회혁명당이었습니다.

말씀드렸다시피 사회민주노동당은 1903년 본격적인 결집을 해서 당규도 정비하는데, 이 때 쟁쟁한 인물들이 모입니다. 사실 이들은 플레하노프, 레닌, 마르토프처럼 대부분 다 망명해 있던 사람들입니다. 러시아 내에서는 어려운 행동의 자유, 사상표현의 자유를 망명지에서는 누릴 수 있었기 때문이죠. 그래서 망명해 있던 사람들이 모여서 당의 체제를 정비합니다. 흔히 얘기하기를 여기에서 볼셰비키(большевики, Bolsheviks)와 멘셰비키(меньшевики, Mensheviks)가 나눠진다고 합니다.

레닌이나 마르토프 둘 다 대단한 이론가이면서 리더였습니다. 러시아 혁명가들 중에 실천과 이론을 겸비하는 명장들이 많습니다. 이 둘이 당 규정의 초안을 작성하는데 두 사람의 견해가 달랐습니다. 마르토프는 당원을 '당의 강령을 받아들이고 당 조직의 통제와 지도 아래 당의 과제실현을 위해 적극적으로 활동하는 사람'으로 정하고자 했는데, 레닌은 '당의 강령을 받아들이고 물질적 측면에서 당을 후원하며 당 조직 가운데 하나에 직접 참여함으로써 당을 후원하는 사람'이라고 하려고 했습니다. 그래서 두 초안 사이에 대결이 벌어졌는데, 여기서 마르토프가 수정안을 내놓습니다. 그래서 수정안에서 '당의 강령을 받아들이고, 당을 물질적 측면에서 후원하며 당 조직의 지도 아래 당을 정기적으로 직접 지원하는 사람'이라고 제시합니다. 여기서 레닌은 당원의 직접 참여를 굉장히 중시했고, 반면 마르토프는 당원을 당의 강령을 받아들이지만, 당의 조직 아래서 당을 '지원' 하는 사람이라고 생각했습니다. 그래서 이런 규정에 대한 문제는 당이 대중정당이 될 것이냐, 진성당원만 인정해서 전위정당이 될 것이냐에 대한 논란이었습니다. 그런데 당 대회에서 마르토프안이 받아들여집니다.

1905년 혁명과 그 실패

이때가 볼셰비키와 멘셰비키가 나뉜 시작점이기는 하지만 그렇다고 이때부터 대립이 그렇게 극렬했던 것은 아닙니다. 한국에도 심상정파와 권영길파가 있을 수 있잖아요. 그런 분파였고 여전히 하나의 당입니다.

이런 와중에서 러시아 사회는 1905년 혁명을 맞게 됩니다. 1905년 혁명은 러일전쟁과 불가분하게 얽혀 있습니다. 러시아 정부가 동아시아의 패권을 차지해보려는 생각을 가지고 조선 쪽으로 와서 블라디보스토크를 통해서 태평양 쪽으로 내려가려했는데, 이것이 영국에 의해 가로막힙니다. 영국이 일본을 사주해서 영일동맹을 맺고 러시아의 남하를 동아시아에서 막게 된 겁니다. 여기서 짜증이 많이 난 러시아와 조선을 차지해보려는 일본이 맞붙어서 러일전쟁(1904~5)이 벌어집니다. 러일전쟁에서 러시아가 패전했다는 평가가 주를 이루는데, 사실 포츠머스 회담 결과로 맺어진 조약(Treaty of Portsmouth)을 보면 거의 무승부에 가깝습니다. 미국이 중재해서 포츠머스 회담을 열게 되고 조선에 대한 정치·군사·경제적 이익권을 일본이 가져가는 것으로 합의가 됩니다. 그 결과 조선이 일본의 보호국이 되고 그 이후에 러시아가 북만주와 외몽골을 차지합니다. 그래서 러시아가 완전히 패했다고 보기는 어렵습니다. 그러나 전쟁의 진행과정을 보면 전투에서는 계속 패배가 이어졌습니다. 인천앞바다에서도 패하고 쓰시마 해전에서도 패했습니다. 그런 군사적 패배를 거듭하니까 병사들의 불만이 굉장히 높아졌고, 이들이 국내에 돌아와 진상을 알려주었고, 그 결과 국내에서 노동운동도 굉장히 활발히 전개됐습니다.

러시아에서는 1881년에 즉위한 차르 알렉산드르 3세(Александр III, Alexander III)가 국가주도의 산업화를 본격적으로 추진하면서 노동계급이 성장을 합니다. 그런데 러시아 제국에서의 산업화의 특징은 지역적 편중이 심했다는 겁니다. 예를 들면 두 수도인 상트페테르부르크(Санкт-Петербург, Saint Petersburg)와 모스크바(Москва, Moscow), 남부 쪽으로 말하자면 유전지대이자 현재는 아제르바이젠의 수도인 바쿠(Баку, Baku), 도네츠크(Донецк, Donetsk) 이런 소수의 큰 도시에만 공업지대가 편중돼있고, 하나의 공장 단위가 굉장히 크다는 것이 특징입니다. 하나의 공장의 단위가 크다는 것은 거기서 일하는 노동자의 수가 많다는 것이죠.

예를 들면 수도였던 상트페테르부르크의 굉장히 큰 기계·무기공장인 푸틸로프 공장이 있었습니다. 이 공장이 노동운동에서 중요한 역할을 하는데, 이 공장은 18세기말에 처음 설립된 군수공장이었습니다. 이걸 19세기 중반 푸틸로프란 사람이 인수해서 푸틸로프 공장이라고 불리게 됐는데 이 공장의 노동자가 1만5천명이 넘었습니다. 특히나 중화학공업, 섬유산업 등의 분야에서 굉장히 많은 노동자들이 한 공장에서 일하면서 초기 산업화 단계의 열악한 노동조건, 낮은 임금, 낮은 생활수준을 감당해내야 했습니다. 그래서 여기에서 마르크스주의자들의 선전, 선동이 일어나면서 노동운동이 활발히 일어나는데, 여기서 지역적 편중이 있었다는 것은 염두에 둬야합니다.

그래서 공장지대라는 것은 정말 넓은 전국적인 농민의 바다 속에 몇 개 떠 있는 거대한 섬이라고 보시면 됩니다. 이런 몇 개의 섬에서 노동운동이 굉장히 집약적으로 일어났는데, 한번 파업이 일어나면 몇 만 명이 연대파업을 하는 거죠. 이런 노동운동이 20년 사이에 급격히 발전하는 것이고, 20세기 초반에 들어와서 1905년 무렵이 되면 노동운동이 굉장히 파괴력을 갖게 되는데, 러일전쟁 소식이 전해지면서 민심이 흉흉해집니다.

그런 와중에 1905년 1월에 '피의 일요일'이라는 사건이 일어납니다.

노동자들이 노동조건을 개선해달라고 황제에게 청원하려고 행진을 하는데, 여기에 황궁의 수비대가 발포를 합니다. 그래서 이 사건이 상징성을 띤 고유명사가 됩니다. 이 사건이 일어난 후 노동자들의 파업은 더욱 확대되고 이 소식이 농촌에 알려지면서 정치적으로 수동적이고 미동도 하지 않던 농민들이 많이 깨어나게 됐습니다. 그래서 전러농민동맹 같은 조직을 형성합니다. 이때 농민들의 최대 관심사는 '모든 토지를 농민에게'와 같은 것이었어요. 이들은 농민들에게 토지를 돌려달라는 목소리를 냈습니다.

그래서 '피의 일요일' 사건이 1905년 혁명을 불러일으켰어요. 이 속에서 차르정부는 처음에는 강경진압을 해보려고 하다가 워낙 사회전체가 움직였기 때문에 그럴 수 없음을 알게 되자 10월에 가서 양보책을 내놓게 됩니다. 즉 10월 선언을 발표해서 인신의 불가침성을 인정하고, 입법 기구, 즉 국회인 두마(дума)를 설치하겠다는 것을 약속합니다. 이게 가장 중요한 양보죠. 그래서 일부는 이것을 믿고 차르를 지지하겠다고 돌아섭니다. 그리고 일부는 정부가 잘하면 지지하겠다는 조건부 지지자들이었습니다. 그리고 노동운동 쪽에서는 이것 가지고는 안 된다고 생각을 해서 상트페테르부르크에서 총파업을 시작했고 이게 모스크바로 옮겨갑니다. 상트페테르부르크에서는 10월 선언이 나오기 직전인 10월 13일~15일 사이에 노동자 대표들이 모여서 '소비에트(совет, Soviet)'란 것을 만듭니다. 나중에 러시아 혁명 이후에 소비에트라는 것이 그야말로 혁명적 민주주의의 상징처럼 됐죠. 그런데 이 소비에트가 잠깐 민중의 혁명 제도처럼 떠올랐다가 주저앉게 됩니다. 러시아 혁명에서 볼셰비키가 집권한 이후의 정치적 비극의 한 원인이 여기에 있지 않을까 하는 생각이 듭니다.

어쨌거나 소비에트가 1905년 10월에 출현합니다. 각 공장들이 총파업을 하려면 공장 대표자들이 모여서 논의를 해야 해서 그 대표들이 모인 평의회가 소비에트입니다. 그래서 이 사람들이 자율적으로 논의를 하는 거죠. 수도 페테르부르크에서 처음 모였을 때는 43명 정도였는데, 이틀 후인 15일에는 200명이 모였습니다. 순식간에 숫자가 엄청나게 늘어난 거죠. 그래서 이들이 총파업을 논의하고, 사실 이 기구를 가지고 봉기까지 기도하게 됩니다. 그런데 이 총파업이 12월 7일에 모스크바에서 다시 시도되었다가 며칠만에 철저히 진압됩니다. 차르 정부가 대응하기를 자유주의와 혁명주의자들을 분리시키려 합니다. 10월 선언에서 이미 일부 세력이 떨어져나갔고, 노동계급이 남아서 싸워보려고 했는데 여기에서 충분한 지원이 이뤄지지 않았다고 볼 수 있습니다. 그리고 이런 식으로 해를 넘겨서 1906년에는 실제로 의회가 개설이 됩니다. 정부가 차관을 많이 들여와서 의회도 열고 농민들에게 지원도 많이 합니다. 결과적으로 1905년 혁명이 동력을 잃어가게 되고 흔히 이 혁명은 실패로 끝났다고 얘기를 합니다. 보통 이를 1차 러시아 혁명이라고 하거나 혁명의 리허설이라고 부릅니다.

어쨌거나 이 혁명이 소비에트라는 기구를 만들어냈고 그 이후에 소비에트가 급진적 혁명가들 사이에서 민중의 혁명성을 담보하고 서구식 민주주의와는 다른 민주주의를 실현시킬 수 있는 가장 중요한 제도라고 인식되게 됩니다. 그게 바로 소비에트의 중요성입니다. 이게 1905년 때 등장했다가, 혁명이 반동국면으로 들어가면서 사라졌습니다. 그러다가 1917년 혁명에서 다시 살아납니다.

1905년 혁명이 좌절된 다음에는 혁명이 더 이상 가능하지 않다고 생각하는 사람들도 많았습니다. 그래서 '청산주의자'라는 사람들도 나오고 그러한 논의들이 많았습니다. 심지어 레닌도 '내 살아생전에 혁명을 볼 수 있을지 모르겠다'는 의기소침한 발언을 하기도 합니다. 레닌은 1905년 혁명 때 러시아에 잠깐 들어오긴 했지만 계속 망명 생활을 했고, 트로츠키는 러시아에서 소비에트 지도부 역할을 했습니다. 이때의 경험이 1917년 국면에서 그의 활동에 중요한 뒷받침이 되지 않았나 생각합니다.

볼셰비키의 길 · 멘셰비키의 길

2월 혁명

1905년 혁명이 좌절된 다음 러시아사회의 변화를 원하는 사람들이 의기소침해 있던 상황에서 1914년 1차 대전이 일어납니다. 여기에 러시아가 참전을 해서 군사적으로 큰 좌절을 겪게 됩니다. 러시아가 군사대국이긴 한데, 외국과의 전쟁에서 정말 큰 성공을 거둘 때가 있고 정말 어처구니없는 실패를 거둘 때가 있습니다. 그런데 항상 보면 전쟁에서 성공을 거두면 이후에 기존 체제가 굳어지고, 실패를 하면 그 이후에 꼭 혁명이나 큰 정치적 동요가 있게 됩니다.

그걸 살펴보면요, 1812년에 나폴레옹 원정으로 인해서 러시아가 큰 전쟁을 겪습니다. 러시아가 서쪽으로부터 온 침입군은 몸 성히 돌려보내지 않는다는 전통이 있는 것 같습니다. 그래서 1812년에 러시아에 나폴레옹의 40만 대군이 들어왔는데 1만 명이 살아 돌아갔다고 합니다. 그러나 그 이후에는 러시아가 기고만장해져서 농노제나 전제정을 철폐하지 않으려고 합니다. 그런데 1853~1856년에 크림전쟁에서는 러시아가 영국, 프랑스, 오스만 튀르크 연합군에게 패배했고 그 다음에 대개혁이 있었습니다. 그래서 농노제도 철폐하죠. 그리고 1904~1905년에 러일전쟁에서 패하고 1905년 혁명이 일어났습니다. 혁명 자체는 성공하지 않았지만 그래도 의회도 생깁니다. 그래서 1905년의 체제를 막스 베버(Max Weber)는 유사 입헌주의라고 불렀습니다. 사이비 입헌주의라는 거죠. 의회라는 부산물을 안겨주긴 했지만 그뿐이고 전제정의 원칙은 변하지 않았습니다. 그런데 1914년 1차 대전 이후에는 동요의 폭이 훨씬 더 컸습니다. 처음에는 1914년 참전 이후에 애국주의적 열기가 대단했다가, 전투 패배가 거듭되면서 전쟁에 대한 비판론이 확산이 되고, 여기서 선전선동가들의 힘이 커집니다. 그런데 그것뿐만 아니라 우선 먹고 살기가 너무 힘드니까 민중의 자발적인 시위가 일어난 것이 결국 1917년 2월 혁명으로 이어집니다.

전쟁과 혁명 간의 상관관계 속에서 보면 혁명이 1차 대전 와중에 일어났는데, 이것과 상반되는 것이 2차 대전입니다. 2차 대전에서는 소련이 엄청난 피해를 겪으면서도 결국은 독일군을 물리치게 되는데, 그러면서 스탈린 체제가 변하지 못하고 오히려 강화되었죠. 결국은 1953년에 스탈린이 굉장히 의심스러운 상황 속에서 죽음을 맞이합니다. 자연사냐 변사냐 논란이 많죠. 정상적인 논의를 통해서 권력자를 바꾸는 것이 불가능하다고 생각했을 수도 있고, 의사들이 수를 쓴 것 아니냐는 논의도 있는데, 그 정도로, 승리로 끝난 2차 대전 이후에는 체제가 경직됐다는 것이죠.

어쨌거나 1차 대전에서는 일련의 전투들에서 계속 패배하니까 이 와중에서 혁명운동이 계속 강화되고, 2월 혁명이 일어납니다. 2월 혁명은 자연발생적인 것이었습니다. 얼마 전에 한국에서도 3월 8일 여성의 날 행사를 했습니다만, 여성들이 '정말 먹을 것이 없고 힘들다, 전쟁을 중단하라'고 시위한 것이 발단이었는데 규모가 점점 커지고 동조자가 늘어나면서 자연발생적인 봉기가 일어납니다. 애초에는 수도경비대에서 발포하기로 했는데 병사들이 명령에 응하지 않았습니다. 병사들이 시위대에 동조할 정도로 민심이 돌아서 있었다고 볼 수 있습니다. 그래서 2월 혁명이 러시아력으로 1917년 2월 23일 시작되었지요. 당시 황제 니콜라이 2세(Николай II, Nicholas II)는 수도에 계속 있으면 혁명가들의 비판, 자유주의자들의 비판, 또는 의회에서의 비판이 있으니까 그게 귀찮아서, 자신이 총사령관으로서 전선에 나가서 지휘한다는 명분으로 수도를 계속 비웁니다. 그런 와중에 수도에서 전제정을 타도하려는 봉기가 일어나면서 니콜라이 2세가 결국 3월 2일에 퇴위하겠다고 선언합니다. 헌데 그 아들인 황태자 알렉세이(Алексей Николаевич, Alexei Nikolaevich)가 혈우병 환자였기 때문에 제위를 물려줄 수 없었고, 대신 동생에게 제위를 물려주려 했는데 동생이 받아들이지 않겠다고 선언합니다. 그래서 로마노프 왕조가 그렇게 그냥 무너집니다. 그야말로 전제정이 더 이상 기능할 수 없는 상황이 되었다는 거죠.

그러자마자 임시정부가 수립이 되었고 사실 황제가 퇴위하기 전부터 소비에트가 다시 등장하게 됩니다. 수도 페트로그라드(Петроград, Petrograd; 1914년부터 1924년까지 수도 상트페테르부르크의 이름)에서는 노동자·병사 소비에트가 혁명권력으로 활동하기 시작합니다. 페트로그라드 노동자 대표 소비에트라는 이름으로 출발했다가 이것이 노동자·병사 소비에트가 됩니다. 그리고 농촌에서는 농민 동맹이 형성됩니다. 그래서 소비에트가 민중의 혁명성을 담보하는 기구로 다시 출현하고, 혁명에서 민중의 요구를 표현할 기구로 자리를 잡습니다.

임시정부는 차르 정부 아래서 자유주의자이면서 야당 역할을 했던 사람들을 주축으로 구성이 됩니다. 그리고 유명한 인민주의자 한 사람이 여기 법무장관으로 들어가기로 합니다. 그가 나중에 임시정부수반이 되는 알렉산드르 케렌스키입니다. 전체적으로 임시정부는 자유주의적 성격이 강했습니다. 그리고 소비에트가 민중의 정치적 기구로서 등장합니다.

그런 상황에서 소비에트는 임시정부에게 혁명적 요구를 하되 정권에는 참여하지 않는다는 입장을 견지하고 있었습니다. 임시정부는 주로 자유주의자들로 구성되어 있어서 전쟁을 계속하려고 합니다. 끝까지 전쟁을 포기하지 않으려고 했던 것이 결국 임시정부의 자살을 초래하는 중요한 요인이었다고 생각합니다. 이 속에서 전투에서는 계속 실패를 하고, 독일군은 수도인 페트로그라드까지 공격해오려는 계획을 세우고 있었습니다. 임시정부는 전쟁을 계속하겠다는 생각만 강했을 뿐 공화국 선포, 농민에 대한 토지 분배와 같은 혁명적 요구에 대한 생각은 거의 없었습니다.

민중 사이에서는 역시 '토지와 평화'라는 요구가 가장 강력한 것인데, 이것을 실현하겠다는 주장을 내세우면서 등장한 사람이 볼셰비키파의 지도자인 레닌이죠. 레닌은 이 시기에는 멘셰비키와는 상당히 대립하고 있었는데, 1912년에 이 두 파가 두 당으로 갈라집니다. 이 둘이 왜 갈라졌는가하면 결국 부르주아지(시민)계급과의 관계 설정에 대한 의견이 달랐기 때문입니다. 멘셰비키는 1905년 혁명에서도 그랬는데, 1917년 혁명시기에 와서도 아직 사회주의 혁명을 할 때가 아닐 뿐만 아니라, 자신들이 권력을 잡아서는 안 된다고 생각하고 있었습니다. 플레하노프 같은 사람들이 다 비슷한 생각이었습니다. 그러니까 주도권은 부르주아지가 가져야 하고, 한참 시간이 지난 후 노동계급에 의한 사회주의 혁명으로 가야된다는 입장이었습니다. 그에 반해 볼셰비키는 노동계급이 연합을 한다면 부르주아지와 하는 것이 아니라 농민과 연합해야한다는 입장이었습니다. 그래서 노농동맹을 얘기합니다. 부르주아지에 대한 불신이 강했던 거죠.

그렇게 두 파가 조직상으로도 갈라졌고, 1차 대전에 대한 태도에서도 멘셰비키 중 상당수가 전쟁을 지지했습니다. 특히 그야말로 러시아 마르크스주의의 아버지였던 플레하노프가 그랬는데, 그는 애국주의적 열기에서 벗어나지 못했습니다. 반면 마르토프는 철저한 국제주의자의 입장이었기 때문에 전쟁을 지지하지는 않았습니다. 그는 러시아 마르크스주의자 중에서 서유럽 사회민주주의자들과 가장 유사하다는 평가를 받는 인물입니다. 그는 레닌과 굉장히 많은 입장을 공유하기는 했지만, 지금 단계에서 사회주의적인 정책을 추진하는 것은 시기상조라는 생각을 견지했습니다.

그래서 둘이 1912년에 갈라진 이후 1917년 2월 혁명 국면에서 볼셰비키와 멘셰비키의 길이 더 확실하게 나뉘게 됩니다. 왜냐하면 레닌이 4월에 귀국해서 4월 테제라는 것을 내놓는데, 여기서 '모든 권력을 소비에트로, 모든 토지를 농민에게'라는 내용을 제시하기 때문이죠. 그리고 모든 은행을 단일 국영은행으로 통합하고 이를 소비에트가 통제해야한다는 내용도 포함시킵니다. 그래서 이게 사회주의로 바로 가자는 이야기인지 어떤지 큰 논란을 불러일으켰습니다. 근데 이게 '우리가 바로 집권하자'는 생각은 아니고 혁명의 국면에서 나올 수 있었던 일종의 최대주의적 구호였던 것 같습니다.

10월 혁명

그런데 임시정부가 집권했지만 전투에서 계속 패하고, 토지에 대한 농민들의 요구도 계속되는 상황 속에서, 우파의 반격이 시작됐어요. 그게 8월 말에 있었던 코르닐로프의 쿠데타 시도라는 것입니다. 제정 시대의 장군이었던 라브르 코르닐로프(Лавр Корнилов, Lavr Kornilov)라는 사람이 임시정부의 수반이 된 케렌스키(Александр Керенский, Alexander Kerensky)의 명령으로 총사령관이 됐는데, 이 총사령관이 전선을 지키는 것이 아니라 나폴레옹 같은 인물이 되기 위해 페트로그라드로 진격을 했습니다. 이 사람은 임시정부의 명령으로 총사령관이 됐지만 혁명을 수호하려는 게 아니라 반동적인 질서를 확립하고 싶어하는 사람이었습니다. 이 사람이 권력을 장악하면 구체제가 회복될 것이라는 우려가 일어날 수밖에 없었죠. 그래서 이런 상황에서 혁명을 수호하려는 세력이 전부 모여서 쿠데타를 막아냅니다. 여기에 소비에트, 임시정부, 볼셰비키 모두 결집을 합니다.

볼셰비키는 이전부터도 급진적인 민중의 요구를 수용하는 입장이었지만, 코르닐로프의 쿠데타 시도 이후에 스스로 권력을 잡아야한다는 의식이 강해졌으리라 생각합니다. 핀란드로 망명 가 있는 레닌이 거기서 『국가와 혁명』(State and Revolution, 1918)이라는 책을 썼고, 여기서 무장봉기에 의해서 권력을 장악해야한다고 주장합니다. 그 내용을 볼셰비키 동지들에게 서면으로 계속 주장하는데, 이게 처음에는 받아들여지지 않습니다. 사실 볼셰비키라고 해서 처음부터 무장봉기로 권력을 장악해야 한다고 생각한 것도 아니고, 처음부터 사회주의로 바로 가야한다고 생각했던 것도 아닙니다. 비록 제국주의 전쟁이었던 1차 대전에 러시아가 연루된 후 1916년에 레닌이 제국주의는 자본주의의 최후 단계라고 주장했고, 또 그 전에는 제국주의 전쟁을 내전으로 전환시켜서 혁명을 일으켜야 된다는 내용의 소책자도 썼지만, 사실 이것은 모두 장기적인 전망 속에서 나온 것들이고 바로 행동을 결정하는 것은 아니었습니다.

이런 이론적 기반이 있는 상황 속에서 구체적 상황이 어떻게 전개되는가가 중요한데, 여기서 당시 행위자의 정치적 선택이 이뤄지는 것이죠. 마르크스주의의 여러 이론, 내용, 주장들이 있고 그 중에서 어떤 것을 선택

하는가가 정치행위자의 선택인데, 멘셰비키는 2단계 혁명론을 선택한 것이고, 레닌은 다른 선택을 내립니다. 제국주의라는 것에 대해 마르크스는 체계적으로 이야기한 것이 없고 대신 레닌 자신이 마르크스주의적인 방법론에 입각해서 제국주의론을 쓴 것입니다. 그리고 그 방법론에 입각해보니 제국주의 전쟁을 혁명으로 전환할 수밖에 없겠다는 이론적 선택을 한 것이죠. 그리고 나중에는 이를 실천적 선택으로 옮긴 것이라고 볼 수 있습니다. 그는 제국주의 전쟁에 대한 가장 단호한 반대자였고 제국주의적 지배에 대해서도 마찬가지 입장이었습니다. 러시아혁명의 의미도 이것과의 관련 속에서 생각해야 합니다.

그리고 코르닐로프의 쿠데타 시도를 그냥 방치했다가는 다시 혁명 이전으로 돌아가거나 군사독재가 될 것 같은 위험한 상황이 발생해 있었습니다. 그런데 임시정부가 이것을 해결하지 못합니다. 임시정부의 수반이 케렌스키였는데, 당시 36세로 레닌보다 열한 살 젊은 변호사였습니다. 그는 전쟁이 중요하다는 연설은 정말 유창하게 잘 하는데, 혁명적 상황에서 혁명적 요구를 수용해서 실제로 사회를 변화시켜나갈 수 있는 선택을 거의 하지 않았습니다. 여기서 케렌스키의 길, 멘셰비키의 길, 볼셰비키의 길, 사회혁명당의 길이 갈린다고 볼 수 있어요. '모든 권력을 소비에트로' 라고 볼셰비키가 요구했을 때, 수도 민중들의 요구도 급진화되는데, 정작 소비에트에서 주도권을 가지고 있었던 것은 멘셰비키였습니다. 그리고 농민들의 지지는 주로 인민주의자들의 후신인 사회혁명당입니다. 이러한 기반 위에서 멘셰비키와 사회혁명당은 볼셰비키와 다른 길을 갈 수 있고 가야 한다고 생각한 것이지요.

그런데 이쯤에서 사회혁명당과 멘셰비키 두 당이 매우 비슷해져있었습니다. 사회혁명당이 멘셰비키를 이론적으로 많이 따른 거죠. 이 사람들이 4월 이후에는 임시정부에 입각해서 전쟁도 끝내지 못하고 모든 토지를 분배한다는 정책도 펴지 못하고 케렌스키 전쟁 정책에 끌려 다닙니다. 근데 왜 전쟁을 끝내지 못하나하면 당시 전쟁을 끝내려고 하면 영국, 프랑스를 비롯한 연합세력과의 단절을 각오해야 했기 때문입니다. 그런데 당시에는 러시아가 프랑스에서 빚을 너무 많이 진 상태라 임시정부는 이들과 단절할 생각을 못합니다. 프랑스는 러시아가 전쟁에서 물러나면 러시아에 있는 모든 외국 자산을 동결하겠다는 협박도 하고, 독일과 강화를 하면 분명히 보복을 할 것이라는 압력을 넣습니다. 그리고 여기에 더해 멘셰비키와 인민주의자들 중의 상당수가 이 전쟁이 분명 제국주의 전쟁이지만, 국가가 전쟁을 하고 있는데 이에 반대할 수 없다는 애국주의적 태도를 취하고 있었습니다.

여기서 소비에트 구성원들의 성향도 이제는 전쟁반대를 외치는 볼셰비키로 많이 기울어지게 되었습니다. 여름이 되면 페트로그라드의 소비에트에서 볼셰비키가 다수를 차지합니다. 그래서 이들은 수도의 혁명적 기운이 우리를 지지한다고 생각하게 됐는데, 지금 반동을 통해 옛날로 돌아갈 수 없거니와, 우리가 지금 권력을 장악하면 전쟁으로 고통 받는 서유럽의 민중들도 우리를 지지해서 사회주의 혁명이 일어날 것이라는 기대도 상당히 많이 했습니다.

이런 기대에 이론적 뒷받침을 한 사람이 트로츠키(Лев Троцкий, Leon Trotsky)였습니다. 트로츠키는 부르주아 혁명에서 단절되지 않고 사회주의 혁명으로 넘어가는 영구혁명 혹은 연속혁명(permanent revolution)론을 1905년에 내놓았는데, 1917년 국면에서 레닌이 사실상 이것을 채택합니다. 그래서 레닌이 이끄는 볼셰비키는 부르주아 혁명에서 단절되지 않고 사회주의 혁명으로 넘어간다는 연속혁명론, 페트로그라드 소비에트의 지지, 그리고 농민에게 모든 토지를 분배한다는 인민주의자의 구호 등을 받아들이면서 혁명성을 견지해야 한다는 입장을 취하게 되고 러시아력으로 1917년 10월 24일(양력 11월 6일) 밤부터 군사혁명위원회에서 무장 봉기를 시도하고 이것이 성공합니다.

군사혁명위원회는 독일이 페트로그라드를 공격할지도 모른다는 우려 때문에 설치된 것인데, 애초에 방위적 목적을 가진 기구기는 하지만 그 덕분에 혁명세력일지라도 군사력을 가질 수 있었던 거죠. 임시정부도 볼셰비키의 군사기구를 막을 수가 없었습니다. 또한 코르닐로프의 쿠데타 시도도 있었기 때문에 군사혁명위원회가 유지될 수 있는 명분이 되어주었던 것이죠. 그러니까 볼셰비키가 군사혁명위원회를 두고 무장봉기를 하겠다는 것을 사실상 공개적으로 통보를 했지만 임시정부는 이것을 막아내지 못했어요. 결국 무장봉기를 통해 볼셰비키가 정부를 접수했고, 1917년 10월 26일에는 전(全) 러시아 소비에트 대회가 열려서 소비에트 정권의 수립을 선포하게 됩니다. 그리고 토지에 대한 포고령, 평화에 대한 포고령을 선포해서 지금부터 모든 전쟁 행위를 중지하고 무병합·무배상의 평화를 추진한다고 선언합니다. 그리고 모든 토지는 국유화하고 농민위원회를 설치해서 농민들에게 나눠준다는 내용을 선언합니다. 그리고 순차적으로 여러 포고령들이 나오는데 노동자들이 생산을 통제한다는 포고령, 러시아의 모든 소수 민족은 동등한 권리를 가진다는 선언, 여덟 시간 노동에 관한 포고령, 계급과 신분의 폐지에 대한 포고령, 은행국유화에 대한 포고령 등 잇따라서 아주 혁명적인 선언과 포고령들을 내립니다. 이런 선언과 포고령의 의미는 정말 대단한 것이고요, 나중에 혁명의 정신이 퇴색하더라도 초기의 성과는 반드시 인정해 주어야 합니다. 그러면서 볼셰비키가 권력을 장악하게 됩니다.

그런데 처음부터 볼셰비키가 단독으로 집권하려고 한 것은 아니었습니다. 사회주의 세력들 사이에서 연립정부를 구성해보려는 시도가 처음에는 많았습니다. 그렇지만 결국 연립정부에 가담한 것은 사회혁명당 중 가장 급진적인 소수파이다가 분리해나온 세력, 즉 사회혁명당 좌파였습니다. 이들은 전쟁에 대한 반대를 비롯해 당시 상황에 대한 가장 급진적 대응이라는 면에서 볼셰비키와 유사한 입장이었지만 농민을 중심으로 하는 인민주의를 여전히 고수하고 있었지요, 이들이 볼셰비키와 연합해서 연립정부를 구성합니다. 마르크스주의자들인 볼셰비키와 농민사회주의자들인 좌파 사회혁명당의 연립정부구성은 그 외양에서 노동자·농민계급의 연합 권력이라는 성격을 보여주었습니다.

그런데 1917년 국면에서는 모든 혁명세력이 소비에트라고 하는 말을 전면에 내세웁니다. 당시는 러시아 제국이 이미 무너지고, 임시정부가 수립되었다가 또 무너졌는데, 볼셰비키 집권 후 연립정부는 나라 이름을 소비에트 러시아라고 칭하게 됩니다. 볼셰비키가 집권을 하긴 했지만 이들은 처음부터 권력의 형태를 새로 정비해나가야 할 상황에 있었습니다. 사실 볼셰비키도 처음부터 당이 모든 것을 통제하는 체제를 수립해야 한다고 주장했던 것은 아니고, 앞으로 굉장히 많은 가능성이 열려 있는 상황에서 소비에트라고 하는 기구를 전면에 내세웠습니다. 그래서 1917년 2월에 페트로그라드에서 소비에트가 약 400개 정도였는데 연말에 가면 900개까지 늘어납니다. 이처럼, 각 지역에 소비에트가 생겼습니다.

이게 사실 풀뿌리 민주주의인 거죠. 작업장에서 대표를 뽑아서 그들을 올리고 그 대표들의 대표가 생기고, 그 사람들이 다시 대표를 뽑아서 제일 위까지 올라가는 구조로 되어있었습니다. 그리고 소련이 구성된 다음에도 명목상으로는 최고소비에트라고 하는 것이 있었습니다. 그리고 그 최고소비에트 간부회의의 의장이 국가원수였습니다. 소련은 소비에트 사회주의 공화국 연방(Союз Советских Социалистических Республик, Union of Soviet Socialist Republics; USSR)의 준말인데, 사실 맨 앞에 나오는 것이 사회주의가 아니고 소비에트입니다. 그럴 정도로 소비에트라는 것을 중시했던 거죠.

그런데 1917년 10월부터 12월까지는 소비에트 중시정책이 지속되다가 1918년부터 소비에트와 볼셰비키 당 사이에 갈등이 생깁니다. 물론 소비에트가 볼셰비키의 요구를 그대로 받아들이지는 않았습니다. 소비에트는 볼셰비키를 비판했기도 하고 분명 독자적, 주체적 기구로서 능동성을 가지고 있었습니다. 그리고 볼셰비키 자신들도 당 조직이 모든 지역에 다 있는 것이 아니기 때문에 자기들이 명령하는 것을 수행하려면 소비에트 기구의 도움을 받아야 했습니다. 그런데 1918년부터 경제적 어려움이 따릅니다. 게다가 이 해 3월에는 독일과 단독 강화를 체결합니다. 또 그 해 여름부터 내전이 시작되면서 경제적으로 더욱 어려워지고 내전 속에서 볼셰비키가 군사력을 집중시켜야 할 필요가 생기게 됩니다. 이런 상황 속에서 소비에트 안에는 멘셰비키, 사회혁명당 인물도 많았는데 이 때문에 볼셰비키는 소비에트의 선출결과나 결정사항을 무시하는 일도 많았습니다.

그래도 내전 기간 중에는 소비에트 내에는 러시아 사회주의 당파들의 목소리가 들릴 수가 있었습니다. 내전은 1918년부터 1920년까지 지속되는데, 여기서는 연합국 쪽이 볼셰비키 정부를 뒤엎기 위해 반혁명 세력에 지원을 많이 합니다. 그런데 이것을 볼셰비키가 수습하고 권력 장악을 확고하게 하게 되었어요. 그래서 1921년이 되면서는 농민들에게도 양보하겠다고 생각을 하면서 신경제정책(Новая экономическая политика, New Economic Policy; NEP)을 펴게 됩니다. 이렇게 되면서 더 여유를 가질 수도 있었을 텐데, 오히려 이때부터 다른 정당의 활동을 금지하게 됩니다. 그래서 소비에트 민주주의라고 하는 것도 원래 표방했던 것과는 달리 실제로는 구현되기 어려워지게 됩니다.

종합과 변형으로서의 러시아혁명

키예프 루스가 문명적 측면, 종교적 측면에서는 비잔티움적 방향성을 갖고 있었다고 말씀을 드렸습니다. 그런데 모스크바 시대(1480~17세기 말)에는 서구인가 몽골인가라는 문명적 선택에서 비잔티움적인 것과 몽골적인 것의 혼합이 이루어지지 않았나하는 생각이 듭니다. 둘 모두에 해당하는 것이 전제정이죠. 그리고 농노제는 몽골적인 것이나 비잔티움적인 것이 아니라 영토팽창의 과정에서 중앙집권의 강화와 사회적 통제 필요성 강화가 결합되어 확립된 것이라고 보고요.

그리고 서구인가 슬라브인가라는 논쟁이 지식인들 사이에서 전개됐는데, 이 구도가 이후 혁명세력 내에서의 노선대립으로 나타난 것이 마르크스주의와 인민주의의 논쟁이 아닌가 생각됩니다. 마르크스주의는 보편적 발전경로를 중요시했고, 인민주의는 러시아적인, 슬라브적인 독자성을 중시했는데 저는 볼셰비키가 집권을 한 것은 마르크스주의 속에 인민주의적 요소를 많이 받아들였던 덕분이 아닌가합니다.

볼셰비키가 인민주의적 요소를 수용한 것은 러시아 인구의 대부분이 농민이었기 때문이기도 하고, 볼셰비즘이 굉장히 강력한 의지주의적(voluntarisrn) 성격을 갖고 있었기 때문이기도 합니다. 예를 들면 멘셰비키는 물질적인 것과 경제 발전의 단계를 중요시했고 혁명이란 계급투쟁을 향한 인간의 의지만으로 결정할 수 있는 것이 아니라고 생각했기 때문에 부르주아에게 주도권을 맡기고 2단계 혁명으로 가야한다고 생각한 데 반해서, 볼셰비키는 인민주의자들처럼 굉장히 강력한 혁명의지를 드러내고 있었습니다. 러시아 혁명가들 중에서 외국에서 주목을 끌었던 사람들은 대개는 인민주의자들이었습니다. 이 사람들은 반동적 고위관리 암살 같은 테러전술을 쓰는 경우도 있었지만, 개인적인 안위를 돌보지 않고 혁명에 모든 것을 바치는 사람들이라는 강력한 이미지를 심어준 사람들이거든요. 혁명이라고 하는 대의 자체에 인간의 의지를 굉장히 강하게 결부시켰던 사람들인데, 레닌과 동료들도 강한 의지주의자들이어서 계급투쟁의 의지를 굉장히 중요하게 여긴 사람들이었습니다. 그래서 이 사람들은 당시 수정주의자들뿐만 아니라 독일의 카우츠키 같은 사회민주당의 주류들과도 대립을 많이 했죠. 저는 여기에 인민주의로 대표되는 러시아 혁명 운동의 전통이 영향을 미쳤을 것이라고 봅니다.

또한 인민주의적인 요소를 볼 수 있는 게, 10월 혁명 직전의 볼셰비키는 '자본주의의 발전을 반드시 거쳐서 사회주의로 나아가야한다고 볼 수 있는가', '물질적 기반이라는 것이 그렇게 금과옥조인가'라는 물음에 대해 '꼭 그렇지만은 않다'는 답으로 기울어지고 있었던 것입니다. 그러니까 새로운 사회란 것은 인간이 만들어 가면 되는 것 아니냐는 생각이 있었던 거죠. 이들은 우선은 혁명을 구해야 한다고 생각했습니다. 그리고 위에서 국가가 명령을 잘 해나가면 산업화도 이룰 수 있다고 본 것 같습니다. 자본주의 단계를 거치지 않고 산업화를 이루어 사회주의로 나갈 수 있다고 본 거죠. 이들이 인민주의자들과 공유했던 또 한 가지 경향이 있다면 의회 민주주의에 대한 불신입니다. 이들은 의회민주주의는 금권주의에 불과하다고 봤습니다. 이것은 자유주의자들이 혁명적 국면에서도 결단력 없이 너무 왔다 갔다 하는 기회주의적 태도를 취한다는 생각 때문에 더 강화된 것입니다.

그러니까 볼셰비키는 러시아가 서구적 길을 반드시 따라야하는 것은 아니고 독자적으로 자신의 길을 선택할 수 있다고 생각했습니다. 이것은 원래 인민주의의 특색인데 마르크스주의에 와서도 러시아적인 마르크스주의라는 성격이 강해진 것이 아닌가 생각됩니다. 강한 의지주의, 자본주의 뛰어넘기, 의회민주주의 경시 등이 함께 작용하여 독자적 민주주의인 소비에트 민주주의, 다시 말해서 평의회 민주주의를 만들겠다는 것으로 나아갔던 것이죠. 여러 민주주의의 형태 중에 그리스에서 이뤄졌던 직접민주주의, 서구사회에 보편적인 대의제 민주주의도 있지만 소비에트 민주주의는 이들 모두와 다릅니다. 그야말로 회의체 민주주의인데 이게 러시아에서 혁명의 과정 중에서 생겨난 것이고, 볼셰비키는 이것이 독자적 민주주의 형태가 될 수 있겠다고 생각을 했던 것이죠.

그런데 이것이 1918~1920년을 거치는 사이에 당의 결정이라는 요소에 자리를 내어주게 되지요. 프롤레타리아 독재라는 개념은 원래 있어왔으나, 레닌은 프롤레타리아라고 얘기하다가 모든 프롤레타리아가 아니고, 가장 전위적인 프롤레타리아의 독재라는 개념을 내세웁니다. 그 이후로는 소비에트도 명목상의 것이 되고, 신경제정책이 시작되면서는 다른 사회주의 정당과의 연립의 가능성도 없어지게 됩니다. 그런 상황 속에서 레닌이 얼마 가지 않아 죽게 되죠. 그러니까 1923년에 마지막으로 정치 활동을 하고 1924년에 사망합니다. 그 다음은 여러분들이 잘 아시는 것처럼 스탈린주의로 나아가게 됩니다. 볼셰비키 당내의 좌우파 논쟁이 벌어지다가 1929년 정도가 되면 스탈린이 권력을 확립하게 되는 것이니까요.

종합을 해 보자면 러시아 혁명의 주도자들은 경제적인 면에서 생산수단의 사회화를 지향하고, 정치적으로는 소비에트 민주주의를 지향하고, 사회적으로는 계급 없는 사회를 지향했다고 볼 수 있는데, 이런 것을 그야말로 의지를 가지고 밀고 나아갔다고 볼 수 있습니다. 그런데 여기에서 풀뿌리 민주주의적인 가능성들이 발현되지를 못했습니다. 더구나 스탈린 시기로 가서는 그런 가능성들이 완전히 무너졌습니다. 물론 효율성, 급속한 산업발전과 같은 면에서는 사회주의적인 근대화라는 말이 가능할 정도가 큰 성과가 있었지만, 지나친 당 위주의 정치적 결정, 관료주의와 같은 쪽으로 나아가면서 소련체제가 경직화 됩니다. 여기서 자기 혁신이나 자기방향 설정이 어려워지는 상황이 벌어졌고, 그 이후에는 무언가를 바꾸어야 하는 상황이 되면 항상 위에서 당 서기장 같은 사람이 명령을 해서 바꾸는 식이 되었죠.

그래서 페레스트로이카가 그 귀결인데 그것이 성공하지도 못했고요. 볼셰비키는 구체제를 정말 철저하게 종식시켰었는데, 그 보람도 없이 이번에는 소련이 와해되어 버렸습니다. 그래서 지금 돌이켜보면 소련 체제가 붕괴된 다음에 겪고 있는 변화의 과정들이 다소 고통스러워 보이는 낭비라고 생각될 때도 있습니다. 그래서 아쉽기도 하지요. 그러나 러시아 혁명이 헛된 일이었다고 말할 수는 결코 없습니다.

1917년 러시아 혁명은 오랜 세월에 걸친 혁명운동의 결과였습니다. 그것은 국제관계에서는 제국주의 세력에 의한 전쟁과 식민지 지배에 가장 단호하게 반대하고 국내적으로는 가장 급진적인 평등주의적 사회개편을 지향하던 세력이 주도한 혁명이었습니다. 저는 20세기 국제관계사에서 가장 근본적 영향을 미친 사건이 바로 러시아 혁명이었다고 생각합니다. 제국주의 반대, 식민지 민족해방투쟁 같은 것은 러시아 혁명의 심층적 영향 아래서 일어났음을 잊어서는 안 됩니다. 그런 한편 러시아 국내에서는 혁명 이후 내전 승리, 계급의 철폐라는 과제가 너무나 거대하고 급박했다고 보았는지, 정치적 민주주의가 유보되었습니다. 러시아 혁명운동사에서 일구어진 가장 중요한 성과 중 하나였던 소비에트 제도가 이 과정에서 그 의미를 크게 상실해 갑니다. 언젠가 소비에트 민주주의가 다른 조건, 다른 상황에서 제대로 꽃필 날이 올까요. 그렇게 된다면 아마도 민주주의라는 면에서 러시아 혁명의 정신이 구현되게 되겠지요.

그럼 이정도로 강의를 마무리하는 것으로 하겠습니다. 감사합니다.

중국혁명과 중화공화국의 성립
: 쑨원에서 마오쩌둥까지

유용태 · 서울대학교 역사교육과 교수

오늘 제가 다룰 주제는 20세기의 중국혁명입니다. 아시다시피 1911년 신해혁명부터 1949년 전후의 혁명까지 거의 반세기 동안 여러 차례의 혁명을 거쳤고, 각각의 주도세력이나 성격이 많이 달라졌기 때문에 하나의 강의로 담기 쉽지 않습니다. 그래서 제가 관심을 가지고 있는 부분을 중심으로 하여 이야기를 풀어가겠습니다.

우선 '혁명(革命, revolution)'이라는 용어를 우리 한자 권에서 어떤 의미로 써왔는지를 살펴보고 본론에 들어가기로 하죠. '혁(革)'은 원래 명사로는 가죽이지만 동사로는 짐승의 껍질에서 털을 제거한다는 뜻입니다. '명(命)'은 그 자체가 목숨이기도 하고, 유교권에서는 '천명'이기도 합니다. 그러니까 혁명은 '사람의 목을 딴다' 또는 '군주의 천명을 제거한다'라는 뜻이어서 원래 폭력성을 내포하고 있는 용어입니다.

"혁명"이란 단어가 고전에 쓰인 예가 《주역(周易)》에 있습니다.

"천지가 바뀌어서 4시(四時)가 만들어지는데, 마치 그렇듯이 탕무(湯武)의 혁명이 일어났고, 이것은 하늘에 순응하고 사람 인심에 호응하는 것이다. 그러므로 혁명의 때는 중대한 의미를 갖는다(天地革而時成, 湯武革命, 順乎天而應乎人, 革之時義大矣)."

'탕(湯)'은 하(夏) 나라를 무너뜨리고 상(商)나라를 세운 왕이고, '무(武)'는 상나라를 무너뜨리고 주(周)나라를 세운 왕입니다. 하, 상, 주는 동아시아 세계에서 가장 이상적인 시대, 이른바 '3대'로 일컬어지는 시대죠. 그런데 여기서는 그 이상적인 3대가 혁명에 의해서 성립됐고, 그 혁명은 천지의 운행과 같은 이치에 의해 일어난다는 의미를 담고 있습니다.

그리고 《맹자》에,

"제선왕이 묻기를, '신하가 군주를 시해하는 것이 가(可)하겠는가?' 맹자 왈, '인(仁)을 훼손한 자는 도적이다. 의(義)를 훼손한 자는 잔적이다. 따라서 군주가 이미 그렇게 되면 그는 군주가 아니라 하나의 필부에 불과하다. 고로 필부를 죽이는 것이지 군주를 죽이는 것이 아니다'(齊宣王問, 臣弑其君可乎? 孟子曰, 賊仁者謂之賊, 賊義者謂之殘, 殘賊之人謂一夫, 聞誅一夫紂矣, 未聞弑君也)."

라고 했습니다. 결국 군주가 덕을 잃고 포악한 짓을 일삼으면 필부로 전락한 것이므로 그를 제거해서 군주다운 군주를 세워야 한다는 혁명론을 인정하고 있습니다. 이처럼 중국에서 혁명이 긍정적으로 인식된 것은 일찍부터 신정정치(神政政治)를 벗어났음을 의미한다고 볼 수 있습니다. 가령 기독교 지배 하의 유럽에서는 혁명을 신성모독으로 여겨 금기시하였고, 르네상스 이후 비로소 혁명이 긍정적으로 인식되기 시작했어요.

근대에는 메이지 시기 일본 사람들이 영어의 '레볼루션(revolution)'을 '혁명'으로 번역했는데, 이때의 의미는 당연히 폭력적인 왕권 교체, 정권 교체를 의미하고, 나아가서 사회의 구조적인 변혁까지도 포함하는 것으로 되어 있습니다. 이런 의미의 혁명이란 용어는 무술변법운동(戊戌變法運動, 1898)을 시도하다가 실패하고 일본에 망명해 있던 량치차오(梁啓超)를 통해 중국에 본격적으로 수용됩니다.

우리 강좌 시리즈의 주제가 '혁명과 민주주의'인데, 원래 고전에는 '민주'가 민(民)의 주인[主]이라는 뜻이었어요. 즉 '민주'는 군주를 의미하는 용어였죠. ≪상서(商書)≫에 "하늘이 이때, 민의 주인을 구하여 크게 아름다운 명령을 성탕에게 내렸다(天惟時求民主, 乃大降顯休命於成湯)"라는 말이 나오는데, 여기서 '탕'은 앞에 나온 상나라를 세운 '탕왕'입니다. 삼국지에는 "나는 민의 주인이니 마땅히 법으로 아래 사람들을 거느린다(仆爲民主, 當以法率下)"라는 말도 나옵니다. 이러한 용법에서 벗어나, 근대 'democracy(데모크라시)'를 '민주'로 번역한 최초의 책은 ≪만국공법≫(萬國公法, 1864)이라고 알려져 있습니다. 이때의 '민주'는 '인민이 주인, 인민이 주재한다'는 뜻이므로 고전적 민주 개념과는 정반대의 뜻입

쩌우룽의 ≪혁명군≫ (1903)

니다.

혁명이 민주주의를 어떻게 발전시켰는가를 살펴보자는 것이 우리 시리즈 강좌의 취지인데 한번 살펴보도록 합시다.

왼쪽 사진은 1903년 쩌우룽[鄒容]이라고 하는 청년이 18세에 쓴 소책자입니다. 쓰촨성 출신으로 머리가 아주 비상한 청년이었는데, 1902년 일본에 잠시 유학한 경험이 있고, 그 전후 중국과 일본에 소개된 서구의 근대 지식, 프랑스 혁명이나 계몽사상과 관련된 서적들을 탐독하고 이 책을 썼다고 합니다. 여기서 그는 혁명을 "자연의 법칙"이자 "사람이 야만에서 문명으로 나아가는 지름길"이니, 함께 그 길로 나아가 "중화공화국"을 건설하자고 호소했어요. 소책자의 제목이 '혁명당'이나 '혁명론'이 아니라 '혁명군'인 것은 장차 중국혁명이 무엇보다 군사투쟁의 형태를 띠고 전개될 것을 암시합니다. 그는 당국에 체포되어 1905년 옥사했지만, 상하이에서 출판된 이 책자는 신해혁명 때까지 100만 권 넘게 팔려나갔고, 쑨원도 이 책자를 가지고 혁명을 선전했습니다. 최근에 우리말 번역본이 나왔으니 읽어보시기 바랍니다.

연속된 혁명

오늘 우리가 다룰 내용은 신해혁명부터 대체로는 사회주의 개조까지입니다. 이것만 하더라도 네 번의 혁명이 포함되어 있죠. 신해혁명(辛亥革命, 1901~1913)은 전제군주제를 타도하고 공화정을 수립하는 혁명이었고, 그 다음 국민혁명(1923~1928)은 제국주의와 군벌을 타도하기 위한 혁명이었죠. 이때 국민당과 공산당이 합작을 한 상황에서 국민혁명이 추진됐는데, 이것이 분열된 후 공산당이 소비에트를 세우면서 소비에트혁명(1927~1937)이 일어납니다. 그리고 항일전쟁을 수행하는 과정에서 새롭게 정립된 이론, 신민주주의론을 바탕으로 한 신민주주의혁명(1937~1953)이 있었습니다. 이것은 '반제투쟁이 가장 우선이지만, 먼저 민족적 단결을 위해서는 민주주의가 불가결하다. 이때의 민주주의는 종래의 부르주아 민주주의와는 다를 수밖에 없다', 이런 논리에 의한 혁명이었죠. 그래서 1949년에 성립된 중화인민공화국은 신민주주의 혁명의 소산입니다. 이 신민주주의 단계가 1953년에 조기 종결되고 그 이후 사회주의개조(1953~1957)를 단행하는데, 1954년도에 중화인민공화국 헌법이 제정되면서 그 때 비로소 사회주의 공화국이라고 명시하게 되죠. 현재 중화인민공화국 헌법 전문을 보면, 이 "영광스러운 혁명 전통"을 명시하고 있습니다. 이제 신해혁명부터 사회주의개조에 이르기까지의 내용을 간략히 살펴보겠습니다.

국가·농민사회의 위기

중국에서 혁명이 왜 일어났는가에 대해 저는 제국주의 시대의 농민사회의 혁명이라고 이해하고 있습니다. 제국주의 시대가 국가의 위기를, 그리고 농민사회의 위기를 초래했고, 그에 대한 대응과정에서 지식층이 체제로부터 이반하고 혁명화했으며, 이들이 농민 대중의 지지를 획득하는 과정에서 혁명이 진전되고 성공에 이르렀다는 것이죠.

우선 제국주의 시대에 국가 위기를 조장한 재정 문제를 보겠습니다. 아편전쟁 이전에는 청조의 재정이 엄청난 흑자였습니다. 건륭제 때는 국고에 7천만 냥이 남아 있었어요. 그런데 아편전쟁 직후인 1850년대에는 800만 냥이 남았고, 이후 1860~1870년대에는 적자가 나서 마이너스 1000만 냥에 이르고, 이후에는 계속 만성적인 적자에 시달렸습니다.

이런 재정적 적자를 초래한 요인은 여러 가지인데, 첫째는 백련교(白蓮敎)의 봉기(1796~1804), 태평천국의 봉기(1851~1864), 각종 소수민족 봉기 등 대규모 민중 봉기들이 일어났고, 이를 진압하는 데에 엄청난 돈이 들어간 것입니다.

두 번째로는 아편밀수로 인한 무역적자도 심각했습니다. 1820년대 중반을 기점으로 중국과 영국의 무역수지는 흑자에서 적자로 돌아섭니다. 이때부터 아편이 중국의 제1수입품, 영국의 대중국 제1수출품의 지위를 1890년대까지 유지합니다. 아편이 중국에 대량으로 들어옴으로써 무려 70년간 재화의 유출이 엄청났기 때문에 아편은 전쟁의 단순한 계기만은 아니었던 것이죠. 그리고 아시는 대로 수차례 외국의 침략 전쟁이 있었죠. 1·2차 아편전쟁(1839~1842, 1856~1860)이 있었고, 청불전쟁(1884~1885)이 있었고, 청일전쟁(1894~1895)이 있었습니다. 그리고 1900년에 의화단(義和團) 전쟁이 있었죠. 여기에 엄청난 전쟁 비용이 들어가고 이들이 모두 패전으로 끝났기 때문에, 승전국에 바쳐야 하는 배상금이 어마어마했습니다. 그리고 이 배상금을 갚기 위해 또 다시 열강으로부터 차관을 들여와야 하는 악순환이 계속 됐습니다.

그리고 셋째로 산업의 대외종속도 갈수록 심화되고 있었습니다. 청일전쟁 후 맺은 시모노세키조약(下關條約, 1895)에서 외국인이 중국의 개항장에서 공장을 설립할 수 있도록 허용합니다. 이것이 각국과 맺은 조약의 최혜국 대우 조항을 통해서 다른 열강들에게도 똑같이 허용됨으로써, 다른 국가도 앞다투어 중국내의 자기 세력권에 공장을 설립하면서 철도, 광산과 함께 자본을 수출하게 됩니다. 그래서 투자가 본격화되는데, 1907년 통계에 따르면 해운업의 84%, 방직업의 34%, 그리고 철강업의 100%, 1911년에는 철도의 93%가 외국 자본에 장악되어 있었습니다.

이상 몇 가지 요인으로 조성된 재정 적자는 청조 국가의 위기를 조성하고 증폭시켰습니다.

농민사회의 위기는 바로 거기에서 초래됩니다. 이렇게 국가가 재정 위기에 헐떡이고 있었기 때문에, 이 재정 부담의 최종 해결자는 결국 농민이 됩니다. 위에서 아래로 각종 세금, 소작료로 계속 전가되는 거죠. 그리고 대다수 농민이 자기 땅도 갖지 못하거나 자기 땅을 가지고 있더라도 각종 중과세된 세금을 내고 나면 1년 농사를 지어도 자기 가족의 생계도 충당하지 못하는 상황이었습니다. 그런 상황에서 농민들이 대규모로 파산하면 농민사회 자체가 무너지고, 그렇게 되면 국가도 존립할 수 없는 구조인 거죠.

이전에는 소농(小農)들의 생계를 비상시에 조금이라도 구해줄 수 있는 '공유재산' 혹은 '공산(公産)'이라고 불리는 민간 구제 시스템이 있었습니다. 대체로 종족 단위나 마을 단위로 토지나 양곡 창고나 공공건물 같은 것을 가지고 있었습니다. 이것들은 대부분 그 사회의 엘리트들이 자신들이 가진 것들을 출연해서 조성된 재산이었습니다. 이런 출연 자체를 '공도(公道)'라고 여겼습니다. 그래서 이렇게 출연함으로써 그들은 농민들로부터 권위를 인정받을 수 있었습니다. 그런데 1900년대 들어서 이 제도가 급속도로 쇠퇴하고 붕괴합니다. 우선 정치·사회면에서, 1905년에 과거제가 폐지되면서 이러한 지역 엘리트를 재생산하는 제도 자체가 정지됐기 때문에 신사(紳士)로서 '공도'를 수행하고 이를 인정받는 전통이 단절됩니다. 그리고 상업화되고 도시화되면서, 자꾸 이윤만 추구하면서 마을에서 유지하고 있어야 할 창고의 양곡을 도시로 가져가 이자놀이를 한다든지 하는 식으로 공산이 외부로 유출됩니다. 이 과정에서 신사들을 비롯한 지역 엘리트들은 유교에서 가르치는 공도의 수행자가 아니라 수단과 방법을 가리지 않고 이윤을 추구하는 토호들로 바뀌었습니다.

이를 두고 당시에는 '토호열신(土豪劣紳), (토호와 악질 신사)'라고 불렀습니다. 이와 대비되어 바른·공정한 신사라는 뜻의 '정신(正紳)'이라는 용어가 쓰였습니다. 정신과 열신은 대체로 어느 시대에나 있습니다만, 중앙 국가권력이 안정되어 있을 때는 정신이 그래도 그 지역의 질서를 유지하는 역할을 하고, 농민들로부터도 그 권위를 인정받습니다. 그러나 이제 중앙 권력이 혼란해지고 지방에 대한 장악력이 약해지고 지방의 자의적 권력이 세지면서 토호형 엘리트들이 득세하게 되는 것이죠.

또 한 가지 문제로는 인구학적 측면의 문제가 있습니다. 인구가 1741년에 1억 4천만 명에서 1850년대에 4억 3천만 명으로 폭증합니다. 그러나 경지라고 하는 것은 그만큼 늘어날 수가 없죠. 그래서 1인당 경지면적이 감소하면서 농민사회의 위기가 조장됩니다.

그리고 1895년 시모노세키조약 이후 열강의 자본 수출의 길이 열리면서, 중국 전국이 몇몇 제국주의 열강에 의해서 분할 지배됩니다. 다음 지도에서 양쯔강을 좌우로 한 중앙 노른자위가 영국의 세력권, 그 외에도 광시성과 하이난섬이 프랑스의 세력권, 푸젠성과 대만이 일본의 세력권, 산둥[山東] 반도가 독일 세력권, 만주는 러시아 세력권으로 분할되어 있는 것을 볼 수 있는데, 여기서 철도와 광산 같은 것들이 핵심적인 투자 대상이었습니다. 그리고 이렇게 한번 투자가 되면, 투자한 것을 지킨다는 명목으로 군대가 가서 주둔해 있었습니다. 그렇게 되니까 주권과 국가재정이 동시에 침략받게 된 것입니다.

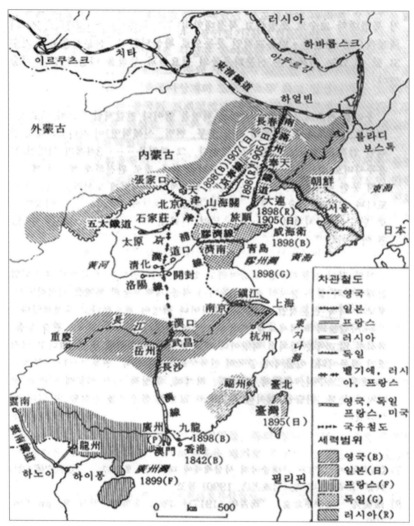

제국주의의 중국 분할 지배

신해혁명: 공화혁명

그러면 연속적인 혁명 중에서, 신해혁명을 먼저 보겠습니다. 신해혁명은 세계에서 가장 오래된 전제군주제를 타도하고 민주공화제를 설립한 공화혁명이라고 일컬어집니다.

아까 얘기한 대로 국가와 농민사회의 위기 속에서 정부가 제대로 대처하지 못하는 상황에서 중국 지식인은 개혁과 혁명이라는 두 갈래의 대응을 합니다. 우선 개혁파는 입헌군주제 모델을 추구했고 캉유웨이(康有為)와 량치차오(梁啓超)가 그 수장이었습니다. 이들은 중국 내에서 토지와 상공업의 경제적 기반을 가지고 있었기 때문에 혁명파에 비해서 물적 기반과 사회적 기초가 크고 넓었습니다. 이들은 청일전쟁 패전 후에 '우리가 왜 그 작은 일본에게 졌을까?'라는 질문을 합니다. 이들은 여기에 대해 '우리는 단결할 수 없어서 졌다'는 결론을 내립니다. '우리는 조직이 없는 무조직의 국가다'라는 거죠. 당시에는 조직결성을 '합군(合群)'이라고 했습니다. 사람이 모여서 군이 되고, 작은 군이 모여서 대군이 되는 거죠. '합군'을 오늘날 말로 하자면 '결사' 정도가 되겠죠. 그렇게 결사하는 것이 '구국'의 길이라고 생각해서, 각 단체를 만들고 그 단체들이 상호연합해서 국회를 개설하는 것이 필요하다고 생각합니다. 국회를 개설해야만 전국의 인민을 단결시킬 수 있다고 생각한 거죠. 국회는 오늘날의 최고 의결기구라기보다는 전국민을 단결시키는 하나의 조직이라고 이해되었습니다. 그래서 이들이 철도, 광산 같은 열강에게 빼앗긴 이권을 회수하는 운동을 벌이고, 국회개설운동을 벌이는데 그 조직력은 각계 단체들이고 그들의 상호연합체인 각계 연합이었습니다. 그들은 청조의 군주제를 유지하는 속에서 입헌제를 실시하고 국회를 통해 전국민을 단결시키면 나라를 구할 수 있다고 생각했습니다.

또 하나는 쑨원을 수장으로 하는 혁명파인데 이들은 주로 화교와 유학생, 그리고 청조에 저항하고 한족국가를 회복하려는 비밀결사들입니다. 이들은 무능하고 부패한 청조 군주제를 타도하고 공화정을 수립해야만 나라를 구할 수 있다고 생각했습니다. 쑨원이 처음 혁명단체를 만든 것은 1894년의 흥중회(興中會)라는 단체였는데, 그것을 만든 장소가 하와이였습니다. 왜 하와이였느냐 하면, 쑨원은 광둥성 광저우 서쪽의 샹산현[香山縣]의 가난한 농가 출신인데 그의 형이 일찍이 하와이에 이민가서 자리를 잡고 형의 도움으로 거기서 초등학교, 중학교를 다닙니다. 하와이는 원래 독립된 왕국이었는데, 마침 미국 자본이 들어오면서 미국의 영향력이 커짐에 따라 입헌군주제로 갈 건지 민주공화제로 갈 건지 논란이 치열했고, 쑨원이 거기서 영향을 받았던 거죠. 쑨원의 혁명사상은 하와이에 가기 전 고향 마을의 서당에 다닐 때 태평천국운동 전사 출신의 스승으로부터 듣고 배운 것으로 알려져 있습니다.

쑨원은 하와이로부터 귀국해 홍콩에서 의과대학을 졸업한 후 1895년 초 흥중회의 홍콩 지부를 세우고 홍콩을 거점으로 해서 여러 차례 무장봉기를 시도합니다. 그 상황에서 후난[湖南]에는 화흥회(華興會)가 생기고 상하이에는 광복회(光復會)가 생겨서 혁명활동을 벌였고 이들 주요 3단체가

1905년 일본 도쿄에 모여서 '중국동맹회'를 만들었지요. 이 중국동맹회의 이념이 쑨원에 의해서 정립된 삼민주의입니다. 그 전후 청조가 신정(新政)개혁을 추진하는데 그때 신식학당과 신식군대인 신군(新軍)을 건설합니다. 동맹회는 신군들 사이에 혁명이념을 전파해서 그들을 혁명세력화 하고자 합니다. 이쯤되면 상당히 진전된 거죠.

동맹회 혁명방략=삼민주의(1906)

삼민주의를 살펴보면 우선 만주족을 타도하는 종족혁명(민족주의), 전제군주제를 타도하는 정치혁명(민권주의), 점진적 사회주의를 실현하는 사회혁명(민생주의) 세 가지를 합쳐서 삼민주의라고 이름 붙였습니다. 당시 중국의 인구가 대부분 농민이었고 국가재정도 절대적으로 농민들에게 의존했기 때문에 토지소유의 불평등을 어떻게 해결할 것인가 하는 문제가 중요했습니다. 이것이 민생주의의 핵심내용인데 민생주의는 'socialism'의 쑨원식 번역어입니다. 쑨원 자신은 사회주의자인데, 그가 이해한 사회주의는 맑스-레닌식의 계급투쟁 방식에 의한 사회주의가 아니라 점진적이고 평화적이고 장기간에 걸쳐서 사회주의로 이행하는 것입니다. 그리고 그는 이 국가 건설은 훈정이라는 과도기를 포함한 3단계를 거쳐야 한다고 보았습니다. 헌정 실시 전에 과도기를 거쳐야 한다는 생각은 중국의 사회발전 단계와 인민들의 문화적 수준을 고려한 결과입니다. 훈정기를 설정한 것을 놓고 쑨원에게 민주주의 이념이 있었는지를 의심하는 사람들이 많은데 저는 그건 현실을 무시한 이상론이 아닌가 생각합니다.

이들 혁명파의 주장에 대하여 개혁파가 반론을 제기하면서 논쟁이 발생합니다. 그 쟁점은 4가지였습니다. 첫 번째는 혁명이 중국의 민도에 맞지 않다는 공화제 수립에 대한 회의, 두 번째는 헌법을 통한 입헌정치를 하면 족하다는 사회혁명의 필요성에 대한 회의, 그리고 시스템의 문제이지 종족의 문제가 아니라는 만주족 타도의 필요성에 대한 회의, 마지막으로 결정적인 것은 혁명으로 나라가 혼란해지면 열강들이 중국을 갈라먹을 것이라는 과분론(瓜分論), 즉 오이를 갈라먹듯이 중국을 갈라먹게 된다는 것입니다. 실제로도 중국은 일정 정도 과분이 되고 있는 상황이었기 때문에 혁명파도 이런 반론을 간단히 무시할 수가 없었습니다. 이에 대한 염려가 실제 혁명과정에서 혁명의 진전을 제약하게 되는 요인으로 작용하게 됩니다.

혁명파의 무장봉기는 홍콩을 중심으로 해서 주로 남부지역에서 집중적으로 시도됩니다. 변경에서 무장봉기를 통해 지방권력을 장악하고 그걸 기반으로 중앙정권에 도달한다는 계산이었는데 10여 차례의 무장봉기가 다 패배로 끝나가고 있었습니다. 이 상황에서 1911년 10월 10일에 중국의 한가운데인 후베이성 우창[武昌]에서 봉기가 일어납니다. 혁명파가 신군들 속에 들어가서 선전공작을 한 결과 우창의 신군들이 동조해서 봉기를 일으킨 겁니다. 그리고 청조로부터 후베이성의 독립을 선언합니다.

여기서 성 단위의 독립이라는 것에 주목할 필요가 있습니다. 그로부터 2개월 만에 14개의 성이 독립을 선언합니다. 그것은 당시에 그만큼 성 단위의 정체성이 강했다는 것을 의미합니다. 이것을 '성중심주의 (provisionalism)'라고 얘기하는데 이것은 태평천국을 전후로 해서 본격화 됐지요. 태평천국을 진압할 때 지방의 유력자들이 자위단을 결성해서 그 세력들이 커지고 성중심 세력을 형성한 결과입니다.

이렇게 형성된 성중심주의는 의화단 운동 때 다시 한 번 고조되는데 의화단 운동(1900)은 중국에 진출해 있는 서구열강들을 몰아내자는 폭력적 인 저항운동이었습니다. 주로 산둥지역 농민들이 앞장섰습니다. 이 세력과 청조의 관계는 미묘해서 처음에는 손을 잡고 활동하다가 나중에 갈라져 서 청조가 이 운동을 진압하게 됩니다. 초기에 청조와 의화단 세력이 합작 하고 있는 상황에서 전국의 지방장관들에게 외세에 맞서서 항거하라는 명 령을 내렸는데 그때 양쯔강 이남의 대부분의 지방장관들은 청조의 명령을 무시하고 이 지역에 진출해 있는 외국자본들과의 관계를 유지하는 데 급 급합니다. 이것을 동남호보(東南互保)라고 합니다. 동남지방의 지방장관들 이 상호연합해서 자신의 이권을 지키려고 한 것입니다.

태평천국과 의화단 운동에서 두 차례의 지방주의의 고조기가 생기고 세 번째 고조기는 바로 신해혁명입니다. 이 성중심주의가 혁명 후 통일된 집권국가를 건설하는 데 큰 걸림돌로 작용하게 됩니다.

이렇게 각 성의 독립이 이뤄졌고, 공화국을 만들기 위해서는 민의기관 이 필요하기 때문에 각 성마다 대표를 뽑아서 임시참의원을 만들고 거기 서 만장일치로 쑨원을 임시대총통으로 추대합니다. 국호는 '중화공화국' 이 아니라 '중화민국'으로 정했습니다. '민국'이 '공화국'보다 새로운 국체

임시대총통 쑨원(1912.1)

의 성격을 효과적으로 드러낼 수 있다고 본 거죠. 그런데 쑨원은 중화민국의 대총통을 3개월밖에 못하고 구 관료의 상징인 위안스카이[袁世凱]에게 물려줄 수밖에 없었습니다. 혁명파 스스로 만주왕조를 무너뜨릴 힘을 갖지 못했기 때문에 위안스카이의 군사력에 의지해서라도 그걸 무너뜨리려고 타협한 결과입니다.

혁명은 만주황실만을 몰아냈을 뿐 구 관료를 그대로 놔둔 채 공화국을 수립했고 혁명에 반대하던 개혁파도 막판에 혁명정부에 가담해 실권을 장악했어요. 방금 말씀드렸다시피 혁명의 주요 세력은 국외에 있는 화교와 유학생들, 국내에서는 비밀결사인 회당(會黨) 세력과 일부 신군들이었습니다. 바꿔 말하면 이들은 군사력도 경제력도 취약했을 뿐만 아니라 외국과의 관계에서 이들을 지원하는 국가가 하나도 없었습니다. 외국은 전부 구경만 하다가 나중에 승인을 하는데 조건부 승인이었습니다. 영국은 티베트에 대한 지배권을 인정받는 대가로, 러시아는 외몽골에 대한 지배권을 인정받는 대가로, 일본은 차관을 제공하는 대가로 중화민국을 조건부 승인합니다. 그것도 쑨원에 대한 승인이 아니라 위안스카이에 대한 승인이었습니다. 위안스카이 정도면 자신들의 이권을 지키기 위해서 믿을 만 하다는 것이죠. 쑨원 중심의 혁명파가 중국 현대사의 주역으로 부상하는 것은 1924년 1차 국공합작 이후입니다.

조선인의 환호

어쨌든 위안스카이도 2년 정도는 공화정 체제를 깨지 않고 유지했어요. 그렇게 되니까 "공화 만세"를 외치는 소리가 전국에서 일어났고, 그 후 인천의 화교가 세운 중국요리집 이름이 "공화춘(共和春)"인 것도 이런 분위기를 반영한 것입니다. 중국의 공화혁명은 한국 같은 나라에서도 엄청나게 주목을 받습니다. 베이징에 있던 조성환이 당시 블라디보스톡에 있던 안창호에게 보낸 편지를 보면,

> "손씨(孫氏)가 임시 대통령으로 피선되고 모든 일이 날로 진취하오니 이는 비단 중국의 행복일 뿐 아니라 아시아의 행복이요 우리나라의 행복이라 다시 긴 말씀할 것 없거니와…… 반도강산에 명멸한 혁명사상을 환기할 것이고, 우리도 마음먹고 목적한 대로 용진한다면 반도강산에 악마가 멸망하고 일월이 다시 비칠 날이 머지 않을 줄 자신하옵니다."(조성환이 안창호에게 보낸 편지, 1912. 2. 2)

라고 하는데, 중국의 공화혁명을 통해서 조선의 독립을 기대할 수 있겠다는 것입니다. 그래서 이런 생각에 중국혁명에 가담한 조선인들이 많았습니다. 신해혁명에 가담한 최초의 조선인은 그동안 신규식으로 알려져 있었지만 최근에 신라대학교 배경한 교수의 연구를 통해 김규흥이라는 인물이 새로 밝혀졌습니다. 그는 충북 영동 출신으로 1908년 전후 망명해서

조선인 최초 신해혁명 참가자 김규흥

주로 광둥지역에서 쑨원 세력과 함께 혁
명운동을 했고, 우창 봉기 후에 광둥지역
의 혁명정부가 성립됐을 때 거기에서 참
의(參議)에 취임했습니다. 위 사진은 육군
소장에 해당하는 참의직에 있을 때 찍은
사진입니다.

그 후 그는 상하이에서 동제사(同濟社)
를 결성하고, 《향강(香江)》이라고 하는 한
중 합작으로 된 잡지를 창간해서 공화정
이념을 선전합니다. 여기에 박은식 같은
인사들이 글을 썼습니다. 이 후의 각 단계
혁명마다 한국 사람들이 점점 많이 참여
합니다. 그것을 통해서 한국의 독립을 찾으려고 한 것이죠.

중화민국의 국회가 개설됐다고 하지만 겨우 9개월 만에 해산됩니다.
그래서 헌법도 제정하지 못했고 다만 난징 임시정부가 제정·공포한 중화
민국 임시약법(約法)이 임시헌법 기능을 대행했습니다. 1914년부터 위안
스카이의 독재가 강화되고, 이듬해에는 황제 제도를 회복하려는 시도까지
했으나 실패하고, 공화정은 이제 거스를 수 없는 대세라는 것이 확인된 게
1915년에서 1917년 사이의 일입니다.

그런데 이 혁명의 와중에 티베트와 외몽골이 독립을 선언합니다. 그
들도 중화민국에 포함할 거냐 말 거냐를 두고 혁명파와 입헌파 사이에

차이가 있었습니다. 혁명
파가 우창에서 봉기한 직
후에 만든 혁명기는 18
성기입니다. 중국의 18성
은 한족들이 모여 사는 중
국의 내지입니다. 그 밖의
변방 소수민족은 중화민
국이 아니라는 뜻이 담겨

18성기: 우창봉기 직후 후베이군정부(1911.10)

있는 것이죠. 그런데 실제로 중화민국이 성립됐을 때 채택된 국기는 장
쑤·저장의 혁명군이 난징을 점령할때 내건 오색기입니다. 오색기는 5개
의 주요 민족을 상징합니다(한족, 만주족, 몽골족, 회족, 장족). 한족 이외의 소
수민족도 이제 다 중화민국의 국민이고 중화민족이라고 하는 의미입니
다. 그래서 성립된 중화민국은 영어로 'Republic of China'인데 여기서
China에는 한족뿐만 아니라 중국 내 모든 민족이 포함되고 이들을 묶어
서 중화민족이라고 일컫게 됩니다. 이러한 중화민족 개념은 1902년 이
래 량치차오 등에 의해 형성된 것입니다.

신해혁명으로 만주왕조를 타도하고 '민주공화'를 실현할 제도를 건설
하지 못한 채 혼란을 거듭하였습니다. 구질서 파괴 이후에 뒤따라야 할 신
질서의 건설이 여러 요인에 의해 지체되었지요. 그래도 이 혁명은 구질서
로부터 정신과 사상을 해방시켜 새로운 모색을 이어나갈 수 있는 중대한
계기인 5·4운동의 길을 열어주었습니다.

5·4운동과 신청년의 대두

5·4운동은 혁명은 아니지만 중국혁명을 이해하기 위해서 반드시 살펴보아야 할 주제입니다. 왜냐하면 이 운동을 통해서 이후 혁명의 주도세력들이 등장하기 때문이죠. 1915년에 《신청년》이라고 하는 잡지가 창간되면서 문화혁신운동이 일어납니다. 공화국의 국민대표기관인 국회가 군벌·관료·정객에 의해 짓밟히는 것을 지켜보면서 '우리의 공화혁명이 왜 실패했을까'라는 질문을 했을 때, 제도만 들여온다고 되는 것이 아니고 '공화'가 가능하려면 국민들 하나하나가 독립적 판단 능력을 가져야 하고, 그러려면 경제적으로 누구에게 종속되면 안 되고 독립된 생계를 가져야 한다고 생각을 한 거죠. 그래서 독립된 생계를 바탕으로 독립된 판단을 할 수 있는 시민이 형성되어야 한다는 겁니다. 즉 국가의 업무를 공공의 업무라고 여겨서 공과 사를 통일적으로 파악하는 시민이 형성되어야 공화정의 내실을 기할 수 있다고 본 겁니다. 그것을 위해서는 지금 당장 의원, 관료, 군인이 돼서 권력을 잡을 것이 아니라, 그들의 전유물이 돼버린 정치 자체를 말하지 말자는 "불담정치(不談政治)"의 모토를 내세웁니다. 이때의 정치란, 정당의 강령도 주의도 헌신짝처럼 버리는 정상배들의 정치를 말합니다. 그 대신 윤리혁신, 문화혁신에 집중하자고 합니다.

이 문화혁신운동에서 베이징대학교의 역할이 지대했습니다. 당시 총장인 차이위앤페이[蔡元培]가 1917년에 취임하면서 대학 개혁을 단행합니다. 그전까지 베이징대학은 고급관료를 양성하는 곳이었는데 그는 이곳을 학문 연구의 전당으로 만들려고 합니다. 그것을 위해 연구와 사상의 자유, 학생들의 자치활동의 자유를 보장하고, 개혁적인 교수를 초빙합니다. 예를 들면, 상하이에서 《신청년》 잡지를 발행하고 있었던 천두슈[陳獨秀]를 문과대학장으로 초빙합니다. 그리고 그와 쌍벽을 이루어서 신문화 운동의 기수로 알려져 있던 리다자오[李大釗]를 역사과 교수 겸 도서관장으로 초빙합니다. 또 약관 27세에 미국 코넬대학교에서 철학박사 학위를 받은 후스[胡適]를 철학과 교수로 초빙합니다. 이런 식으로 신사상, 신문화를 추구하는 사람들을 대거 교수로 초빙하고 이들이 학교 분위기를 확 바꿉니다.

더구나 총장 자신이 1918년 천안문 광장의 1차대전 전승축하대회에서 학생들을 모아놓고 유명한 연설을 하는데 그 제목이 '노공신성(勞工神聖)'입니다. 노동과 노동자가 신성하다는 내용의 강연을 하면서 학생들에게도 노동과 학업을 병행하는 '신생활'을 권합니다. 이 둘이 분리된 상황에서 글만 읽는 전통적인 사대부의 생활과 일만 하는 농민의 삶이 있었는데, 둘 다 인간적 삶이 아니고 둘이 함께가야 인간다운 생활이고 신생활이라는 것입니다. 노동을 존중하는 사조를 불러일으키는 데 차이위앤페이 총장의 역할이 지대했습니다.

노동을 존중하는 것 자체가 새로운 사상인데, 자유주의, 무정부주의, 비의회주의(non-parliamentarianism), 직업주의, 민주주의, 사회주의 같은 사상들이 같이 유입됩니다. 비의회주의는 의회 중심의 정치를 비판하는 것이고, 직업주의는 직업을 가진 사람들에게만 직업별로 참정권을 행사하도록 하자는 겁니다.

그리고 그 와중에 맑스-레닌주의가 러시아혁명을 타고 급속하게 흘러들어 옵니다. 아까 쑨원이 해외를 유랑하면서 혁명활동을 했다고 했는데, 화교들을 찾아가서 돈을 지원받을 뿐 아니라 각국 정부 차원의 지원을 받으려고 엄청나게 노력을 합니다. 영국, 프랑스 등을 상대로 우리가 혁명에 성공하면 중국에서 당신 국가의 이권을 보장하겠다고 설득하다가, 잘 안 되니까 심지어 일본에 대해서는 만주의 이권을 양도하고, 프랑스에 대해서는 광시[広西]의 이권을 양도하겠다고 합니다. 그런 식으로 해서 요즘 식으로 말하자면 양해각서(MoU) 비슷한 것을 주고받은 자료가 아직도 남아 있습니다.

그렇게 외국의 지원을 받아서까지 혁명을 하려고 발버둥쳤으나 어느 하나 돕겠다는 나라가 없었습니다. 그럴 때 러시아가 중국혁명을 돕겠다고 나섭니다. 마침 그때 일본이 산둥반도를 차지하려고 하는 상황에서 거기에 저항하는 5·4운동이 일어나는데, 베르사유강화회의에서 열강은 일본 손을 들어줍니다. 그에 실망한 상황에서 마침 러시아가 카라한선언 (Karakhan Manifesto, 1919)을 통해서 만주지역에 제정러시아가 가지고 있던 이권을 조건 없이 돌려주고 중국을 돕겠다고 하니까, 지식인들이 러시아에 급격하게 경도됩니다.

그런 지식인들, 곧 신청년들을 인도하던 기수가 베이징대학의 리다자오, 천두슈 등이었죠. 《신청년》이라고 하는 잡지를 바탕으로 전국의 젊은 이들에게 사상적, 이념적 영향력을 갖게 된 이 두 사람이 1919~1920년 사이에 맑스주의를 수용합니다. 그러니까 그들의 학생 세대도 그 길을 따라가게 되는 것이고, 그러면서 중국공산당이 창립(1921. 7)됩니다. 바로 전에 중국국민당도 신청년을 받아들여 재탄생(1919. 9)하였습니다.

신해혁명 직후 중국동맹회는 의회정당인 국민당으로 변신해서 국회선거에서 1당이 됐습니다. 그 대표로서 내각총리가 될 예정이었던 쑹자오런[宋敎仁]이라는 사람은 당시 나이가 서른 살에 불과했는데 위안스카이에 의해 암살이 됩니다. 그러니까 혁명정당이 의회정당으로 변신해서 의회정치를 해보려고 했는데 무력에 의해 저지당한 거죠. 그래서 그 이후에 다시 혁명정당으로 전환을 하는데 그게 비밀정당인 중화혁명당입니다. 이들의 활동은 거의 정지 상태에 있었는데 쑨원이 그것을 중국국민당으로 개칭하고 대중정당으로 바꿉니다.

국민당과 공산당은 신사조의 사회적 배경 속에서 새롭게 건설된 혁명정당입니다. 여기에 신청년들이 대거 가입합니다. 이때부터 이들은 직업혁명가의 길을 걷게 되고 그 전에는 '불담정치(不談政治)'였는데 이제는 '담정치(談政治)'로 운동 방향을 바꿉니다. 1920년에 천두슈가 이제는 정치를 말하자고 하면서 '담정치'라는 논문을 씁니다. 이때의 정치는 전혀 다른 정치입니다. 혁명정치죠. 관료, 군인, 의원들의 이합집산으로서의 정치가 아니라 도덕적 순결성에 의거한 혁명의 정치입니다.

'불담정치'에서는 의원이 되지 말라는 것이 스승 세대의 가르침이었습니다. 이런 분위기를 확산시키는 데 기여한 사상이 무정부주의죠. 정부의 관료가 되는 것 자체를 죄악시했습니다. 그래서 당시 학생들이 만든 수많은 단체들의 회원수칙에 보면 거의 대부분 '관료, 의원이 되지 않는다'는

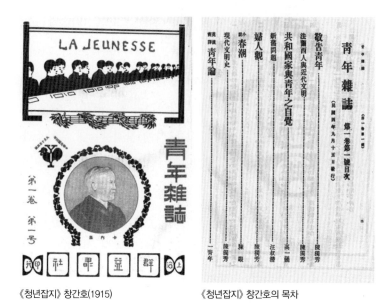

《청년잡지》창간호(1915)　　　《청년잡지》창간호의 목차

조항이 나옵니다.

　위의 사진이 천두슈가 창간한 《청년잡지》 창간호(1915)입니다. 위에 프랑스어 제목이 있고, 가운데의 인물은 뜻밖에도 미국의 개혁가 카네기(Andrew Carnegie)입니다. 창간호의 첫 번째 논문이 청년에게 삼가 고한다는 뜻의 '경고청년(敬告靑年)'인데 천두슈가 썼지요. 모름지기 청년이라면 퇴영적이지 말고 진취적이어야 한다는 등의 내용입니다. 그리고 다음 논문이 '공화국가와 청년의 자각'이라는 까오이한[高一涵]의 논문인데 그 역시 베이징대학교 교수예요. 아까 공화정의 실패에 대해 성찰하는 과정에서 독립적 판단 능력과 공공의 도덕에 대한 얘기를 했는데, 그것이 이 글

《신청년》(1916.9)   《소년》(1922)

에 나오는데 세 차례에 걸쳐서 시리즈로 이어집니다. 그만큼 《신청년》이 공화의 이념, 공화 실패의 성찰에 신경을 많이 썼다는 것을 보여줍니다.

그리고 위의 그림처럼 제호가 바뀌었고, 《신청년》과 더불어 《소년》이라는 이름의 잡지도 간행되었는데 당시 신청년들이 만든 단체 중에는 소년중국학회라는 단체가 대표적입니다. '늙은 중국(노년중국)'에서 '젊은 중국(소년중국)'으로 바꿔야 한다는 것이죠. 가라앉는 배, 낡은 배인 중국을 구할 주체는 소년/청년이라는 것이죠. 위의 표지를 보면 소년과 청년의 불어 표기는 똑같습니다.

다음의 사진은 1918년 마오쩌둥[毛澤東]이 후난성 창사에서 세운 신민

마오쩌둥과 신민학회 회원(후난성 창사, 1918)
(맨 뒷줄 왼쪽에서 네번째가 마오.)

학회 회원들입니다. 남녀가 함께하는 단체였다는 게 눈에 띕니다. '신민(新民)'이라는 말은 1902년에 량치챠오가 논문을 쓰면서 처음 제창한 것인데, 여기서 신민은 단체를 결성해서 단체의 힘으로 나라를 지키는 백성입니다. 그 단체의 결성이 각계의 연합을 통해서 결국 국회로 발전해야 한다고 하는 거죠.

마오가 신해혁명 때는 중학생이었고 1918년에는 24세인데, 신해혁명 당시에 자기 고향에서 혁명의 물결이 다가오니까, 혁명군에 투신합니다. 그의 첫 정치활동이 혁명군으로 시작됐다는 것은 상당히 시사적입니다. 사실 이후 마오의 활동을 보면 그는 무엇보다도 군사전략가입니다. 마오의 조상들 중에 관직에 나간 대부분은 군인직에 있었다는 사실도 흥미롭지

마오의 둘째 부인 양카이후이   1921년 공산당 창건 때의 마오(27세)

요. 그래서 누구보다도 탁월한 군인, 전략가, 군사사상가로서 타고난 군인의
DNA가 마오에게 흐른다고 보는 견해도 있습니다.

위 사진의 양카이후이는 마오의 실질적인 첫째 부인인데, 형식적으로
는 둘째 부인이죠. 마오가 15세 때 부모의 강제로 인해 결혼을 했지만 한
번도 같이 자거나 부인으로 인정하지 않았기 때문입니다. 본인은 항상 외
지에 나가 있었고, 집에 와도 부인으로 상대하지 않았어요. 그런데 첫째
부인이 안타깝게도 2년 만에 요절합니다. 그리고 1920년에 양카이후이와
자유결혼을 하는데, 그녀는 마오가 1913~1918년까지 후난 제일사범학교
에 다닐 때의 스승 양창지[楊昌濟]라는 독일에서 유학한 윤리학 교수의 딸
이었습니다. 마오는 이 교수로부터 상당히 인정을 받았습니다. 쑨원은 홍

콩의과대학을 수석으로 졸업할 정도였는데, 마오도 그 정도로 학업성적이 우수했습니다. 당시에는 지배집단들이 공부도 못하는 놈들이 불만을 해소할 길이 없어서 분탕질을 치는 게 혁명이라고 역선전을 하기 일쑤였지만, 그렇지 않았다는 거죠. 사실 머리 나쁘면 혁명 못하죠.

그런데 1918년에 양창지가 베이징대 교수로 초빙되어 갑니다. 차이위앤페이 총장이 전국에서 명망 있고 개혁적인 학자들을 계속 불러 모으고 있었기 때문이죠. 마침 그 무렵 마오도 졸업을 해서 베이징으로 갔고, 스승의 집에 임시로 기거하면서 스승의 도움으로 베이징대학 도서관의 사서로 일하게 됩니다. 아까 얘기했듯이 당시 도서관장이 중국 최초의 맑스주의자였던 리다자오였는데 그가 도서관에서 '맑스학설연구회'라고 하는 스터디 그룹을 만들어서 마오도 거기에 참여합니다. 이런 스터디 그룹이 중국의 각 대도시에 거의 같은 시기에 만들어졌고 이 그룹들이 공산당사에서는 소조(小組)라고 일컬어집니다. 이 소조들이 모여서 1921년에 공산당을 결성하게 되지요.

그런데 양교수가 베이징대학에 부임한 2년 만인 1920년에 사망합니다. 그 후 양씨 가족은 고향으로 내려갔고, 마오도 고향으로 내려가서 신민학회 회원들과 후난지역의 군벌 축출 운동을 벌이다가 1920년에 결혼을 합니다. 두 아들을 낳았는데 큰아들이 한국전쟁 때 사망한 마오안잉[毛岸英]이죠. 앞의 사진에서 서 있는 아이입니다.

아까 제가 5·4운동기에 중국에 유입된 신사조 중에 직업주의·비의회주의라는게 있다고 말씀드렸지요. 이런 비의회주의, 직업주의가 제기된 것은 세계사적인 전환과 관련이 있어요. 1차 세계대전이 끝나고 유럽의 지성인들은 지구상의 문명국가라고 자부해온 우리가 왜 우리끼리 싸우는 것을 막지 못했나 질문을 합니다. 1차 세계대전은 유럽 국가들 간의 싸움이었고, 유럽을 파멸시킨 전쟁이었는데, 그들이 자랑하는 문명 시스템인 의회제가 그것을 막지 못했다, 그러니 의회제는 근본적인 결함이 있는게 아닌가 하는 의회제 혁신론이 대두합니다. 그리고 그 과정에서 그동안 의원을 구역 단위로 뽑았지만, 그것은 결국 구역 내 엘리트를 뽑는 것에 불과하다는 비판이 나옵니다. 그 구역 내에는 다양한 이해관계를 가진 주민들이 살고 있는데 구역 단위 선출 방식은 결국 상층 엘리트 대표를 뽑을 수밖에 없고, 그들로 구성된 의회는 근본적 한계를 가질 수밖에 없다는 것이죠. 거기에 대한 대안이 구역 대신 직업별로 뽑자는 것이며 바로 그게 직업주의죠. 그리고 이 직업대표제에 의거해 종래의 의회민주주의를 넘어서자는 신민주주의(new democracy)가 주창됩니다. 위의 오른쪽 글은 1922년 《뉴욕타임즈》의 자매지인 《Current History》에 실린 글입니다. 여기서 말하는 신민주주의의 내용은 보통선거, 직업대표제, 직접민주 등입니다. 선거권은 간접민주에 불과하다, 뽑아놓은 다음에 그 사람이 아무리 엉망이어도 어떻게 할 수 없다는 겁니다. 그래서 국민투표, 국민소환, 국민발안, 국민파면 등의 직접 민주를 함께해야 진정한 민주주의를 실현할 수 있다고 주장합니다.

그래서 장캉후[江亢虎]라고 하는 사람이 1922년에 〈신민주주의·신사회주의 설명서〉라는 글을 썼는데 거의 같은 내용입니다. 장캉후는 1912년에

THE NEW DEMOCRACIES OF EUROPE

職能的民主主義 黃卓

1차대전 후 구미와 중국에서 추구된 신민주주의(1922)

중국에서 처음으로 중국사회당을 결성한 사람입니다. 맑스-레닌식의 사회주의가 아니라 민주사회주의를 추구했고 회원이 40~50만 정도로 엄청나게 많았습니다. 이후에 위안스카이가 독재를 하는 과정에서 해산당했죠.

그리고 위의 오른쪽 글은 직업대표제를 수용하고 선전하는 논문입니다. 주로 《동방잡지》 같은 매체를 통해서 전파됐죠. 천두슈·리다자오 등을 따라 당시 진보적 학생들은 직업대표제를 적극 지지하면서 그에 의거해 의회제를 혁신하라고 요구했습니다. 국민회의 소집운동이 그것입니다. 각 직업단체의 회원이 자신의 대표를 직선해서 국민회의를 소집하여 관료

·군인·정객들의 국회를 대신하자는 운동입니다.

1차 국공합작과 국민혁명, 그리고 소비에트혁명

1차 국공합작과 국민혁명(1923~1928)의 이념이 쑨원의 삼민주의입니다. 그런데 신해혁명 전후의 삼민주의와 비교해 볼 때 새로워진 면이 있습니다. 1차 대전 후, 러시아혁명 후 나온 세계사적인 전환의 의미를 상당부분 반영한 면이 있다고 해서 '신삼민주의'라고 하죠.

원래 민족주의는 만주족정권을 타도하는 데 집중했으나, 이제는 반제국주의를 추구합니다. 또 민권주의는 전에는 의회민주정치를 추구했는데 여기서 더 나아가서 직접민주를 실행해야 겠다고 합니다. 그리고 민생주의의 내용도 평균지권만 있었는데 그 실현방안이 새로워지고 절제자본이 추가됩니다. 우선 평균지권은 농민들에게 땅을 나눠주는 것이 아니라 정부가 조세정책을 통해서 토지에 대한 지가세를 징수하고 도시화나 산업화로 인해 땅값이 오르면 오른 액수를 정부가 다 수용해서 공공을 위해 쓴다는 것입니다. 그렇게 함으로써 장기적으로 토지소유를 균등하게 한다는 것이었지요. 그런데 1924년 토지의 유상분배·유상매수도 포함하는 방식으로, 현재의 경작자가 그 토지를 소유한다는 새로운 방안, 즉 경자유기전(耕者有其田)을 제기합니다. '절제자본'은 개인의 자본소유 한도를 정부가 규제하여, 기간산업은 국가소유로 하고, 독점성이 없는 중소상공업은 개인에게 맡긴다고 하는 것입니다. 그리고 앞에 말한 국가자본·개인자본의 치우침을 견제할 합작사(合作社, 협동조합)를 세워서 이 세 가지의 이질적인 경제영역들을 병행 발전시키는 구상을 했습니다. 뒤에 나오겠지만 이게 '혼합경제'의 단초가 되는 겁니다.

그러나 끝까지 계급투쟁은 수용하지 않았습니다. 국공합작을 통해 소련 및 중국공산당과 손을 잡으면서도 계급투쟁 방식은 거부했는데, 그렇다면 소련에서 무엇을 배우겠다는 건가 궁금해지지요. 쑨원이 국공합작 협상을 할 때가 1922~1924년인데 그 때 소련은 신경제정책을 하고 있었죠. 주요기간산업은 국유로 하되 나머지 상공업에 대해서는 사유를 허용하는 신경제정책을 하고 있을 때의 소련을 보고 배우자는 거죠. 그 연장선에서 부조농공(扶助農工)이라고 해서 농민과 노동자들을 도와서 이들을 조직화하고 그 힘으로 국민혁명을 추진합니다. 국민혁명은 특정 계급이 아닌 국민을 위한, 국민에 의한, 국민의 혁명을 뜻합니다. 신해혁명은 그 국민의 90%를 차지하는 농민의 참여가 없었다는 자각에서 나온 새로운 모색인거죠.

그래서 농민과 노동자를 어떻게 혁명의 주체로 참여시킬 것인가 하는 문제를 고민하는데 그런 선전과 조직 활동은 공산당원들이 앞장서서 하겠다고 나섰기 때문에 용공(容共)을 할 수밖에 없었고 또 그것을 위한 막대한 자금, 무기, 혁명의 이론을 소련이 제공해주겠다고 하니까 연소(聯蘇)할 수밖에 없게 된 것이죠.

다음의 사진은 1924년에 소련의 무기지원을 받아서 개설한 황포군관학교의 개교식 장면입니다. 거기 보이는 깃발이 푸른 바탕에 하얀 태양이 빛나는 국민당의 청천백일기(靑天白日旗)입니다. 중앙의 남자가 쑨원이고, 왼쪽은 그에 의해 교장에 임명된 장제스이고, 오른쪽이 쑨원의 두 번째 부인입니다. 쑨원은 49세이던 1915년에 23세 처녀 쑹칭링과 결혼합니다. 당시 첫

황포군관학교 개교식(1924)

부인과 아들은 하와이에 있었죠. 그리고 황포군관학교에 조선 사람들도 많이 들어가서 훈련을 받고 국민혁명군으로 활약했습니다.

국민혁명이 신해혁명과 비교해서 새로운 면은 혁명세력들이 자신들의 '혁명군'을 가진 것이었습니다. 이것을 위해서 소련의 지원이 절대적으로 필요했습니다. 또 하나가 농민운동, 노동운동, 청년운동, 부녀운동, 상인운동처럼 대중운동을 조직한 것이었습니다. 이걸 전담하는 조직이 국민당 중앙 조직부 안에 농민부, 청년부, 부녀부, 상민부 등으로 갖춰졌지요. 그에 의해서 대중운동이 급속히 활성화됩니다.

그 중에 제가 관심을 갖고 있는 농민운동을 보면, 당시 조선에서는 농민조합이라고 했지만 여기서는 농민협회라고 했습니다. 다음 사진은 광둥성 화현 농민협회 사무실로 쓰였던 건물입니다. 광저우에서 북쪽으로 버스로 1시간 정도 거리인데 여기가 태평천국의 지도자 홍슈취안[洪秀全]의

고향입니다. 아까 앞에서 쑨원은 하와이에 가기 전에 고향 마을서당의 선생님으로 부터 태평천국운동에 관한 얘기를 듣고 자랐다고 했지요. 그 때부터 그는 홍슈취안을 흠모하게 됩니다.

이 사진은 제가 박사논문을 준비하던 1996년에 직접 찍어온 겁니다. 세로간판을 보시면 왼쪽에 '화현농민협회', 오른쪽에 '화현농민자위군총부'라고 보이죠? 당시 농민은 자체의 자위군을 가지고 있었어요. 그런데 가로간판에는 '왕씨대종사'라고 쓰여 있군요. 농민협회의 본부가 왜 하필 종사 안에 있었을까요?

종사 건물은 매우 넓어서 그 안에 회의할 수 있는 공간이 많고, 우물이

농민협회 사무실(1925~1927, 광둥 화현)

있어서 밥도 지어먹을 수 있고, 심지어는 각종 상점의 점포를 개설할 수 있는 공간도 많습니다. 아까 공산(公産), 즉 공유재산 얘기를 했는데 이 사당도 그 공공건물의 일종입니다.

그리고 마오가 1925~1927년에 막 농민운동에 뛰어들고 있을 때 그보다 앞서서 농민운동의 선구자로 활약한 인물 중에 펑파이[彭湃]가 있었습니다. 대지주 가문 출신으로 일본 와세다대학을 나왔어요. 종사건물 앞마당에 모인 군중들 가운데 서서 주먹을 불끈 쥐고 연설을 하고 있는 인물이 펑파이입니다. 이 사진은 대만 국민당 당사 사료관에서 찾은 것인데 제가 처음 공개한 것입니다.

종족이 공유재산을 가지고 있고, 그것으로 빈곤한 농민을 구휼해왔는데, 그에 대한 반대급부로 이 공산을 출연한 유력자들이 빈농들로부터 권

펑파이와 농민협회(광둥 하이루펑, 1926~1927)

위를 인정받고 있었습니다. 그래서 이런 건물들은 향촌권력의 상징물입니다. 농민협회가 세력이 커져서 자기중심의 질서를 세운다고 할 때 제일 먼저 공격해야 할 핵심 타깃이 이런 종사입니다. 그래서 거기를 장악하고 거기에 농민협회 사무실을 두었던 겁니다. 그리고 그 향촌권력의 물적기반인 공산을 몰수하여 농민협회가 장악하였습니다. 이것이 농민협회를 비약적으로 증대시키는 동력으로 작용합니다.

농민협회운동을 비롯한 각 부문별 대중운동이 활성화되고, 국민혁명군이 세력을 확장하면서 두 개의 수레바퀴가 혁명을 추진해 나갑니다. 그럴 때 국민회의운동이라는 것이 일어납니다. 국민회의는 전통적인 국회와 달리 직업별 대표를 뽑아서 민의기관을 세운다는 것입니다. 그래서 국민혁명이 진전된 지역에서는 지역단위의 새로운 정권을 세워야 하는데 직업대표제에 의거해서 국민회의식 지역정권을 세운다는 방침을 세웁니다. 다만 직업단체가 혁명정당과 연대하는 방향으로 다소 변화되었지요.

국민혁명을 통해 후난에서 성립된 지역정권의 구성 주체는 다음과 같습니다. 당 조직처럼 직업단체가 아닌 것들도 있지만, 군인, 노동, 농민, 교육, 상인, 부녀, 기자단체 등 각종 직업단체들의 대표들로 시민회의가 구성됐고 이것이 그 지역의 최고 권력기관이었습니다. 그리고 여기에서 지방정부의 정부위원을 선출합니다. 이와 같은 방식의 민의기관은 서구식 의회제와도 다르고 소련식 소비에트와도 다르다는 거죠. 이 둘의 결점을 극복하고자 한다는 의미를 부여해서 만든 겁니다. 그러나 장제스가 주도한 국민혁명군의 4·12쿠데타로 바로 붕괴됩니다. 직업대표제에 의거한 혁명

정권은 공산의 몰수와 함께 지주·자본가 중심의 정치경제질서를 부인하는 것이었으므로 이들이 군사쿠데타를 적극 지원했어요. 그 후 1차 국공합작이 깨어지는 과정에서 난징국민정부가 수립되었지요. 장제스는 이 난징국민정부의 수반으로서 1928년 베이징의 군벌을 축출함으로써 불완전하지만 국민혁명을 일단락지었습니다.

국민혁명군 장교 김홍일(1926~1928)
(앉은 이는 사령관 장제스)

이 국민혁명에도 조선인이 많이 참가했는데, 그 중에 김홍일이라는 사람이 있습니다. 국민혁명군 소령으로 임관해서 사령관인 장제스의 신임을 얻어 나중에 쑤저우[蘇州] 지역의 병기 공장 주임을 맡게 됩니다. 그때 탄약 제조하는 기술자를 동원할 수 있어서 상하이 훙커우공원 의거의 주인공인 윤봉길 의사에

중화민국 국민정부의
靑天白日滿地紅旗 (1928)

게 제공되는 폭탄은 이 사람을 매개로 하여 만들어진 폭탄이었습니다.

위의 사진은 국민혁명의 결과 국민당이 세운 국민정부의 국기입니다. 아까 국민당의 국기는 파란 부분만 있었는데 빨간 바탕이 있는 것은 국민정부의 국기입니다. 뒤에 만들어진 공산당 정부의 오성홍기도 마찬가지로

빨간 바탕이라는 게 흥미롭습니다.

1차 국공합작이 결렬되자 1927년 여름 공산당은 산으로 들어가서 공산당군(홍군)을 건설하고 소비에트를 세우는데, 이 권력에 의거해 지주·부농의 토지를 몰수해 빈농에게 무상으로 분배한 것입니다. 그래서 이를 소비에트혁명(1927~1937)이라 하고 또 토지혁명이라고도 합니다. 국민혁명에서는 향촌의 공산인 공전만 몰수했는데 이제는 지주·부농의 사유토지까지 몰수해 분배했다는 점에서 현격한 차이가 있습니다.

1928년에 열린 중국공산당 제6차 대표대회는 중국의 상황이 어수선했기 때문에 모스크바에서 열렸는데, 거기서 중국혁명의 성격은 여전히 부르주아 민주주의 혁명이라고 재확인합니다. 그런데 이상하게 소비에트를 세웁니다. 소비에트는 농민과 노동자의 대표회의로서 공산당정부의 민의 기관인데 지주·자본가는 타도의 대상이었기 때문에 참여할 수 없습니다. 부르주아 민주주의 혁명이라고 성격을 규정하면서도 왜 소비에트를 수립했는지 이상하지요?

소비에트권력 수립은 프랑스의 역사학자 루시앙 비앙코(Lucien Bianco)의 말을 빌리면 "시골농부가 도시사람들이나 입을 새로운 양복을 맞춰 입은 격"입니다. 소비에트 헌법에 보면 8시간 노동제도 있습니다. 산악 오지에서 농민들을 모아서 만든 것이 소비에트인데 8시간 노동이 무슨 의미가 있겠습니까. 이건 소련의 영향 하에서 만들어졌기 때문에 그 모델을 그냥 직수입한 것이었고 그로 인해 모순되고 현실과 괴리된 측면들이 생긴 것입니다.

옆의 사진은 마오의 세 번째 부인인 허즈전[賀子珍]이고 소비에트혁명에 참여한 최초의 여전사이기도 합니다. 중국 최초의 여혁명가 츄진[秋瑾, 1875~1907]의 후예라 할 수 있지요. 츄진은 청말 일본유학 중 중국동맹회에 가입했고 귀국하여 상하이 인근에서 무장봉기를 준비하다가 사전에 발각돼 처형됐어요. 그 때 서른 네 살이었어요.

최초의 여전사 허즈전(1927~1935)

4·12쿠데타가 나서 국공합작이 깨어지자 마오는 잔존세력을 이끌고 산으로 들어갔고 그때부터 자신의 부인과 연락이 두절됩니다. 산으로 들어가서 지내는 동안에 마오는 허즈전을 만나 1928년에 재혼했어요. 그의 부인 양카이후이는 1930년에 국민당 측에 체포되었어요. 마오와 결별하면 살려준다고 하면서 갖은 수를 써서 회유하려고 했지만 끝내 거부해서 그녀는 처형당했습니다. 그리고 마오와 허즈전은 함께 대장정을 감행합니다.

소비에트혁명에 참가한 조선인도 많습니다. 1927년 광둥에서 펑파이와 함께한 이들만 해도 150명입니다. 그 중에는 《아리랑》의 주인공 김산도 포함돼 있지요. 기적적으로 살아남은 그는 나중에 옌안으로 갔다가 중국공산당에 의해 일제의 스파이로 몰려 부당하게 처형되었습니다.

중국 공산당의 대장정(1934. 10~1935. 10)

마오의 근거지는 그의 고향 후난성과 장시성의 경계에 위치한 징강산[井岡山]과 루이진[瑞金]에 있었죠. 이들이 국민당에 의해서 다섯 차례 감행된 포위공격을 4차까지는 잘 막아내다가 5차 공격을 막지 못하고 탈출을 시도합니다. 4차까지 잘 막아냈을 때의 전략은 마오의 유격전 전략이었죠. 그런데 이때 공산당의 본부(중공중앙위원회)는 상하이에 있어서 마오는 주변인에 불과했습니다. 본부는 소련 유학파들이 장악하고 있어서 마오가 진정한 공산주의자라는 것을 인정하지 않고 있었습니다. 그런데 징강산 근거지가 포위공격을 잘 막아내고 견디는 것을 보고 생각을 바꾸어 중공중앙을 거기로 옮깁니다. 그리고 이곳을 이른바 28인의 볼셰비키라는, 모스크바에서 교육을 받은 자들이 장악합니다. 그래서 이 안에서 마오 노선과 스탈린파의 갈등이 생겼습니다. 초반에는 마오 노선에 따라 대응해서 잘 막아냈는데 5차에서는 스탈린파의 주도하에 진지전 방식으로 대응했어요. 분산 대응하는 유격전이 아니라 공산당군을 한 곳에 집중해서 적의 대규모 병력에 대응하는 진지전 방식을 채택해서 결국 붕괴하고 1934년 10월 탈출을 감행합니다. 탈주할 때 마오의 동생이 엄호부대로 남았는데 결국 전사했습니다.

처음에는 목표도 없이 무작정 탈주해서 가다가 구이저우성의 준이[遵義]라고 하는 곳에 이르러서 겨우 여유를 찾고 부대를 재정비하고 자신들이 왜 패퇴하게 됐는지를 점검합니다. 그 회의에서 스탈린파 노선과 마오의 노선 중에 마오의 노선이 옳았다는 것을 확인하고 이때부터 마오의 지도권이 확립됩니다.

그리고 준이 회의 이후에 와서야 새로운 목표를 갖게 되는데 그것은 북상항일(北上抗日)입니다. 즉 북쪽으로 가서 항일을 한다는 겁니다. 그 사이에 만주사변이 터졌고, 만주국이 생겼고, 일본군이 화북지역으로 내려오는 상황이었기 때문입니다. 그래서 이제는 계급투쟁을 버리고 항일민족투쟁에 나서자는 겁니다.

북상항일의 새로운 근거지로 그들이 선택한 곳은 산시성[陝西省] 옌안(延安)입니다.

왜 거기인가 하면, 옌안 근처에 바오안[保安]이라는 현이 있었는데 그곳 출신 토착 공산주의자들에 의해 이미 소비에트가 수립돼 있었기 때문입니다. 나중에 인민공화국을 수립한 후에 만주지역의 최고책임자가 되는 까오강[高岡]과 그의 동료 류즈단[劉志丹] 등이 주요 지도자였지요. 이곳이 항일을 하기에 지정학적으로

대장정(1934.10~1935.10)

가장 유리하다고 판단한 겁니다. 산시성과 싼시성[山西省]의 경계인 황하의 물살이 워낙 세고 험해서 싼시성까지 온 일본군들이 그 강을 넘을 수 없어 천연의 방어벽이 될 수 있었지요. 그래서 여길 접수해서 자리를 잡았습니다.

처음 출발할 때 제1진이 85,000명이었는데, 여기 도착했을 때 8,500명이 남았다고 합니다. 11개 성을 건너고 18개 산맥을 넘고, 17개 강을 건넜다고 장정사에 기록돼 있습니다. 이 과정에 엄청나게 죽을 고비들이 많았다고 합니다.

다두허강 루딩교(쓰촨성, 1935. 5)

옆의 사진은 쓰촨성의 루딩교[瀘定橋]입니다. 저쪽에는 국민당의 기관총 부대가 지키고 있는데 쫓기는 장정부대는 여길 넘지 않으면 피할 곳이 없었습니다. 강물은 너무 세서 건너갈 곳이 없고 반대쪽에서는 그들이 못 건너오게 다리의 판자를 뜯어냈습니다. 장정부대는 이걸 어떻게 해결했느냐 하면, 심야에 정예부대 20명을 선

장정 직후 마오, 주더(산시 바오안, 1935)

발해서 폭탄을 휴대한 채 포복해서 건너게 했고, 그쪽의 기관총 부대를 섬멸한 후 본대가 모두 건너갔어요. 이런 데서 장정의 신화가 만들어집니다. 실제로 신화라고 할 정도로 기기묘묘한 작전들이 많이 있었습니다.

그 아래의 사진은 장정을 막 끝낸 직후 찍은 것입니다. 오른쪽부터 마오, 주더[朱德], 저우언라이[周恩來], 보구[博古]입니다. 보구는 스탈린파의 대부인데 이 사람이 작전을 잘못 짜는 바람에 포위공격을 막지 못했다고 해서 이 사람의 지도권이 내려가고 마오의 지도권이 올라갔지요. 사진에서 두 사람의 자세만 비교해 봐도 그대로 나타나지 않습니까?

마오의 신민주주의

그 후 푸젠성을 비롯한 다른 근거지에서 출발한 2진·3진의 장정부대들도 우여곡절 끝에 옌안에 도착했습니다. 그래서 1937년부터는 계급투쟁 방식의 토지혁명을 포기하고 항일전쟁을 위해서 각 계급의 통일전선을 만들기로 합니다. 이때부터 마오는 약간의 여유를 갖고 공산주의 원전들을 챙겨 읽을 수 있었다고 합니다. 그 전에는 요약본·발췌본들만 읽을 수 있었지만 이제 비로소 본격적으로 원전을 읽고 그동안의 시행착오를 발판으로 새로운 상황에 맞는 전략을 짰는데 그것이 바로 '신민주주의론'(1940)이었습니다.

그에 따르면 이 단계의 정부는 공산당 일당의 정부가 아니라 노동자,

농민, 소부르주아, 민족부르주아 4계급의 연합정부여야 합니다. 이러한 국가는 신민주주의 국가라고 할 수 있는데 이게 결국 마오 스스로 쑨원 선생이 말한 신삼민주의 공화국이며, 신민주주의는 신삼민주의와 다른 게 아니라고 주장합니다. 경제체제 역시 아까 말씀드린 3개의 경제영역을 병행 발전시키는 쑨원의 혼합경제 구상과 흡사합니다.

그리고 종래의 무상몰수·무상분배 방식의 '토지혁명'에서는, 그에 반발하는 수많은 지주들을 죽일 수밖에 없었지요. 이제 이 새로운 단계에서는 '토지개혁'을 할 수밖에 없다는 점을 인정합니다. 토지개혁은 토지를 유상매수·유상분배하고 부농경제를 보호하는 것을 골자로 합니다. 이게 1944년에 정립한 토지개혁론인데 토지개혁이라는 것은 어디까지나 연합정부가 전제되어 있을 때의 토지문제 해결방안입니다. 하지만 만약 연합정부를 세우지 못하고 내전이 벌어지면 토지혁명으로 갈 수밖에 없다는 거죠. 실제로 1946년 이후에는 상황이 그렇게 가버리게 되었죠.

그리고 이 단계 혁명의 성격은 여전히 부르주아 민주혁명인데 어디까지나 주도권은 공산당에게 있는 것으로 전제되었습니다. 공산당이 지도하는 부르주아 민주혁명이고 장기적으로 사회주의로 가는 혁명이었다는 점에서 종래의 민주혁명과는 달랐습니다.

그런데 마오의 신민주주의 혁명론에도 쑨원의 삼민주의 혁명론처럼 과도기가 있었습니다. 왜냐하면 중국이 낙후한 농업국가였기 때문에 공업생산력을 충분히 제고한 후에 사회주의로 가는 것이 객관적인 조건에 부합한다고 보았기 때문입니다. 이것은 몇 가지 국내외적인 조건 속에서 구상

중공 지도부의 야오동(동굴숙소)　　　　　　　　　　　　루쉰예술학원

된 혁명론이었습니다. 무엇보다 국내적으로는 2차 국공합작, 세계적인 차원에서는 소련과 미국이 함께 소속된 연합국에 중국이 포함됐다는 점이죠. 이런 조건에서 중국은 앞으로 생산력을 높이기 위해서 자본과 기술을 서방의 선진국으로부터 적극 도입하겠다는 점을 신민주주의에 포함시켰습니다. 자본주의의 적극성을 최대한 이용해서 생산력을 끌어올린다, 국민경제에 유리한 자본주의는 모두 허용한다는 입장이었습니다. 이게 연합정부 체제 하의 혼합경제정책입니다.

위의 사진은 제가 옌안에 갔을 때 찍은 사진인데, 왼편은 당시 옌안시기 중공 지도부의 토굴 숙소(현지어로 '야오동')입니다. 저는 여기 가보기 전에는 이 사람들의 숙소만 이런 모양인 줄 알았는데 이 지역 일대의 모든 주민들의 주거시설이 다 이렇게 돼 있습니다. 고산건조지대이기 때문에 언덕에 토굴을 파면 여름에 시원하고 겨울엔 따뜻하다고 합니다. 그리고 오른쪽 사진은 루쉰예술학원 건물입니다. 천주교 예배당 건물을 접수해서 예술학원으로 썼다고 합니다.

이 시기에도 조선 사람들이 조선독립동맹 계열의 조선의용군으로서 이쪽에서 공산당 세력과 손을 잡고 독립운동을 펼쳤지요. 그들의 간부를 양성하는 일종의 사관학교인 조선혁명군정학교의 터가 옌안시 외곽에 있습니다. 다음 사진이 그걸 알려주는 표지석입니다. 군정학교 교관들의 숙소역시 야오동으로 돼 있었는데, 현재 뇌판산 기슭에 8개가 남아있습니다. 그 중에 가장 낮은 위치에 있는 것은 현재 마을 사람들이 사용하고 있으나 그보다 좀 더 산 쪽으로 올라가 있는 것은 아래 사진에서 보듯이 잡초만 무성한 채 버려져 있습니다. 이게 1944~1945년 사이에 사용됐던 토굴인데 이들이 해방 후에 만주로 돌아갈 때 버리고 갔고, 그 이후에 아무도 돌보지 않아서 이렇게 돼 있습니다. 조선의용군은 해방 직전에 1천 명 내외였으나 나중에 만주로 가서 1945년부터 1949년 사이에 거의 6만여 명으로 확대되었고 만주의 국공내전에서 공산당의 열세를 우세로 전환시키는데 지대한 도움을 주었습니다. 그리고 나서 북한으로 들어가서 북한군의 주력이 됩니다. 물론 이 조선의용군들 중에는 남한으로 돌아온 사람들도 일부 있습니다. 그러니까 어제까지 같은 내무반에서 지내던 동료가 이

조선혁명군정학교 터 표지석(옌안, 1944-1945)

조선혁명군정학교 교관 토굴(옌안, 1945)

제 해방된 조국에 돌아와서 총부리를 맞대고 싸우는 형국이 벌어진 거죠. 그 후 북한에서 김일성 유일사상 체제가 형성됨에 따라 옌안의 조선의용군 출신들은 이른바 '연안파'로 규정되어 모두 숙청당했고 옌안의 관련 유적들도 외면당해 잊혀졌습니다.

루쉰예술학원 음악교수 중에는 전라도 광주 출신의 정율성이라는 사람이 있었습니다. 이 학교를 졸업하고 여기서 교수가 됐으니까 능력을 인정받은 사람이죠. 의열단 활동도 했고, 한때는 김구 선생을 도와서 독립운동을 하다가 옌안으로 온 사람이었습니다. 이 사람이 작곡한 노래 중에 '연안찬가(延安讚)'라는 곡이 있습니다. 한국적 정서가 묻어있는 그 유장한 곡조는 정말 서정적이고 아름다워서 저도 가끔 듣습니다. 이 사람은 현대중국이 인정하는 3대 음악가 중의 한 사람입니다. 그리고 오늘날의 중국인민해방군가도 바로 이 사람의 작품입니다. 중국 사람과 결혼해서 중국에 살다가 북한 정권이 수립된 후 북한에 자원해서 들어갔는데, 연안파가 북한에서 숙청될 때 이 사람도 위기에 처했고 저우언라이에게 도움을 요청해서 겨우 빠져 나와서 중국에서 살다가 중국에서 죽었습니다.

국공내전과 중화인민공화국의 성립

이제 항일전쟁이 2차대전과 함께 끝나고 1945년 8월 이후 하나의 권력을 놓고 국민당과 공산당이 격돌하게 되는데, 벌써 8년간 항일전쟁을 했기 때문에 당연히 이때 중국의 반전 여론은 강렬했고, 군인들의 전쟁에 대한 피로감이 극에 달해 있었습니다. 이제 또 전쟁은 정말 싫다는 거죠. 더구나 2차대전은 전체주의 대 민주주의 싸움이라고 해서, 1차대전 이후에 전세계적으로 민주주의 사조가 일어났던 것처럼 이번에도 민주주의 사조가 전세계적으로 일어났지요.

이런 상황에서 대국을 좌우할 수 있는 위치에 있었던 미국이 장차 통일중국을 건설하는 방안은 내전이 아닌 평화 건국이어야 한다는 입장을 명확히 했어요. 중국 내의 여론도 당연히 평화 건국이었고 국공 양당이 1944년부터 국공담판을 벌이고 1945년 10월 10일에 1차 합의사항을 발표합니다. 이것을 '쌍십협정(雙十協定)'이라고 합니다. 그런데 보기에 따라서 합의가 됐다고 볼 수도 있고 안 됐다고 볼 수도 있습니다. 제일 쟁점은 새로운 공화국의 민의기관을 어떻게 구성할 것인가였습니다. 공화국이니까 헌법과 국회가 있어야 되는데 위안스카이가 헌법과 국회를 깨버린 이후에 그때까지 헌법과 국회가 없었습니다. 국민혁명 후에 난징국민정부가 세워졌지만 쑨원의 과도기 이론에 따라서 훈정단계에는 국회와 헌법이 없었기 때문에, 훈정시기 약법(1931.5)을 가지고 통치를 했고 중국국민당대표대회가 국회를 대신했어요. 그게 당이 곧 국가인 당국(party state) 체제라고 하는 것인데 이건 1차 국공합작을 통해서 소련으로부터 도입된 겁니다. 국민당도 공산당도 똑같이 공유하고 있는 시스템이지요.

이제 2차 국공합작을 거쳐서 항일전쟁을 승리로 끝냈고 새로운 조건에서 통일된 정부를 세워야 하는데 어떤 방법으로 정부를 세울 것이냐 했을 때 당연히 두 당은 서로 자기 주도하에 하려고 했겠죠. 이때 국내에서는 정치협상회의라는 것이 여론의 주목을 받았습니다. 정치협상회의는 그 대표를 직업별로 뽑아서 구성했습니다. 근데 그것이 직업대표만을 의미하는 것은 아니고 국민혁명기 지방 차원에서 '직업단체 중심의 각계 연합 + 혁명정당'으로 구성된 혁명정부가 잠깐 형성됐다는 말씀을 드렸는데 그 방식이 계속 이어지는 것입니다. 민간사회에서는 이 방식에 대한 기대가 너무나 크고 계속 지속됩니다. 심지어 국민정부 하에서도 초기 10년 1927~1938년은 말 그대로 국민당 독재였으나 1938년부터는 국민참정회라는 기관을 만들어서 공산당과 그 밖의 다른 군소 당파 그리고 주요 직업단체 대표를 망라해서 주요한 국사를 논의하도록 하고 그걸 정부정책에 반영했습니다. 단 거기서 최고결정권은 여전히 국민당에게 있었습니다. 이게 훈정기라는 거죠. 그래서 국민참정회는 진정한 민의기관이라고는 할 순 없지만 준(準)민의기관 내지는 전시 민의기관의 역할을 상당 정도 해냈다고 볼 수 있죠.

그리고 이제 항일전쟁과 2차대전이 말기로 가면서 종전이 멀지 않았으니 건국을 준비해야 한다는 얘기가 나올 때, 바로 국민참정회에 참여한 대표들이 머리를 맞대서 그 논의를 진행합니다. 정치협상회의는 바로 이 연장선에서 만들어졌고 회의를 구성하는 방법은 국민참정회를 구성하는 방법과 똑같았고, 규모만 작아졌죠. 국민참정회는 처음에는 150명 정도로 시작했다가 나중에는 300여 명으로 늘어나는데 정치협상회의는 토론의 효율성을 위해서 38명으로 인원을 제한했습니다. 그러니까 미니 국민참정회가 되는 거죠. 여기서 연합정부와 민의기관을 어떻게 만들 것인지를 논의해서 1946년 1월 말에 결의사항으로 발표합니다.

이 과정에서 미국은 중요한 조정자 역할을 담당했습니다. 국공 양당은 각기 당리당략에 치우쳐 협상에 응하지 않으려 했어요. 국민당의 입장에서는 자기 주도하에 항일전쟁의 승리를 거머쥐었고, 이 과정에서 장제스의 권위는 하늘을 찌를 정도로 높아졌는데 왜 권력을 나눠 갖느냐는 거죠. 국민당 위주의 헌법과 민의기관을 만들어서 훈정단계를 종식하는 헌정을 시행하겠다는 거죠. 국민당 주도의, 국민당 방식의 헌정 시행인 것이죠. 그러나 이걸 깨야 하는 공산당의 입장에서는 어떤 식으로든 거기에 뛰어들어가야 하니까 국민당의 주도권은 인정하겠지만, 연합정부로 가야 한다는 겁니다. 국민당 이외의 여러 세력들이 동참할 수 있는 연합정부여야 한다는 것이죠. 그런데 마오는 처음에 여기에 응하지 않으려고 했습니다. 미국이 중재하지 않으면 이것은 국민당의 쇼에 불과할 것이고 연막작전을 펴다가 내전을 발동하려는 속임수에 불과할 것이라는 거죠. 그래서 미국이 보증하면 협상에 나가고, 아니면 나갈 수 없다고 버텼죠. 여기서 미국의 연합국이었던 소련의 스탈린도 협상에 응하라고 마오에게 조언을 하는 바람에 옌안에서 충칭으로 와서 장제스와 협상을 하고 그 결과가 쌍십협정으로 나왔고 이것을 마무리하는 작업이 정치협상회의였던 거죠.

그런데 미국은 왜 연합정부를 그렇게 강력하게 권고했을까요? 국민당 일당의 정부로 가면 미국의 이익을 더 보장할 수 있겠는데 왜 그런 선택을 했을지 당연히 의문이 생기지요. 이를 이해하려면 몇 년 더 거슬러 올라가서 살펴야 합니다. 일본의 진주만 공격으로 중국의 항일전쟁은 2차대전의 일부가 됩니다. 그런데 그때 국민당 군대의 항일 전투력이 너무 기대 이하였습니다. 그래서 미국은 중국의 항일전쟁 능력을 제고하기 위해서는 국민당·공산당의 합작이 필수적이라고 생각합니다. 국공 양당이 손잡고 일본군에 대적해야 미국의 부담과 피해를 줄일 수 있다고 본 거죠.

그럼 일본이 패전한 이후에도 왜 계속 연합정부를 요구했냐 하면 그건 대일점령정책과 동아시아 구상과 관련돼 있습니다. 원래 미국은 유럽중심의 세계전략을 가지고 있었기 때문에 동아시아 정책은 일순위가 아니었죠. 이 상황에서 중국을 동아시아 정책의 파트너로 상정했는데 그러기 위해서는 중국이 분열돼 있으면 안 되고 통일된 중국이어야만 소련이 동아시아로 확장하는 것을 견제할 수 있다는 것이죠. 이렇게 생각해서 강력하게 연합정부를 권고했고, 연합정부를 위해 국민당의 독재를 개혁해서 민주화하는 조치를 취하라고 강력하게 요구했습니다. 대표적으로 토지개혁을 요구하는데, 1947년에는 토지개혁을 하면 경제지원을 하고 안 하면 경제지원을 안 하겠다고까지 했습니다. 그래도 국민당은 토지개혁을 하지 않았죠.

그런 상황에서 정치협상회의의 결의사항을 국민당이 파기하고 내전을 발동하는데, 장제스 입장에서는 이길 자신이 있었던 거죠. 군대가 4:1 비율로 국민당의 절대우세였고, 국민당에게 아무리 불만이 있어도 내전이 벌어지면 미국이 공산당 편을 들지는 않을 것이라고 생각한 거죠. 우리가 궁지에 몰리면 미국이 그냥 방관하지는 않을 것이라고 판단했던 것인데 나중에 이게 오판으로 드러나죠.

그래서 1946년 7월부터 내전이 시작됐고, 1947년 봄까지는 국민당이 계속 승리합니다. 1947년 봄에는 공산당의 본부 옌안이 점령될 정도였어요. 그런데 1947년 하반기부터 이 전세가 반전되기 시작합니다. 공산당 입장에서는 전략적 방어에서 전략적 반격으로 전환합니다.

그 사이에 어떤 변화가 있었냐 하면, 단언하긴 어렵지만 제일 크게 고려할 것이 토지혁명입니다. 그것은 두 단계로 나누어 진행됩니다. 1946년 5월부터 1947년 봄까지는 혁명이 아닌 개혁의 방법을 취해서 토지몰수는 친일파의 경우에 한정하고 일반 지주의 토지는 청산(정부가 정한 소작료 37.5%의 초과분을 합산해 토지로 반환케 함)과 유상매수 방식으로 농민에게 분배하였습니다. 왜 그때까지도 토지몰수의 혁명이 아니라 개혁의 방법을 포기하지 않았냐 하면, 1946년 7월에 내전이 발발했지만 양당 간의 협상으로 통일정부를 세우겠다는 미국의 방침이 변하지 않아서 미국 특사들이 양당을 오가면서 조율을 해가고 있었기 때문입니다. 미국이 더 이상의 협상은 불가능하다는 최종 판단을 내리고 특사를 철수시킨 것이 1947년 2월입니다. 그러니까 그 시점까지는 무상몰수를 단행할 수 없었던 거죠.

그 후 내전은 점점 격화되어서 이제 전면적인 격돌만 남았기 때문에 1947년 여름에 무상몰수를 골자로 하는 토지법대강을 제정하고 10월에 공포합니다. 그러니까 실제로는 여름부터 무상몰수가 시행됐다고 봐야 하겠고, 무상몰수 무상분배를 통해서 만주지역에서만 1948년 전후에 120만 명의 농민이 홍군에 입대했고 화북지역에서는 100만 명이 입대했다고 합니다. 토지를 분배받은 가족의 입장에서는 그걸 지키기 위해서라도 자기의 아들들을 군대에 보내야 한다고 생각한 거죠. 그래서 1948년 초쯤 되면 국민당과의 전력이 거의 비슷해집니다. 그리고 1948년 여름을 넘어가면 이게 역전됩니다. 그래서 많은 연구자들이 국공내전의 전환점은 1947년 하반기라고 합니다.

반면 국민당 군대는 눈사람 무너지듯이 무너져 내렸습니다. 그 군대는 강제로 징집된 병사로 구성되었고, 지도부의 부정부패로 병사의 보급이 형편없었습니다. 돈 있고 힘 있는 집의 아들들은 모두 빠져 나가고 빈농의 아들들이 주로 끌려갔기에 싸울 의지가 취약했지요. 게다가 군내의 파벌투쟁으로 경쟁 부대를 견제하기 위해 갑자기 낯선 곳으로 이동시킨 결과 부대가 통째로 공산당에 투항하는 일이 잇달았습니다.

내전의 승기를 잡은 공산당은 1948년 5월에 다시 한 번 정치협상회의를 소집하자고 전국에 호소합니다. 아까 1946년 1월에 열린 정치협상회의의 결의사항이 국민당에 의해 묵살되고 내전으로 갔다고 했지요. 군인도 일반 국민도 더 이상 전쟁을 원하지 않는데 전쟁이 터졌고, 전쟁 인플레이션이 하늘을 찌릅니다. 그러니까 경제적으로 살 수 없는 상황이 벌어집니다. 농민들이야 현물 가지고 사는 사람들이라 조금 덜했지만, 특히 도시지역의 상공업자, 지식인·학생 등은 내전을 종식하는 것만이 살 길이라고 외치면서 국민당에게 정치협상회의의 결의사항을 지키라고 요구합니다. 이것을 잘 아는 공산당이 1948년 5월에 자기 주도하에 신정치협상회의를 소집하고 그 결정에 따라서 통일정부를 세우자고 제안했으니 전국각지에서 엄청난 호응이 나오겠죠.

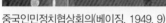
중국인민정치협상회의(베이징, 1949. 9)

중화인민공화국 오성홍기

　그것을 1년 정도 준비해서 1949년 9월에 인민정치협상회의라는 이름
으로 개최합니다. 위의 왼쪽 사진이 그 개막식 사진인데, 마오와 쑨원의
사진이 나란히 보입니다. 신민주주의 공화국인 중화인민공화국을 세우는
과정에서 사회주의로 이행하기까지의 과도시기에는 인민정치협상회의가
최고 민의기관으로서 직권을 대행하게 돼 있었습니다. 그런데 최고민의기
관의 개막식 장면에 왜 마오와 나란히 쑨원이 나와 있는지 궁금하지요?
이것은 상당한 상징을 내포하고 있습니다. 이것 자체가 1949년의 인민공
화국은 공산당 단독의 힘으로 성립된 게 아님을 상징합니다. 여기서 우리
는 공산당의 성장 과정에는 각계 연합과의 연대, 두 차례의 국공합작이 있
었음을 주목해야 합니다. 제가 보기엔 실제로 마오의 신민주주의론은 사
실 대부분 쑨원의 삼민주의를 체계화하고 다듬어서 발전시킨 것입니다.
그러니까 마오는 이런 사정들을 인정할 수밖에 없었고, 더군다나 쑨원의
권위는 중국의 인민들에게 여전히 대단했기 때문에 그것을 이용할 정치적
필요가 있었던 것이죠.

인민정치협상회의의 결의에 따라 1949년 10월 1일 마오쩌둥을 주석으로 하는 중화인민공화국이 수립되었습니다. 앞 페이지 오른쪽 사진은 중화인민공화국의 국기인 오성홍기입니다. 큰 별은 공산당이고 작은 별은 네 계급의 연합정부라고 할 때의 계급(노동자, 농민, 소자산계급, 민족자산계급)을 상징합니다. 인민공화국의 '인민'이란 이 네 계급을 지칭합니다. 여기 지주계급이 빠져있는데 이들은 토지혁명의 대상이었기 때문입니다.

사회주의 개조의 길

당시 중국은 워낙 낙후돼 있어서 근대적인 공업생산력을 갖추려면 장기간의 경제 건설이 필요하기 때문에 신민주주의라는 과도기는 상당히 길 것으로 예상이 됐었습니다. 이에 사람들은 그 장기간이라는 것이 대체 얼마나 긴 것인지 질문을 많이 했습니다. 마오가 20~30년 정도는 해야 한다고 답했다는 기록이 있습니다만 사실은 그것도 못 지키고 1953년부터 사회주의를 향한 개조 작업이 시작됩니다. 그래서 1957년까지 개조 작업을 거친 끝에 이제 신민주주의 단계는 완전히 끝나고 사회주의 건설에 매진하자고 하는데 그것이 1958년부터의 대약진운동이죠.

사회주의 개조란 한마디로 말하자면 토지와 공장 같은 모든 생산수단을 국유화·집단화하는 것입니다. 앞의 토지분배에서는 토지등기를 다 만들어주고 농민들의 소유권을 인정했습니다. 그런데 이제는 그것을 전부

국유화하고 나아가서는 인민공사(人民公社)식 집단농장으로 바꿨습니다. 이렇게 되면 사유재산이 없어지기 때문에 제가 강조하는 각계 단체의 자율성의 물적 기반이 사라지는 것이죠. 그에 따라 각계 연합의 의미도 없어지게 되죠. 그러면 각계 대표로 구성했던 인민정치협상회의도 이제 사라져야 할 운명인데 그것을 존속시킵니다. 그것을 자문기구로 삼고 새로운 정식 민의기관은 구역대표로 뽑아서 전국인민대표대회, 각 성과 현의 인민대표대회 체제로 갑니다. 이들 각급 인민대표대회가 의결권을 행사합니다. 신민주주의 단계가 종결됨에 따라 연합정부는 1957년부터 공산당 1당정부로 변질되었습니다. 이런 상황에서 인민대표대회가 민의기관 구실을 하기는 어려울 수밖에 없지요.

인민공사운동은 10~15년 안에 영국·미국의 국력을 따라잡자는 대약진운동과 짝을 이루어 진행되었어요. 참담한 실패로 끝난 대약진운동이 제어되지 못하고 계속 폭진하여 나타난 결과가 문화대혁명(문혁)입니다. 다음 사진은 문화대혁명 때 중학생쯤으로 보이는 소녀들이 총검훈련을 받는 장면입니다. 전인민의 군인화, 전사회의 병영화인 것이죠. 사실 이 시기에는 중국만 그랬던 것은 아니죠. 장제스가 통치하던 대만도 그랬고, 한반도의 남북도 정도의 차이는 있지만 병영화 사회였던 것은 마찬가지였죠.

문혁이 시작되던 1966년에 공산당의 2인자 류사오치[劉少奇]가 감옥에 투옥됩니다. 문혁은 류사오치·덩샤오핑[鄧小平] 일파와 마오·린뱌오[林彪] 일파 간의 국가건설 전략을 둘러싼 노선의 대결이라 할 수 있습니다. 신민주주의 단계가 더 지속돼야 한다는 노선을 취한 류사오치를 마오 쪽에서

문화혁명기 총검훈련을 받는 소녀들

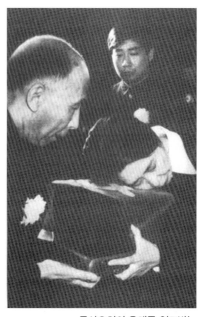

류사오치의 유해를 인도받는
그의 아내 왕 광메이

주자파(走資派), 자본주의의 길을 걷
는 무리라고 규정해 숙청한 것입니
다. 류사오치는 1969년 11월 옥사
하고 유해를 가족에게 인도하지 않
다가 1976년 문혁이 끝나고 개혁개
방 직후인 1980년 2월에 그 유해를
넘겨줍니다. 위 사진은 류사오치의 아내가 뒤늦게 남편의 유해를 인도받
는 사진입니다. 이때 그에 대한 당의 조치가 착오였음을 인정하고 복권시
켰으니, 문혁 청산 작업의 일환이었죠. 1980년 중국공산당은 인민공화국
건국 이래의 역사를 총괄하고 그 속에서 문혁을 국가발전을 후퇴시킨 "10
년 동란(動亂)"으로 규정하였습니다. 류샤오치파의 덩샤오핑이 살아남아
이렇게 문혁을 청산하고 개혁개방을 이끌어갑니다.

그 후 30년간 진행된 개혁개방의 성과는 여러분들이 다 아는대로 '대
국' 중국의 부활로 나타났습니다. 2008년 베이징 올림픽은 이를 상징적으

로 보여줍니다. 그 개막식에는 당
(唐)제국의 영광을 재현한 영상물과
함께 오성홍기가 55개 소수민족 어
린이의 손에 들려 나옵니다.(내부적
으로는 많은 문제점을 안고 있지만) 중국
이 다민족으로 구성된 공화국임을
과시한 기획이라 할 수 있지요. 위
사진은 2010년 핵안보회의의 두 정
상인데, 중국의 위상이 이 사진에도

2010년 워싱턴 핵안보정상회의에서 만난
오바마 대통령과 후진타오 주석

나타나 있죠. 사실 오늘날 'G2 중국'은 연속된 혁명의 결과로 쟁취한 것이
라고 말할 수 있습니다.

20세기 중국혁명의 의미

　혁명의 성과를 이처럼 국력의 크기로 말하면 쉽게 느껴지지만 실제 그
안에 사는 인민들의 삶은 어떤지 살펴보지 않을 수 없습니다. 흔히들 중
국혁명의 공식이 있다고 얘기하는데, 지식층과 농민의 지지를 받는 세력
이 집권한다는 겁니다. 실제로 농민대중이 혁명의 주력군이었고 토지분배
가 그들의 참여를 좌우하는 관건이었기 때문에 많은 사람들이 '농민혁명'
이라고 말하는데 저는 이 용어를 쓰고 싶지 않습니다. 그래서 전에 낸 책,

〈지식청년과 농민사회의 혁명〉(2004)에서는 '농민사회의 혁명'이라고 썼어요. 왜 그러냐면 농민에 의한, 농민을 위한, 농민의 혁명이었다면 농민혁명이라고 해야겠지만, 또 다른 형태로 농민을 수탈하는 그런 국가가 돼버리고 말았기 때문입니다. 농민사회의 위기가 촉발한 혁명이었을 뿐이라는 거죠.

그러면 중국혁명의 성격은 뭐냐고 했을 때 공화혁명이나 신민주주의혁명이라는 등 여러 얘기가 있는데 단계적으로 변화하면서 성격이 전화하긴 했지만 결국 도착점은 신민주주의 혁명이라고 봅니다. 다만 그것이 당시 지도부에 의해서 너무 조기에 종결되는 바람에 객관적인 사회구조를 일탈해버리고 역사 발전 단계를 비약해버렸죠.

이 과정에서 행위자의 합리적인 선택 여부를 따져봐야 하는데, 1953년이면 스탈린이 죽는 해입니다. 바로 그 해에 마오와 중국공산당은 신민주주의 단계를 조기에 종결했는데 왜 그랬냐에 대한 여러 설명이 있습니다. 첫 번째는 중국의 혁명세력 자체가 인민주의적인 성향을 가지고 있었다는 것입니다. 인민주의란 러시아혁명에서 나온 대로 자본주의 단계를 거치지 않고 농촌공동체를 기반으로 삼아 사회주의 단계로 넘어가려고 하는 성향을 말합니다. 이게 가장 중요한 요인이지만, 당시 중국은 미소 중심의 진영 대립에서 소련 진영에 편입될 수밖에 없었다는 국제적인 요인도 있었습니다. 그래서 1950년 1월에 마오가 모스크바를 방문했을 때 스탈린이 대놓고 입장을 분명히 하라고 요구했습니다. 안 그러면 지원을 못한다는 거죠. 결국 완곡하게 빨리 사회주의로 가라는 요구였죠. 그리고 한국전쟁은 이런 상황을 더욱 가속화하는 요인이 됐습니다. 중국은 한국전쟁에 참여하는 바람에 이후 25년간 서방세력에 의해 경제봉쇄를 당했기 때문입니다. 소련·동구에 의지하지 않고는 경제 건설을 할 수 없는 상황이 되는 것이죠.

그러나 국제적 조건이 그렇다고 하더라도 중국은 워낙 큰 나라이기 때문에 자체시장도 농업생산의 기반도 광대해서, 심지어 8년간 항일전쟁에서도 살아남았는데 꼭 소련모델의 국가사회주의의 길로 갈 수밖에 없었냐는 의문이 듭니다. 사실 소련도 스탈린이 죽고 흐루쇼프(Nikita Khrushchev)가 집권하면서 다시 새로운 신경제정책을 폈다고 보입니다. 1920년대 신경제정책만큼은 아니었지만 그런 기조로 가려고 했고, 대외관계에서도 평화연변(和平演變)이라고 해서 평화공존 전략을 추구하고, 국영경제 일색보다는 혼합경제를 일부 수용하는 신경제적 노선의 분위기였는데, 그렇다면 중국은 소련보다도 더 근대산업이 낙후한 조건에서 굳이 그때 신민주주의를 앞당겨서 종결할 이유는 없었던 것이 아닌가 싶습니다. 저로서는 이게 농민사회주의의 태생적인 한계일 거라고 생각합니다. 농민을 주력군으로 하고 농민가정 출신의 공산당원이 다수이고, 지도부도 인민대중도 인민주의적인 성향이 강한, 바꿔 말하면 반(反)자본주의 내지는 비(非)자본주의 성향이 강한 사회였기 때문에 이렇게 갈 수밖에 없었던 것이 아닌가 생각합니다. 그러나 이렇게 성립된 사회주의 체제의 물적 토대가 너무 취약했기 때문에 오래 지속될 수 없었고, 저는 이것이 25년 만에 개혁개방이 올 수밖에 없었던 이유라고 봅니다. 개혁개방은 돌이켜보면 뒤늦은 산업화를 통해, 조기에 종결된 신민주주의 단계를 회복한 것으로 볼 수도 있겠다고 생각합니다.

이 과정에서 쑨원과 마오의 이상주의가 양날의 검으로 작용을 했던 것 같습니다. 쑨원도 마오도 세계에서 가장 새로운 최선진의 제도를 선택합니다. 이왕 밖에서 들여오는데 쓰다 만 중고를 들여와서는 안 된다는 생각을 강하게 했기 때문입니다. '서구 자본주의 국가들에 가봤더니 이미 빈부의 격차로 엄청난 갈등을 겪고 있더라, 우리는 권력을 잡으면 그런 문제를 미리 예방하는 차원의 사회혁명을 추진할 것이고, 자본과 토지를 공유하는 사회주의로 갈 것이다'라는 것이 벌써 신해혁명 전의 쑨원의 구상입니다. 그런데 이런 생각은 밖에서만 온 것이 아니라 중국의 고전《예기(禮記)》의 대동(大同)이념, 맹자가 말하는 정전제(井田制)의 이념과 상호작용을 일으켜서 자연스럽게 수용됐습니다. 그러나 이런 점들은 당시 중국의 조건에서 바로 실행될 수는 없었기 때문에 급진주의를 낳고, 신민주주의를 조기에 종결하는 상황을 낳았지만, 돌이켜보면 해방의 사상자원으로서 기능한 측면이 있습니다. 또 다른 한편에서는 쑨원과 마오를 각각 "국부", "구세주"라는 식으로 너무 신화화·교조화하는 또 다른 억압의 논리로 작용하는 게 아닌가 하는 점도 있습니다.

그럼 몇 차례의 연속된 혁명의 결과 도대체 중국이 성취한 게 뭐냐고 했을 때, 저는 그것이 '중화민족'의 공화국이 아닌가 합니다. 불평등 조약에서 벗어난, 통일된 독립 국가의 수립이라는 근대 100년의 과제가 실현된 것입니다. 쑨원의 삼민주의식으로 말하면 민족주의의 실현이라는 것이 가장 확실한 성취라는 거죠.

그에 반해 '민권주의' 즉 데모크라시의 관점에서 보면, 가다가 만 것이죠. 민주주의는 주로 운동 차원에서 추구되었고, 그게 제도화되는 데에서는 대단히 취약했던 겁니다. 이건 전통적으로 제도적 법치보다 인치(人治)적 발상이 강한 데에도 원인이 있는 것 아닌가 생각합니다.

운동으로서의 민주주의도 자유민주주의보다는 공화민주주의에 중점이 두어진 형태로 추구됐습니다. 개인의 자유·권리를 우선하는 게 아니라 단체와 집단의 자유·권리를 추구한 점에서 그렇지요. 이런 것들은 프랑스혁명과 비교해보면 판이하게 다릅니다.

이 과정에서 중국 현실에 가장 부합하고 그러면서도 미래를 지향할 수 있는 유산이 있다면 신민주주의의 유산이 아닐까 생각합니다. 연합정부는 어느 일당의 권력독점을 허용하지 않는 것이 기본 취지이니 그 속엔 여전히 음미할 만한 내용이 들어있다고 생각합니다. 또 구역대표제 일색인 현행 의회제와 비교해볼 때 직업대표제는 그 결함을 상당 정도 보완할 수 있는 의미가 있다고 봅니다. 어떤 사람들은 그것을 대신하려고도 했고 병행·보완하려고 했죠. 아까도 말씀드렸다시피, 구역대표제로 대표를 뽑으면, 각 지역의 다양한 이해를 대변한다기보다는 상층 엘리트의 이해만 대변하는 결과를 낳습니다. 직업대표제가 되면 그 직업의 인구와 사회적인 영향력에 따라서 각 직업별로 대표수를 할당합니다. 그러니까 농민과 노동자의 대표 숫자가 가장 많겠죠. 그러면서도 소비에트처럼 자본가를 배제하지 않고 그들에게 응분의 의석을 보장합니다. 그 밖의 다른 직업 종사자에게도 마찬가지입니다.

그리고 민생주의 면에서는 혼합경제, 특히 '합작사'를 주목할 필요가 있습니다. 국영이든 사영이든 어느 한 쪽으로만 가버리면 문제가 심각한데, 합작사 경제가 중간에서 양 극단의 치우침을 어느 정도 견제할 수 있지 않겠나 하는 점에서 그렇죠. 그리고 궁극적으로는 장기에 걸쳐서 사회주의로 간다는 것은 당파를 초월해서 거의 다 고민하고 있던 겁니다. 심지어 국민당의 강경파들조차도 결국에는 사회주의로 간다는 데에 동의했었으니까요. 다만 그 방법이 계급투쟁식의 폭력혁명이 아니라 국민당의 각종 정책을 통해서 이룩하겠다는 거죠.

이상과 같은 연합정부와 혼합경제의 구상은 러시아혁명에서는 볼 수 없는 중국혁명의 특색이라 할 수 있습니다. 러시아혁명에서는 네 계급의 연합정부가 아니라 처음부터 프롤레타리아 정부, 공산당 일당의 정부였죠. 중국혁명에서도 러시아혁명에서처럼 이상과 현실의 격차는 컸습니다. 어떤 혁명도 단기간에 그 이상을 실현할 수는 없는 법이지요. 역사는 그 어떤 비약도 허용하지 않기 때문입니다. 그러나 혁명을 회피한 역사 또한 비극을 낳습니다. 20세기 독일·이탈리아·일본의 파시즘이 바로 그 예지요.

워낙 사람도 많고 땅도 큰 나라의 얘기를 전하다보니까 길어졌습니다. 감사합니다.

4·19 민주혁명인가 민족혁명인가

정용욱 · 서울대학교 국사학과 교수

오늘 강의의 주제는 '4·19 혁명, 민주혁명인가 민족혁명인가'입니다. 4·19의 명칭에 관한 문제, 4·19의 배경과 원인, 전개과정, 종합적 평가와 역사적 성격에 관해 차례로 말씀드리겠습니다.

4·19의 명칭과 성격

명칭: 주체와 성격문제

먼저 4·19에 대해서는 당시부터 용어문제로 논란이 많았습니다. 시민운동, 학생운동, 민주항쟁, 민중항쟁 등 명칭이 다양했습니다. 당시 가장 많이 썼던 표현은 4·19학생혁명, 4·19시민혁명 등이었습니다. '혁명'은 체제 변혁을 전제로 한 용어인데, 이승만이 하야하긴 했지만 체제 자체가 바뀌진 않았습니다. 그렇지만 4·19 주체들은 자신들의 활동을 혁명이라고 했습니다.

'혁명인가 운동인가'하는 문제는 4·19를 누가 주도했는가 하는 주체 문제, 성격 문제와 관련이 있습니다. 당시에는 의거, 봉기, 소요 등의 표현도 썼는데, '의거'라는 표현은 5·16 군사쿠데타 주체 세력들이 쓴 것으로 그들은 자신들의 행위는 혁명으로 부르면서 4·19는 의거로 불렀습니다. 5·16 주체들은 4·19를 의로운 거사, 즉 혁명은 아니고 의롭기는 하지만 하나의 사건에 불과한 것으로 간주했습니다. '봉기'는 많은 사람들이 벌떼처럼 일어났다는 뜻인데, 영어로는 uprising이 가장 가까운 번역어일겁니다. '소요'라는 표현은 이승만 정권이나 씀직한 표현입니다. '운동'은 가장 일반적인 표현이고, '항쟁'이라는 용어를 사용한 사람들도 있습니다. 혁명은 어쨌든 정권교체를 이루었다는 점에 주목하고, 주체들의 활동을 혁명에 맞먹는 중요한 역사적 행위로 본 표현입니다.

그리고 민주항쟁이니 민중항쟁이니 하는 표현은 1980년대부터 유행한 용어입니다. 4·19의 주체를 학생으로 한정하지 않고 민중 일반이 참여한 운동으로 보는 것이고, 운동보다 더 지속적이었고 격렬했다는 것을 표현하기 위해서, 특히나 5·18광주항쟁 이후에 이러한 용어를 많이 썼습니다. 용어나 명칭은 사건의 주체나 성격을 포괄적으로 보여주어야 하는데, 한국 현대사에서는 단순히 날짜를 가지고 구분하는 경우가 많습니다. 6·25, 5·16 등이 대표적인 경우인데, 아직 우리 사회가 해당 사건의 성격 규정을 둘러싸고 사회적 공감대를 이루지 못한 채 논란이 계속되기 때문일 겁니다.

시기 구분

4·19의 도화선이 된 몇 개의 중요한 사건이 있는데 2월 28일 대구 경북고등학교 학생들의 시위와 3월 15일 마산 시위가 4·19의 본격적 전개 이전에 가장 중요했던 사건들입니다. 다음으로 4월 18일 고려대생 시위는 4·19의 도화선 격에 해당하는 사건입니다. 고대생들이 시위를 마치고 돌아가는 도중에 정치깡패들의 습격을 받아 학생들이 다치고, 4월 19일 시위가 본격화합니다. 이때부터 격렬해진 시위는 4월 25일 교수단 시위가 하나의 전환점이 되었고, 이승만이 하야하자 일단락됩니다. 하지만 4월 혁명이 가져온 변화는 좀 더 구조적이고 큰 것 같습니다. 최근 학계의 동향은 4·19 발발에서부터 이승만 하야에 이르는 시기뿐만 아니라, 그 이후 허정 과도내각의 성립과 7·29총선을 통한 민주당의 집권, 그리고 다시 1961년 5·16군사쿠데타에 의한 민주당 정권 붕괴에 이르는 약 1년여의 기간을 4월항쟁 기간으로 간주해서 구조적으로 보려는 연구경향이 지배적입니다.

4 · 19의 배경과 원인

4·19 발발의 직접적 원인

4·19의 직접적인 원인으로 우선 1950년대 후반의 경제위기와 사회경제적 모순을 들 수 있습니다. 1950년대 후반부터 미국의 대한원조가 감소하기 시작합니다. 당시 미국 원조가 이승만 정권의 재정구조에서 차지하는 비중은 수입의 약 50%나 되었습니다. 그 원조의 대부분이 사실은 국방비로 충당되었습니다. 당시 미군의 얘기를 빌리자면, 미군 한 명을 유지하는 비용으로 남한군 1000명을 유지할 수 있다는 것인데, 그러한 발언에 미국 경제 원조의 메커니즘이 그대로 드러납니다.

미국 경제 원조의 메커니즘을 좀 더 자세히 살펴보겠습니다. 한국에 미국의 잉여농산물이 원조로 들어오면 정부의 관료가 대기업들에게 그것을 불하해줍니다. 그러면 대기업은 그것들을 원료로 하여 만든 생필품을 독점가격으로 시장에 내다 팔아 막대한 이윤을 챙깁니다. 그리고 그 이윤의 일부가 정부 관료나 정치가들에게도 흘러갑니다. 그것이 이른바 삼백산업입니다. 모두 하얀 색의 밀가루·설탕·면화를 원료로 하는 제분·제당·방적 회사들입니다. 1950년대 한국 재벌들의 성장 배경이기도 합니다. 그렇게 재벌은 독점적 이익을 유지하고 정부는 잉여농산물의 판매대금을 국가 재정에 편입시킵니다. 그런데 그렇게 정부 재정에 들어간 충당금의 사용처를 주한미군 사령관과 한국에 있는 미국 원조기구의 대표들이 사실상 결정합니다. 한국 정부 마음대로 쓸 수 있는 게 아닙니다. 그런데 그 대충자금의 대부분이 바로 당시 한국 정부가 감당할 수 없었던 막대한 군사비로 충당됩니다.

즉, 미국의 대한 원조정책은 사실은 미국의 대한군사정책을 유지하는 수단이었고, 미국이 제공하는 원조와 그것에 의지한 관료독점자본이 한국경제를 움직이는 중요한 축이었습니다. 그런데 1950년대 후반 미국의 경제사정이 악화하기 시작하면서 미국의 원조가 줄기 시작합니다. 자연히 한국 정부의 재정 역시 축소됩니다. 한국 정부는 감군 등으로 재정 축소에 대응했지만, 군인들이 제대를 해도 일자리를 찾지 못하고 실업자가 늘어만 갔습니다. 1950년대 후반 경제위기가 생각보다 만만치 않았습니다.

사실 1950년대 한국의 원조경제 체제는 농민들의 희생 위에서 가능했습니다. 싼 잉여농산물이 들어와서 시장을 지배하자, 농산물의 가격실현이 제대로 이루어지지 않습니다. 그리고 소농경제가 안정되려면 금융지원 등 지원책이 있어야 하는데 그런 것도 제대로 시행되지 않았습니다. 원래 농지개혁의 목표는 소작농들에게 토지를 유상 분배하여 이들을 자영농으로 육성하고, 지주들에게는 몰수한 토지 대금을 보상해주어 그것을 산업자본으로 전화시키는 것이라고 할 수 있는데, 대지주가 아닌 이상 당시 경제상황에서 토지 대금을 산업자본으로 전환할 수 있는 지주는 많지 않았습니다. 그래서 토지는 분배받았지만 많은 중소농민, 일반자영농이 대거 몰락하는 사태가 벌어지고, 중소지주들 역시 산업자본가나 농업자본가로 성장하기보다 몰락하는 사태가 빈발합니다. 그리고 그들이 먹고 살 길이 없으니까 서울로 몰려 들어서 달동네에 퇴적하는 현상이 벌어집니다. 이른바 도시빈민문제가 사회문제로 등장하기 시작합니다. 이후의 일이지만 그것이 가장 폭력적으로 드러난 사태가 1970년대 광주대단지 사건입니다. 소설가 조세희의 『난장이가 쏘아올린 작은 공』(1978)은 그 사건을 배경으로 삼았는데 그 당시 도시빈민문제의 실상을 잘 보여줍니다. 또 1950년대에는 삼백산업을 통해 관료독점자본이 독점적 축적을 했는데, 어떤 분야는 과잉생산이 일어나고 가격을 실현하지 못하는 사태가 일어나곤 했습니다. 이러한 1950년대 후반의 불경기와 경제위기, 그리고 민생 파탄이 4·19의 중요한 원인 중 하나입니다.

4·19의 원인 중 또 하나는 정치권의 균열과 권력구조 내부의 변화입니다. 1950년대 정치 하면 먼저 떠오르는 것이 이른바 자유당과 민주당의 극한 대립입니다. 자유당은 이승만의 정치적 기반을 강화하고 장기 집권을 가능하게 하기 위해 1951년 12월에 만든 정당이고, 민주당의 전신은 해방 직후에 창당한 한국민주당입니다. 한국민주당은 친일 지주와 자본가들의 집합소로 친일파 정당이라는 성격 규정으로부터 자유로울 수 없었는데 정부 수립까지는 이승만과 적극적으로 협력해서 단독정부 수립에 앞장섰지만, 정부가 수립되자마자 이승만과 권력을 둘러싼 대립을 벌입니다. 단적으로 제헌헌법에서 끝까지 문제가 됐던 부분이 대통령제를 채택할 것인가 내각책임제를 채택할 것인가였습니다. 당시 한민당 측은 친일파라는 낙인으로부터 자유로울 수 없었고, 카리스마 있는 지도자가 없었기 때문에, 내각책임제를 원했습니다. 그런데 이승만 대통령이 그것을 끝까지 반

대해서 결국 대통령제가 채택되었습니다. 그리고 1950년대 내내 자유당과 민주당의 극한 대립이 계속되었습니다.

1950년대 정치를 이해하기 위해서 이승만 독재체제 자체가 가진 본래의 취약성도 고려해야 합니다. 이승만 정권은 자유당, 관료, 경찰, 어용 관제단체들로 권력을 유지했는데, 그것 자체가 반민중적이고, 폭압적인 속성이 강했습니다. 이승만 독재체제가 폭압적인 통치 체제를 유지했지만 그것이 안정적이지 않았다는 사실은 발췌개헌, 사사오입개헌, 1956년 대규모 부정선거 등에서 잘 나타납니다. 그런 무리한 수단을 동원하지 않고는 정권을 유지할 수 없었습니다.

또 이승만이 1875년생이니 1955년에 이미 80줄의 고령이고, 그 무렵부터 이승만의 건강도 시원찮습니다. 그 무렵 이승만이 병환으로 미 8군 병원에 입원한 적이 있는데, 그날 저녁에 미 국무부 한국 담당자들이 당장 회의를 합니다. 이승만이 너무 연로해서 어떻게 될지 모르는데 혹시 유고 시에 어떤 세력이 이승만 정권을 대체할 수 있을지 전망하는 논의를 합니다.

미 국무부 한국 담당자들은 제일 먼저 야당 세력을 꼽았지만 '이들은 이승만만큼 보수적이고, 부패해 있다. 이들은 대중의 지지를 받지 못할 것이다'라고 평가합니다. 다음으로 학생과 청년 세력을 꼽은 뒤 '근대적 교육을 받았지만 통치 경험이 없고 잘못하면 과격해질 수 있다'고 우려합니다. 세 번째로 군부를 꼽습니다. '젊은 장교들은 근대적 교육과 훈련을 받았고, 최근 남미에서 군사정권이 속속 들어서고 있는 것은 주목할 만 하

다'는 논평을 합니다. 의미심장한 논평 아닙니까? 4·19나 5·16은 1950
년대 후반의 시점에서 보면 좀 필연적인 것으로 보이기도 합니다. 미국 외
교 문서에 따르면 미국은 1957년경부터는 외치를 제외하고는 자유당 정
권의 권력이 이기붕에게 넘어가는 것으로 보고 있고, 그가 자유당 온건파
를 아우르는 지도자로 부상하고 있는 점에 주목하고 있습니다.

4·19 주체 세력의 성장

4·19에서 학생층이 선도적 역할을 했던 만큼 1950년대 학생층의 성
장을 먼저 살펴보아야 합니다. 해방 이후 고등교육 기회가 확대되면서 대
학생 수가 증가합니다. 1950년대에 대학생들은 군대 징집을 유보해주었
습니다. 아마 이것이 1950년대에 대학교가 늘어나고 대학생이 늘어나는
데 일조했을 겁니다. 해방 직후 남한의 고등교육 기관이 모두 19개였고,
학생수는 7800여 명이었는데, 1960년에 학교 수는 85개, 학생 수는 10만
명으로 늘어납니다. 여러분도 잘 아시다시피 우골탑(牛骨塔)은 1950년대
대학생의 증가를 비꼬는 말입니다. 아들 대학 보내놓고 등록금을 대려면
한 해에 소 한 마리씩은 팔아야 했습니다. 그래서 상아탑 대신 우골탑이라
는 표현이 나왔습니다.

거기다 도시화가 진행되는데, 1950년대에 농가경제가 영락하면서 농
촌에서 일거리를 찾지 못하고 퇴적된 인구가 `도시로 밀려나옵니다. 도시
도 먹고 살기가 힘든 것은 마찬가지지만 도시로 나와야 지게라도 질 수 있

으니 그리 한 것입니다. 산업이 충분히 발달하지 못한 상황에서 농촌 인구가 도시로 밀려들고, 그들이 도시빈민화 되어가는 도시화가 진행됩니다. 다른 한편으로 매스컴이 발달하고, 높은 실업률도 지속됩니다. 이러한 상황에서 안병욱 교수가 『사상계』에 쓴 아래의 글은 당시 대학 사회의 모습을 잘 보여줍니다.

> 대학과 대학생의 과잉은 전시체제가 빚어낸 병든 꼴이요 비뚤어진 타락상이요 시정을 요하는 혼란에 불과하다…(중략)…요즘 대학생은 도무지 실력이 없다는 둥, 옛날 중학생만도 못하다는 둥, 속에든 것이 하나도 없으면서 건방지고 불신(不信)하고 책임 관념이 없다는 둥, 영화나 다방 출입으로 세월을 보내고 공부는 꿈도 안 꾼다는 둥, 미국도피행만 꾀한다는 둥, 군대 기피하기 위해서 대학에 왔다는 둥, 정열과 양심과 기백이 다 죽어버렸다는 둥, 일언이폐지(一言以蔽之)하면 대학생의 지성의 빈곤과 덕성의 부족과 생활의 타락을 찌르는 말들이다. (안병욱, 〈대학생활의 반성〉, 『사상계』 1955년 6월)

이것이 1950년대 대학생들의 자화상이었습니다. 당시 대학생들은 한편으로는 대학에 올 수 있을 정도의 경제적 여유를 가진 사람들이었고, 또 사회적 지도층이라는 엘리트 의식을 가지고 있었지만, 한 대학 교수는 대학 사회의 실상을 위와 같이 꼬집고 있습니다.

1950년대 대학은 그리 자유롭지도, 또 낭만적이지도 않았던 것 같습니다. 당시에는 대학교에 학도호국단이라는 것이 있었습니다. 1970년대에 고등학교 다닌 분들은 다 아실 텐데, 그것은 정부가 대학교와 고등학교에 만든 관제 어용 학생조직이었습니다. 학도호국단은 1948년 1월에 만들어졌는데, 국방부와 문교부가 학도호국단의 관리를 두고 주도권 다툼을 벌이기도 하다가 1951년 이후 학도호국단 단장을 문교부장관이 하게 됩니다. 그 후 학생들의 반발을 무마하기 위해 학생들의 자치를 약간 허용합니다. 학교별로 단장, 부단장을 직선으로 뽑는 곳들이 생기고, 대학의 중요한 행사인 축제도 학도호국단이 주최합니다. 기본적으로 관제 동원조직이었지만, 미약하게나마 자치기구로서 성격도 가지게 된 겁니다. 또 학도호국단 단장은 자유당과 연결통로 구실도 했기 때문에 이것이 활동적인 학생들의 정치적 욕심을 자극하기도 합니다. 1950년대 내내 이승만은 반공, 반일을 정권에 대한 지지를 모아내는 이념적 기반으로 활용하면서 학생들을 동원한 각종 관제데모를 많이 벌였습니다. 언제까지, 어느 광장으로 모이라고 해서 출석 부르는 식으로 학생들을 동원하는 겁니다. 그래서 관제데모의 경험이 4·19에서 톡톡히 역할을 했다고 사람들이 우스개 소리를 하는 겁니다. 중·고등학교 학생들도 데모라면 익숙했다는 겁니다.(웃음)

어쨌든 1950년대에 한국에서 처음으로 고등교육이 대중화되기 시작했고, 대학생들이 나름대로 정체성을 가지게 됩니다. 축제 중에 모의국회니 토론회니 하는 행사들을 통해 정치적, 사회적 비판의식도 보급되고, 이러한 행사들을 통해 나름의 대학문화를 형성해갔습니다. 대학 내 진보적인 단체들은 축제 기간에 토론회를 개최하는 등의 활동을 열심히 합니다.

학도호국단이 관제조직으로 위에서부터 학생들을 동원했다면 1950년대 중반 이후에 대학 내에 이념적 성향의 진보적인 단체들이 활동하기 시작합니다. 이 단체들의 이념적 지향을 단순화해서 얘기하면, 서구의 민주사회주의를 표방했다고 할 수 있습니다. 대부분의 단체들이 극우, 극좌를 모두 비판하면서 한국 실정에 맞는 효율적인 계획경제, 협동경제를 실시해야 한다고 생각했던 것으로 보입니다.

1950년대 후반에는 국제정세에도 변화가 일어납니다. 이른바 평화공존론의 대두입니다. 만약 냉전이 격화하여 미국과 소련 사이에 전쟁이 일어나면 그것은 핵전쟁이 될 것이고, 그렇게 되면 승자, 패자의 구별이 무의미해집니다. 그러한 인식 하에서 세계 각지에서 평화운동이 활발하게 일어납니다. 그러자 미국과 소련도 1950년대 후반부터 상대방의 존재를 인정하기 시작합니다. 소련 수상 흐루쇼프(Nikita Khrushchev)가 1956년부터 미·소 간 평화공존을 제창합니다.

국제정세 상에 큰 변화를 몰고 온 또 다른 요인은 아시아, 아프리카 대륙에서 신흥 독립국들이 대거 등장하고 그들 사이에서 비동맹운동이 태동한 것입니다. 그리고 그들이 1955년에 인도네시아 반둥에 모여서 이른바 '반둥 선언'을 하게 됩니다. 이 선언은 주권과 영토 보전의 존중, 인종 및 국가 사이의 평등, 내정 불간섭, 집단적 군사동맹 불참, 상호 불가침, 평화적 방법을 통한 국제 분쟁 해결, 상호 협력의 촉진 등 비동맹과 중립주의를 표방하는데, 서방 자본주의 국가와 동방 사회주의 국가에 의해 양분된 국제정치 무대에 '제3세계'라는 새로운 세력의 등장을 알렸습니다. 이러한 비동맹 국가들의 등장과 그들의 조직화가 국제정세 변화에 끼친 영향

1952년 부산정치파동 당시 계엄군에 끌려 간 국회의원 통근버스 1956년 정부통령 선거
후보자 벽보

을 학생들이 주목하기 시작합니다. 뭔가 국제질서가 바뀌고 있다는 걸 느
낀 겁니다.

반둥회의는 1955년 4월 개최되었는데 이미 1955년 1월부터 남북한
신문들이 비동맹회의에 관한 외신기사들로 도배를 했습니다. 그런데 그
논조를 비교해보면 남한의 신문들은 비동맹노선은 공산주의의 속임수이
기 때문에 참석하면 안 된다는 논조를 보인 반면, 북한의 노동신문은 이제
아시아의 신흥국들이 독립해서 평화를 얘기하기 시작했다며 반둥회의에
적극적인 지지를 보냅니다. 극단적인 냉전적 질서 하에 있던 남과 북이 새
로운 국제질서에 대해서 어떻게 서로 다르게 반응했는가를 볼 수 있습니다.

1950년대를 대표하는 사진을 몇 개 꼽아봤습니다. 첫 번째 사진은
1952년 발췌개헌 당시의 상황을 상징적으로 보여주는 사진입니다. 그때
피난수도 부산에서 국회의원들의 통근버스를 크레인으로 들어서 통째로

끌고 가는 일이 벌어집니다. 당시 헌병 사령관 원용덕이 명령을 내렸다고 합니다. 그렇게 국회의원들을 협박해서 통과시킨 것이 발췌개헌안입니다.

진보당 사건으로 재판정에 선 조봉암(맨 오른쪽)

두 번째 사진은 1956년 정부통령 선거 운동 사진입니다. 당시 민주당의 정부통령 후보가 신익희와 장면이었는데 이승만 정권에 대한 반감으로 이들에 대한 지지가 상당했지만, 신익희가 선거기간 도중 사망하며 이승만이 다시 대통령에 당선됩니다. 당시 민주당이 내세운 구호가 '못살겠다 갈아보자'였습니다. 1956년 정부통령 선거는 또한 진보당의 조봉암이 대통령 후보로 출마해 큰 득표를 한 선거이기도 합니다. 조봉암과 '진보당 사건'에 대해서는 다음 사진을 통해 좀 더 자세히 살펴보도록 하겠습니다.

세 번째 사진은 1958년 발생한 '진보당 사건'과 관련된 사진입니다. 1956년 정부통령 선거에서 이승만이 약 500만 표를 획득했고, 조봉암이 200만 표 이상을 얻었습니다. 진보당은 민주당에 연대를 제안했지만 민주당이 끝내 제안에 응하지 않았습니다. 민주당은 대통령 후보인 신익희가 서거해서 어쩔 수 없이 후보가 없는 채로 선거를 치렀는데, 어쨌든 조봉암은 이 선거에서 200만 표 이상을 얻었습니다. 이 득표 결과가 이승만에게는 커다란 정치적 위협으로 다가왔습니다. 당시 선거가 엄청난 부정선거였음에도 그런 결과가 나왔고, 서울과 부산은 조봉암이 승리했다고 보면 됩니다.

이러한 상황에서 발생한 1958년 1월 진보당이 북한의 주장과 유사한 평화통일방안을 주장하였다는 혐의로 정당등록이 취소되고, 당 위원장 조봉암이 사형을 당한 사건입니다. 재판부는 조봉암·양이섭에게 국가보안법 위반죄를 적용, 징역 5년을 선고하고, 그 밖의 진보당 간부들에게는 무죄를 선고했습니다. 조봉암은 1심에서는 집행유예를 받았습니다. 재판 결과 대부분의 사실이 조작되었음이 밝혀졌지만, 그 판결에 이승만이 격노했고, 재심에서 조봉암은 사형 선고를 받습니다. 2심 재판에서 조봉암의 간첩 혐의를 증언한 핵심 증인이 조봉암을 제거하기로 한 국가방침에 협조해야 살아남을 수 있다는 특무대의 회유와 협박에 의해 허위증언을 하였다고 진술하였음에도 그러한 결과가 나왔습니다. 조봉암은 판결에 승복하지 않고 재심을 청구했지만 받아들여지지 않았고, 끝내 형장의 이슬로 사라졌습니다. 조봉암의 죽음을 '법살'(法殺)이라고 부르는 이유입니다. 조봉암 법살과 진보당 사건이야말로 최소한의 형식적 민주주의도 제대로 작동하지 않았던 1950년대 정치 상황을 상징하는 사건이었습니다.

1950년대 후반의 사회경제적 위기, 정치적 균열과 권력투쟁, 학생층의 성장 같은 것들이 4·19의 원인과 배경을 이루었습니다. 거기에다 4·19의 직접적 원인이 된 대대적인 부정선거를 이승만 정권과 자유당이 1959년부터 본격적으로 준비했다는 것을 최근 여러 연구들이 밝혀내고 있습니다.

4·19의 전개과정

혁명의 발생 : 3·15 부정선거 반대 운동

부정선거에 반대하는
움직임이 처음 시작된 것
은 2월 28일 대구의 고등
학생 시위였습니다. 이날
이 일요일이었는데, 야당
후보가 대구에 유세를 오
기로 돼있었습니다. 학생
들이 거기에 참가할까봐

4·19의 전조 2·28 대구 학생 시위

학교에서 학생들을 학교에 나오게 했습니다. 그래서 화가 난 학생들이 학
원자유와 부패·독재 배격이라는 구호를 내걸고 시위를 시작했습니다. 이
것이 4·19의 효시입니다.

그리고 선거 당일인 3월 15일 마산에서 고등학생들이 부정선거의 현
장을 적발하게 됩니다. 그래서 투표장을 점거하고 시위를 시작합니다. 거
기에 일반시민들이 적극적으로 호응했습니다. 시민들이 참여해서 자유당

사, 경찰서, 관제어용단체에 돌을 던지고 공격을 합니다. 그렇게 3월 15일 1차 마산봉기가 일어납니다.

학생과 시민들의 부정선거 반대시위가 일어나자 정부는 폭압적으로 대응했고, 배후에 북한이 있다고 하면서 용공조작을 했습니다. 그래도 민심이 수그러들지 않자, 내무장관을 홍진기로 교체했습니다. 마산봉기가 일어난 다음 각지에서 동조하는 시위가 계속 됐습니다. 부정선거를 규탄하는 여론이 확대된 겁니다. 정부와 자유당은 대통령 선거는 낙관했고, 문제는 부통령 선거였는데, 이기붕을 부통령에 당선시키기 위해서 과도하게

3·15 마산 시위

최루탄이 눈에 박힌 채 마산 앞바다에 떠오른
김주열 열사 시신

부정선거를 자행한 것입니다. 부정선거에 대한 반발이 수그러들지 않던 차에 마산 앞바다에서 최루탄이 눈에 박힌 김주열 학생의 시신이 떠올랐습니다. 이것이 다시 시위에 불을 지핍니다. 그리하여 2차 마산 봉기가 4월 11일부터 4월 13일까지 일어납니다. 시위대가 파출소, 군청, 자유당사를 공격했는데, 검거인원이 1천명이었다고

합니다. 당시 마산 인구를 생각해보면 거리로 나온 고등학생들 거의가 검거된 것으로 볼 수 있습니다. 그리고 또 용공조작을 합니다. 이 때, 홍진기 내무장관이 시위진압을 위해 군대투입을 요청했는데 김정렬 국방장관이 경찰인력만으로도 충분하다고 보고 요청을 거절했습니다.

항쟁의 확대·격화(1960. 4. 18~4. 24)

민주당이 1960년 3월 4일 정부가 부정선거를 획책한다면서 정부가 계획한 부정선거 시행방법을 동아일보에 공개합니다. 선거 이전부터 정부가 대대적인 부정선거를 준비하고 있다는 것은 공공연한 비밀이었습니다. 그리고 3·15 이후 각지에서 산발적인 시위가 있다가 4월 18일에 고대생들이 시위를 했는데, 학도호국단보다는 대학별로 학과와 활동가들이 시위를 주도했습니다. 4·18 시위 때 대학생들이 내건 구호는 '기성세대는 각성하라', '마산사건 책임자 처단하라', '우리는 행동성 없는 지식인을 거부한다', '경찰의 학원출입을 엄금한다', '오늘의 평화시위를 방해 말라' 이렇게 다섯 가지였습니다. 그런데 시위를 마치고 돌아가던 학생들이 동대문시장 근처에서 정치깡패들의 공격으로 부상당하는 사태가 발생합니다. 이것이 불에다 기름을 부은 격이 돼서, 다음날 이른바 '피의 화요일'이라고 불리는 격렬한 시위가 일어납니다. 4월 19일, 대학생, 고등학생들이 서울을 비롯해 전국 각지에서 경찰 저지선을 돌파하고 시내로 몰려나옵니다. 서울의 경우 국회 앞, 중앙청 앞, 경무대 앞에서 학생들이 격렬한 가투(街

鬪)를 벌였습니다. 그들이 서울신문사, 반공회관, 시경찰국 같은 곳들을 공격합니다. 이승만 정권을 유지해주던 어용 신문, 관제 단체, 경찰이 표적이 됩니다. 배우 송강호가 주연했던 "효자동 이발사"라는 영화를 보면 손수레에 부상자들을 싣고 돌아다니는 장면들이 나오는데 그 당시 가투를 묘사한 것입니다.

그리고 동대문, 청량리 등지에서는 밤늦게까지 시가전을 방불케 하는 격렬한 시위가 계속됩니다. 야간 시위는 노동자, 실업자, 무직자, 도시빈민 등 기층 민중들이 주도합니다. 4·19의 투쟁양상을 상징적으로 '낮시위', '밤시위'로 구분하는데, 낮에 시위를 주도한 학생층의 시위 양상과 밤에 시위를 주도한 기층 민중의 시위 양상의 차이를 설명하는 표현입니다. 기층 민중이 주도한 밤시위가 한층 더 투쟁적이고 폭력적인 양상을 띠게 되고, 기층 민중들이 항쟁을 주도해나가면서 투쟁을 격화시킵니다.

4월 19일 오후, 전국 주요도시에 계엄령이 선포되었고 송요찬 중장이 계엄사령관으로 임명되었습니다. 그런데 흥미로운 것은 군대가 시위대를 적극적으로 저지하지 않았다는 것입니다. 어쨌든 정부는 부정선거와 경찰의 폭력진압 같은 항쟁 발발의 직접적 원인이 된 사건에만 문제를 한정해서 책임자를 처벌하여 사태를 진정시키려고 합니다. 그래서 4월 21일 전 국무의원과 자유당 당무위원들이 사퇴합니다. 그리고 이기붕의 사퇴를 고려합니다. 또 고려대 습격사건의 책임자로 당시 정치깡패였던 임화수, 유지광 등을 구속합니다. 23일에는 이승만이 자유당 총재직을 사퇴합니다. 그리고 부상 학생들에 대해서 정부주도로 구호활동을 하겠다고 민심수습

4 · 18 시위 후 정치깡패가 휩쓸고 간 자리   4월 19일 거리로 쏟아져 나온 학생들과 시민들

책을 내놓습니다. 군대는 중립적 태도를 유지하지만, 민주당은 항쟁에 참여한 학생, 민중들의 요구를 제대로 수렴하지 못한 채 어떻게든 개헌을 해서 내각책임제 하에 권력을 잡아볼 수 있을까 골몰합니다.

정권퇴진 투쟁으로 발전(1960. 4. 25~4. 26)

4월 25일에는 대학 교수들이 교수단시위를 벌입니다. 그들의 요구사항은 '대통령·국회의원·대법관 사퇴', '부정선거 무효화', '구금학생 석방', '경찰 중립화', '학원에서 사이비 학자 숙청', '학생들의 이성 촉구' 등의 구호에 잘 나타납니다. 이 시위가 중요했던 것은 당시 교수들의 명예가 지금보다 훨씬 높았고, 존경받는 여론형성 집단으로써 인식됐기 때문일 겁니다. 교수 집단은 어떤 면에서 가장 지적 수준이 높은 체제유지 세력이라고 할 수 있는데 그들이 공개적으로 대통령의 사퇴를 요구했다는 것, 그리고 계엄령 이후 최초의 대규모 시위였다는 점 등이 사태전개에 큰 영향을

4 · 19 이후 거리의 한 장면

4 · 19 선언문

거리로 쏟아져 나온 초등학생들

4월 25일 교수단 시위

허정 과도내각 기자회견

줍니다.

4월 25~26일 서울을 중심으로 대규모 시위가 재차 일어납니다. 그리고 이승만의 하야를 요구하기 시작했습니다. 그래서 26일 송요찬 계엄사령관의 주선으로 학생·시민 대표와 이승만 대통령이 만납니다. 이들의 합의사항이 '대통령은 사임한다', '재선거를 실시한다', '이기붕은 공직 사퇴 시킨다'였습니다. 이를 통해 허정 과도내각을 구성하고 이승만 하야를 이끌어냅니다. 그리하여 3·15선거를 무효화하고, 재선거를 실시하고, 과도내각 하에서 완전 내각책임제 개헌을 하며, 개헌 후 민의원을 해산하고, 총선거를 실시한다는 것을 국회가 의결합니다. 자유당이 항복하고 민주당 위주로 국회 본회의를 끌어간 결과였습니다. 27일 대통령 사임서가 국회에서 통과되고, 28일 이기붕 일가가 집단자살 합니다.

4·19의 종합적 평가

주도층: 학생, 시민, 기층 민중

종합적으로 평가를 해보면 4·19의 주도층은 학생, 시민, 기층 민중으로 볼 수 있습니다. 사실 시민과 기층 민중의 구분은 애매합니다. 당시 한국 사회에서 시민의 경제력과 문화가 기층 민중과 어느 정도나 달랐을지 제대로 해명되지 않았습니다.

4 · 19 피해자 통계

직업	희생자수(%)
초등학생 · 중학생	19(10.2)
고등학생	36(19.4)
대학생	22(11.8)
회사원	10(5.4)
하층노동자	61(32.8)
무직자	33(17.7)
미상	5(2.7)
계	186(100.0)

1980년 5월 광주 항쟁 피해자 통계

직업	희생자수(%)
공무원	2(1.2)
사무직	13(8.0)
학생	31(19.1)
자영업	12(7.4)
운수업 및 운전기사	12(7.4)
노동자	35(21.6)
서비스직	11(6.8)
농업	4(2.5)
무직자	23(14.2)
방위병	2(1.2)
미상	17(10.5)
계	162(1000)

4 · 19와 5 · 18 광주민주항쟁의 피해자 통계를 비교해봅시다. 표에서 보듯이 둘 다 학생이 가장 많습니다. 4 · 19의 피해자들 가운데 학생이 40%가 넘습니다. 5 · 18의 경우는 31%입니다. 보통 4 · 19의 주역을 대학생으로 알고 있는데, 4 · 19의 주역에는 고등학생들도 포함됩니다. 독특하게 초등학생, 중학생 피해자도 적지 않았습니다. 그리고 피해자 가운데 하층노동자들이 많은데, 지게꾼들, 술집 급사, 룸펜프로 등이 여기에 해당합니다. 이러한 하층노동자, 무직자들을 합치면 50%가 넘습니다. 이들이 밤 시위를 주도합니다.

4 · 19에서 선도적 역할은 학생들이 했습니다. 처음에는 중고등학생, 4

월 18일 이후에는 대학생이 선도적 역할을 담당합니다. 그렇지만 운동을 격화시키는 데에는 기층 민중이 커다란 역할을 합니다. 이들의 계층적 성격은 실업자, 피구호민 및 제3차 산업의 불완전 취업자 등입니다. 존재조건 자체가 그렇기 때문에 비조직적이었지만, 생활상의 요구에 의한 불만을 즉자적으로 표출했습니다. 그들은 투쟁의욕은 강하나 정치적 의식 수준은 저조한 편이었고 그들 사이에 특별한 계급적 유대감이 있는 것도 아니었지만, 그래도 그들이 가장 격렬하게 투쟁했습니다. 그럴 수밖에 없는 것이 그들의 생존조건이 지극히 불안했습니다. 이들은 존재의 부동성 자체가 특징이었기 때문에 자연발생적으로 역량을 표출합니다.

운동의 전개 양상

운동의 전개 양상을 보자면, 2·28시위, 3·15시위에서 보듯이 부정선거 반대 운동으로 시작을 해서, 4월 19일부터 반독재 운동으로 전화하고, 4월 26일에 이르면 이승만 하야를 공식적인 목표로 내걸게 됩니다. 처음에는 부정선거 반대와 공명선거 실시 등 절차적 민주주의를 요구하고, 더 나아가서 폭력 경찰에 대한 규탄, 정권퇴진 요구 등으로 발전하나 여전히 대정부 항의차원의 운동이었습니다. 4·18 이후에도 운동의 지도부가 운동의 목표를 구체적이고 선명하게 제시하지는 못합니다. 4·19선언문을 보면 '민주주의를 위장한 백색 전제주의에 항거한다'는 내용이 나오고, 글 자체는 명문이지만 구체적인 정치적 요구를 담지는 않았습니다. 학생세력의 민주주의에 대한 추상적이고 원론적인 수준의 이해를 반영하고 있습니다.

학생층은 당시 상황에서 상대적으로 가장 조직화된 세력입니다. 이승만 정권의 폭압적인 탄압으로 정치적 반대세력이나 운동조직이 공개적으로 존재할 수 없던 상황에서 학생층은 집단적으로 생활하였고, 상대적으로 동일한 정체성을 가질 수 있었습니다. 하지만 그들도 투쟁구호를 추상적인 수준에서 제기하는 데 머물렀고, 이들이 4·19 전반을 조직적이고 체계적으로 지도한 것도 아니었습니다. 앞에서 보았듯이 기층 민중들이 나름대로 활동했지만, 학생들이 이들을 조직적으로 지도하지는 못했습니다. 4·19는 전체적으로 자체의 역동성과 동력에 의해 각 계층이 자연발생적으로 자신의 힘을 발산했다고 보는 것이 좋을 겁니다. 민주당이 그들을 지도할 수 있었겠습니까, 학생들이 그들을 지도할 수 있었겠습니까? 어쨌든 학생지도부도 의식상의 한계가 있었고, 항쟁을 이끌었던 학생과 민중의 조직화 수준도 그렇게 높지 않았습니다.

또한 정부 측의 무자비한 탄압과 도덕성 상실도 항쟁의 전개에 중요하게 작용했습니다. 최루탄은 원래 위로 쏴야 되는 건데 최루탄이 눈에 박힌 김주열 열사의 시신이 발견되었다는 건 1987년 6월항쟁의 도화선이 되었던 이한열 열사 사례와 같이 경찰이 시위대를 향해 최루탄을 직사(直射)했음을 의미합니다. 여기에 당시의 사회경제적 불안이 한 몫 해서, 전국적인 동시다발적 항쟁으로 격화된 겁니다. 어쨌든 참여세력 각계각층의 자발적인 참여와 동력에 의해 투쟁의 형태가 격화되었고 이승만의 하야까지 끌어냈습니다.

미국의 입장과 역할

직선제 개헌을 통해서 이승만의 대통령 재선을 가능케 한 1952년 발췌개헌과 그 과정에서 일어난 부산정치파동을 생각해봅시다. 정상적인 국가라면 전쟁을 치르는 와중에 계엄군이 크레인을 동원해서 국회의원들이 탄 버스를 끌고 가는 게 가능합니까? 정상적인 국가라면 전선에서 전쟁을 치르고 있는데 국회에서 민주당과 자유당이 죽기 아니면 살기 식으로 싸울 수 없는 겁니다. 정치적 투쟁을 벌이다가도 전쟁이 일어나면 거국내각 만들어서 전선의 적을 물리치는 데 우선 힘을 모으는 게 정상적인 국가 아닙니까? 우리나라는 전쟁을 치르는 중에도 정치가들이 너 죽고 나 살자고 싸웁니다.

어떻게 이런 일이 가능할까요? 그들은 그들이 싸우건 말건 전선은 미국이 지켜줄 거라고 생각한 건 아닐까요? 그들은 자신들이 전선을 지킬 필요가 없다고 생각했기 때문에 그렇게 행동했을 겁니다. 그러니까 후방에서 그런 이전투구가 가능합니다. 그거야말로 식민지 근성이라고 얘기할 수 있지 않을까요? 그런데 그렇게 권력을 위해서라면 제 멋대로 행동하는 사람들이 맨날 안보타령을 늘어놓습니다. 제대로 된 안보는 세월호 참사 같은 사건이 일어나지 않게 만드는 것 아닐까요?

1980년 '서울의 봄'을 신군부가 동원한 계엄군이 진압했습니다. 그런데 4·19 때 군은 중립을 지켰습니다. 이것이 어떻게 가능했을까요? 이승만은 군을 장악하지 못했을까요? 네, 이승만은 군을 완전히 장악하지 못했습니다. 이승만은 군부를 자기 마음대로 하기 위해서 군부 내 파벌 싸움을 잘 활용했습니다. 군부 내에 파벌이 많았는데, 이들을 서로 이간질시킨 겁니다. 전형적인 이승만의 용인술(用人術)이었습니다. 그리고 이승만이 군부를 장악하지 않으면 안 됐던 이유는 미국 대한원조의 대부분이 군사비로 들어갔기 때문입니다. 이승만이 돈줄을 장악하기 위해서는 군부를 장악해야 했던 겁니다. 하지만 그 당시 군부는 미국의 대한원조로 유지되었고, 한국 군대는 미군의 작전 지휘권 하에 있었습니다. 한국의 군부 지도자들은 그러한 사실을 너무나 잘 알고 있었습니다. 이승만의 군부 통제에는 제한이 있었고, 당시 군부의 중립적 입장이 가능했던 것은 미국이 일정하게 한국 군부를 통제하고 있었기 때문입니다.

1950년대 미국은 동아시아와 한반도에서, 특히 아이젠하워(D. Eisenhower) 대통령 취임 이후 이른바 지역통합전략(regional integration)을 추구합니다. 이 전략을 통해서 미국은 정치군사적 목표와 경제적 목표라는 두 마리 토끼를 동시에 잡으려고 합니다. 1950년대 후반부터 미국의 원조가 감소됐다고 말씀드렸는데 미국은 재정적자 때문에 대한원조를 통해 군사비를 감당할 수가 없게 되자 이른바 한·미·일 지역통합전략을 추구합니다. 지금도 한국과 일본이 동북아시아에서 미국의 가장 중요한 맹방인데 각각 두개의 조약, 즉 미일상호안보조약과 한미상호방위조약으로 맺어져 있습니다. 그런데 당시 한국과 일본 사이에 아직 국교정상화가 이루어지지 않았고, 1950년대 내내 수차례에 걸쳐 한일회담이 계속되었지만 양국은 과거사 문제 해결과 배상금 등의 쟁점으로 합의를 이루지 못했습니다. 그러자 미국이 지역통합전략을 통해 군사적으로라도 이 세 꼭짓점을 연결시키려고 합니다. 그래서 5·16군사쿠데타 이후 미국이 한일회담과 한일관계 정상화를 군사정권 이상으로 적극적으로 주선하는 겁니다. 미국은 한마디로 지역통합전략을 통해서 동북아시아 지역에서 군사적·경제적 부담을 줄이려고 합니다.

그리고 1950년대 말부터 미국의 원조 제공 방식이 변합니다. 무상증여에서 유상차관 방식으로 변합니다. 또한 미국은 일본 자본의 남한진출을 통해서 경제협력의 부담을 다른 나라가 분담케 하고자 했습니다. 이를 상징적으로 드러내는 게 한일협정 당시 일본이 남한에 독립축하금 명목으로 공여한 배상금이었습니다.

당시 미국이 신경썼던 또 하나는 이승만의 후계 문제였습니다. 이승만이 노쇠해지자 미국은 1950년대 후반부터 그의 사후를 걱정하기 시작했습니다. 미국은 '순화된 이승만 체제'라고 하여 강경파가 너무 날뛰게 하지 말고 온건파를 육성하여 그들이 권력을 장악하기를 원했습니다. 미국은 부산정치파동의 와중에 에버레디 계획(Everready Plan)이라는 것을 계획한 적이 있습니다. 이승만이 정권 연장을 위해서 무리하게 직선제 개헌을 추진하면서 대외 여론이 악화되자 이승만을 제거하고 미국이 지지하는 다른 세력이 이승만을 대체하도록 하자는 계획을 세운 겁니다. 그런데 아직은 이승만을 대체할만한 카리스마 있는 인물이 없다고 결론 내려서 이 계획은 실행되지 않습니다. 그리고 이범석과 족청계를 제거하고 이기붕을 중심으로 한 '전문 관료 집단'을 재편하면서 순화된 이승만 체제를 만들려고 합니다.

　그런데 3·15 이후에 사정이 좀 달라집니다. 미 국무부는 사태의 심각성을 충분히 인식하지 못하고, 단지 부정선거 자행으로 일어난 사태에 대해 이승만에게 경고를 보내면서 원조 제공을 압력수단으로 이용해 한일관계의 정상화를 촉구합니다. 미 국무부는 사태를 안이하게 보았는데 그에 비해 미 대사관은 사태를 더 심각하게 보았습니다. 특히 4월 11일 2차 마산봉기 당시에 주한 미국 대사관은 미국 관리를 마산에 보내는데 이들은 1차 봉기와는 달리 대규모 군중에 시민들이 망라된 점을 주목하고, '매우 폭발성이 강하고 다른 지역으로 확대될 가능성이 많다'는 내용의 보고서를 올립니다. 4월 17일에는 매카나기(Walter P. McConaughy) 대사가 '실질적인 교정행동'으로 국무부가 한국 정부에 압력을 가할 것을 주문합니다. 그리고 한국 정부가 미국의 권고에 부정적이고 비협조적으로 나오면 '더욱 강력한 비상수단'을 취해야 한다는 내용의 전문을 보냅니다. 그래서 4월 19일에 매카나기 대사가 김정렬 국방부 장관과 홍진기 내무부 장관이 배석한 가운데 이승만을 만납니다. 그리고 대통령 재선거만이 사태를 진정시킬 수 있는 해결책이라고 굉장히 강한 어조로 권고합니다. 사실 일개 대사가 주재국 대통령 면전에서 할 수 있는 얘기가 아닙니다만 그 정도로 사태를 심각하게 보았습니다.

　21일에는 매카나기가 다시 이승만을 만나 '1. 부정선거에 대한 철저한 조사와 관련자 처벌, 2. 선거법 개정, 3. 경향신문 복간' 등의 구체적 요구가 담긴 허터(Christian Herter) 국무장관의 각서를 전달하는데 이승만이 이러한 각서의 내용을 실행하는 것을 거절합니다. 그런데 이건 대사가 자기 의견이 아니라 국무장관의 각서를 가져온 것 아닙니까? 미국의 공식입장을 제안한 건데 이승만이 일종의 미국 측 최후통첩을 거부한 셈입니다. 그러자 26일 매카나기는 주한미군사령관 매그루더(Carter B. Magruder)와 함께 이승만을 방문해서 사임을 직접적으로 권유합니다. 이날 이승만이 '전 국민이 원한다면' 사퇴하겠다는 담화를 발표하는데 이 담화의 단서가 '조건부 하야'를 의도한 것 아니냐며 무조건 사퇴를 촉구합니다. 그러자 이승만은 미국이 더 이상 자기편이 아니라는 것을 깨닫고, 27일에 하야성명을 냅니다.

미국은 발췌개헌 당시에 에버레디 계획을 각하시키면서 여전히 한국 상황을 장악할 수 있는 것은 이승만뿐이라고 생각했습니다. 1950년대 후반에도 조심스럽게 이승만 사후를 대비하면서 정책논의를 이어갔지만 계속 이승만을 지지했습니다. 하지만 결정적인 순간에 와서는 이승만에게 직접 사임을 권유합니다. 이승만이 대중적인 통제력을 완전히 잃어 사태가 자칫 혁명적 상황으로 발전하지 않을까 걱정했던 겁니다. 그래서 4·19는 보통 반은 학생, 반은 미국이 했다는 얘기를 합니다.

그리고 허정 과도정부가 수립되자 미국은 이승만 사후 체제를 만들기 위해서 노력하는데, 허정 과도내각을 통해서 한일관계 개선 노력을 하고, 한국의 군부와 정치에 대한 송요찬 장군의 영향력을 키워줍니다. 그리고 학생 시위를 억제하려고 노력합니다.

4·19의 정신사적 의의
: 자유민주주의 회복에서 민족주의 복원으로

4·19는 이승만 하야로 끝나는 게 아니라 5·16으로 이어지는 긴 시간을 포괄합니다. 4·19는 반정부·반독재투쟁을 통해 이승만 하야까지 이끌어냈지만 어쨌든 이승만 정권을 붕괴시킨 것은 아닙니다. 체제적 변화를 수반하지는 못했던 것입니다. 그런데 흥미 있는 것은 4·19 이후 5·16 이전에 체제적 변혁을 전망할 만한 사건들이 많이 발생합니다.

4·19 이후에 대학생들이 신생활계몽운동을 펼칩니다. 한국 사회가 후진적인 것은 국민들이 미개하기 때문이라면서 농촌계몽운동 같은 걸 합니다. 그런데 여름, 가을이 지나면서 학생운동의 급진적 세력들이 혁신세력들과 같이 통일운동을 벌이기 시작합니다. 당시 통일운동은 꼭 정치적 의미만 가진 것은 아니었습니다. 그들이 당시 내걸었던 구호가 '남의 쌀, 북의 전기'입니다. 4·19의 배경에 1950년대 후반의 사회경제적 위기가 있다고 지적했는데, 한국이 경제적으로 자립하기 위해서는 남의 쌀과 북의 전기를 결합해야 한다는 겁니다. 당시 학생들, 특히 서울대학교 학생회에서 내걸었던 또 다른 구호가 '가자 북으로, 오라 남으로, 만나자 판문점에서'였습니다. 1980년대 후반에 학생운동이 통일운동을 전개하면서 사용했던 그 구호입니다.

또한 진보세력들은 한미행정협정이라고 불리는 주한미군지위협정(Status of Forces Agreement), 이른바 SOFA의 체결을 요청했고, 당시 장면

정부가 추진하던 한미경제협정 반대 운동을 벌입니다. 그 당시 운동을 이끌었던 학생운동 지도부의 인터뷰 구술 자료를 보면 그들은 반미감정 때문이 아니라 민족자존심이 허락하지 않기 때문에 그런 주장을 했다고 합니다. 어떻게 우리 땅에 들어와 있는 미군의 범죄를 미군이 관할하게 하느냐는 겁니다. 당시 대학 사회의 분위기가 자유민주주의 회복에서 민족주의 복원이라는 문제로 급속히 흘러갔음을 보여줍니다.

4·19세대에 속했던 은사 교수님께서 들려준 얘기에 의하면 4·19 당시 가장 인기 있는 지도자가 나세르(Gamal A. Nasser)와 카스트로(Fidel Castro)였다고 합니다. 이집트 민족주의, 쿠바 민족주의를 대표하는 사람들입니다. 카스트로는 처음부터 사회주의자는 아니었고, 일종의 민족혁명가였다고 할 수 있는데 미국이 경제봉쇄를 하니까 소련으로 급속히 경도되었습니다. 4·19 당시에 대학생들에게 가장 인기 있었던 게 그들이라는 겁니다. 이것이 4·19 세대의 보편적 정서입니다.

다른 한편으로는 노동운동도 활발해지기 시작합니다. 이미 1959년부터 교원노조 결성 움직임이 있었는데 4·19 이후 공식적으로 '한국교원노동조합'이 만들어집니다. 또 거창양민학살사건 당시 면장 하던 사람이 화형 당하는 사건이 일어납니다. 사실 그 사람은 힘 없는 면장이었는데 거창양민학살사건 때 희생당한 사람들의 유가족들이 그 사람이 군대를 끌고 왔다고 죽여 버린 겁니다. 이처럼 전쟁 이후 이승만의 극악한 독재체제 아래에서 제대로 말도 못하고 억눌려왔던 민심이 폭발적으로 분출됩니다.

이승만 독재체제가 해체되자 국민들의 다양한 요구가 거세게 제기되고, 노동운동 등 민중운동이 활성화되었을 뿐만 아니라 이승만 정권에서 자행되었던 폐정의 진상을 규명하고 시정하려는 움직임이 일어납니다. 또 이승만 정권을 지탱해주던 이데올로기적 장치인 극단적인 반공주의가 비판을 받고 통일운동이 활성화됩니다.

우리 사회에서 반공주의가 체제내화 하고 고착화 되는 결정적인 사건이 6·25전쟁 이전에 있었습니다. 1949년 6월에 공교롭게 세 건의 상징적 사건이 일어나는데, 학계에서는 보통 이를 '6월 공세'라고 부릅니다. 김구 암살, 반민특위 해체, 국회 프락치 사건이 바로 그것입니다. 이승만은 자신의 노선을 일민주의 등 극우 민족주의적 색채가 강한 이데올로기로 포장했지만 이승만 정권의 기반은 사실 친일관료, 친일경찰들이었습니다. 그러니까 반민특위를 해체해버리고, 국회에서 반민특위 활동을 열심히 하던 사람들도 남로당의 프락치라고 용공조작해서 제거해버린 겁니다. 또한 김구는 그 존재만으로도 이승만에게 매우 부담스러운 존재였습니다. 김구는 정부 수립 이후 사실상 공개적인 활동을 접었지만 그가 민족주의의 아이콘이었기 때문에 이승만에게는 눈엣가시였을 겁니다. 안두희가 김구를 죽였지만, 안두희의 배후에 헌병사령관 원용덕, 특무대장 김창룡이 있다는 것은 당시부터 공공연한 비밀이었습니다.

이처럼 6월 공세를 거치면서 반공주의가 이제 이승만정권의 독재체제를 옹호하는 정권옹호 논리가 됩니다. 이승만은 그것을 북진통일론과 결합시켜서 전가의 보도처럼 휘두릅니다. 그리고 반공주의가 전가의 보도처럼 되면서 반민특위 사건에서 상징적으로 나타나듯이 해방 이후 역사적 과제였던 친일 잔재 청산은 무산되었고, 과거 친일세력들이 오히려 반공 투사로 둔갑하여 권력을 휘두르게 됩니다.

한편, 한국사학계에서 이른바 식민사관의 극복이 본격적으로 논의되기 시작한 것도 4·19를 전후한 시점부터입니다. 지체된 탈식민의 과제가 4·19가 열어놓은 공간 속에서 전면적으로 개화합니다.

5·16의 역사성

'5·16 혁명공약' 1조가 "반공을 국시로 한다"입니다. 그런데 왜 1조에 반공을 국시로 내걸었을까요? 반공이라면 이승만 정권도 더 하면 더 했지 그에 못지않는데, 새삼스럽게 반공을 '혁명공약'의 제일 앞머리에 내세웠습니다. 이는 아마 박정희가 해방 직후 군대 내에서 남로당 프락치 일을 했기 때문에 그랬을 겁니다. 박정희가 5·16 이후 가장 우려한 게 그 부분이었습니다. '혁명공약' 1조는 미국을 향해 자신은 결코 공산주의자가 아니라는 것을 표명하는 것이었고, 또 국내에서도 제기될지 모를 공격을 사전에 차단하는 메시지였습니다. 또 2조가 "UN헌장을 준수하고, 국제협약을 충실히 이행한다"는 것이었는데, 특히 "미국을 위시한 자유우방과의 유대를 더욱 견고히"한다는 것이었습니다. '혁명공약'이 6개였는데 그 중 1, 2조가 미국에 보내는 메시지였던 셈입니다. 군사쿠데타를 단행한 세력은 쿠데타의 성공 조건이 무엇인지 냉정하게 계산하고 있었습니다.

그리고 "구악 일소", "민생고 해결"을 얘기하면서, 삼성그룹 회장이었던 이병철을 잡아들이기도 했는데 얼마 가지 않아서 그는 풀려났고, 5·16 세력들이 오히려 구악을 자행합니다. 민정 이양을 앞두고 그들이 정치기 반을 만들기 위해 정치자금을 마련해가는 과정에서 파친코 사건 등 각종 의혹사건이 일어납니다. 또 통일운동 하던 혁신세력을 제일 먼저 탄압합 니다. 하지만 어쨌든 4·19의 배경에 사회경제적 위기가 있었던 만큼 그 것을 해결할 필요는 있었습니다. 그것을 해결하거나 해결하는 시늉이라도 해야 했습니다. 이것이 5·16쿠데타 세력이 '근대화론'을 반공주의와 결합 하여 제기한 이유라고 할 수 있습니다.

정권이양 과정에서 박정희가 대통령 후보로 나오면서 내걸었던 게 '민 족적 민주주의'입니다. 이것이 유신체제 수립 이후 '한국적 민주주의'가 됩니다. 박정희가 내걸었던 한국적 민주주의란 사실 개발독재, 관제 민족 주의, 국수적 배외주의, 극우 반공주의가 결합된 겁니다. 그리고 그 과정에 서 민족주의의 건강한 부분을 거세하고 상징 조작의 대상으로 전락시킵니 다. 민정이양 직전에 조선일보와의 인터뷰에서 김종필이 한 얘기를 한번 봅시다.

"한국을 근대화시키려면 근대화를 추진시킬 이념과 세력이 있어야 한다. 민족적 민주주의와 민족적 지도세력은 바로 이러한 근대화 작업을 추진시킬 이념과 세력이다.……우리가 생각하는 민족주의는 목적이라기보다는 수단 으로서 인식하는 것이 옳을 것 같다.……민족주의니 자주의식이니 하는 단 어만 듣고도 혼비백산하여 이러한 주장을 빨갱이로 취급하려는 한국판 '매

카시즘'의 아류들이 바로 낡은 세력들이다."(김종필, 조선일보, 1963. 11. 8~10)

　이것이 대통령 선거를 앞두고 박정희와 윤보선이 사상 논쟁을 벌였을 때, 박정희 측이 윤보선을 공격한 논리였습니다. 당시 박정희가 자립경제 건설을 주장한 반면, 윤보선은 미국으로부터 더 많은 원조를 얻어내겠다고 합니다. 박정희는 이에 대해 비판하면서 자신을 민족주의 세력으로 포장합니다. 이에 윤보선이 '그건 빨갱이나 하는 소리'라고 비판하니까, 김종필이 그건 '너희들이 낡은 거다, 그건 매카시즘'이라고 오히려 몰아 부치는 겁니다. 지금과는 정반대죠. 김종필이 지금 같으면 '좌빨'들이나 할 만한 얘기로 반대파를 공격했습니다. 4·19 이후에는 민족혁명론적 민족주의부터 시작해서 근대화를 위한 경제개발 민족주의까지 다양한 스펙트럼의 민족주의가 나타나며 모두가 자기가 민족주의자라고 주장했습니다. 박정희 또한 그런 상황에서 자기노선을 민족적 민주주의로 합리화했습니다.

　4·19이후 한국 사회의 민족주의 고조를 미국은 어떻게 보았을까요? 미국 국가안전보장회의(NCS)가 작성한 대한정책 관련 문서를 통해서 그 시기 미국이 한국 사회의 민족족의 고양을 어떻게 보았고, 이에 어떻게 대응하려 했는지 알아보겠습니다. 당시 국가안보회의는 백악관 차원에서 미국 대외정책을 최종적으로 조율하는 역할을 했고, 그곳에 젊은 케네디 대통령과 기맥을 통하던 젊고 유능한 관리들이 대거 포진해 있었습니다. 그리고 그들을 이끌던 사람 중의 하나가 이른바 후진국 개발론으로 발명된 '근대화론'의 창시자 월트 로스토우(Walt W. Rostow)였습니다.

인용 문서는 1961년 3월 15일 작성되었고 로버트 코머(Robert Komer)라는 국가안보회의 소속의 한 관리가 당시 케네디 대통령의 국가안보 보좌관이었던 로스토우에게 제출한 것입니다. '대한행동방침'(Action in Korea)이라는 제목의 이 문서는 새로 출범한 케네디 정부가 추구할 대한정책 방침을 요령 있게 정리해놓았습니다. 한국에서 4·19가 일어난 지 거의 1년, 그리고 5·16이 일어나기 두 달 전의 시점에 작성되었습니다.

그 내용을 간단히 살펴보면, 우선 이 문서는 지금 한국 사회가 당면한 문제는 사회적 혼란이나 제2의 4·19 발생 가능성이 아니라 경제적 문제라고 단언합니다. 그렇기 때문에 향후 10년 간 미국은 한국에서 군사예산

March 15, 1961

Walt Rostow

Action in Korea

Agree completely that gut issue is not whether violence likely on 19 April (Farley merely made himself vulnerable to State riposte by hinging too much on this). The real issue is whether Korean picture, with which we have failed to come to grips for eight years, is really serious enough to warrant urgent action.

Look at the basic problems of the ROK: (a) a poor country with few resources and skills; (b) saddled with staggering task of supporting a far larger military establishment than it really able to (or than is needed); (c) corruption feeding on inexperience in democratic government; and (d) a rising nationalism and expectancy frustrated by what the ROKs increasingly believe is US disinclination to accord them full equality, push for unification, or change overwhelming military emphasis in ROK.

Underlying ills and needs are economic. Major thrust of US effort over next decade must be:

a. Substantial cutback in ROK military establishment, with diversion of US funds thus released to crash econmic development. Defense of ROK could be met by ROK plus US forces in Korea and reminders to Bloc of US intent instantly to protect from outside Korea.

b. Buildup of ROK economy, stressing public sector, creation of light labor-intensive industry, and full utilization of main ROK resource--people.

c. Much more vigorous, imaginative US action in directing and supervising ROK economic development. In addition to basic long-term projects, the undertaking as well of a number of high-impact, short-term projects for political effect. Closer and more active instruction and supervision of ROK government, in such projects, but also more attribution to ROK government of their benefits.

2.

d. Insistence on much more vigorous ROK crackdown on corruption, smuggling, illegal profiteering wherever found; similar US action against US nationals guilty of these; strong steps towards a more spartan US standard of life in ROK to avoid present embarrassing disparity.

Political actions also imperative:

a. Move forcefully to get a satisfactory status of forces agreement. By so doing we can buy public acceptance that our greater involvement in ROK economic direction will require.

b. Get ROK to take offensive on unification issue, with ROK public a major target. Unification is an abiding yearning of the Korean people, founded in both nationalistic and economic impulses. The US must present itself at the forefront of those favoring unification, making sure in the process that terms protect ROK and Free World interests.

c. Sharply reduce political role in ROK of US military and its spokesmen; make US Ambassador undisputes spokesman of US policy in Korea; greatly expand educational and labor contacts, leader grants, etc., between US and ROK.

RWK

Note attached CIA memo prepared for DCI (use w. discretion)

미국 국가안보회의의 대한정책 방침 문서(1961. 3)

을 줄이고, 부패를 척결하고, 한국 경제를 재건하는 데 초점을 맞추어야 한다고 주장합니다. 특히 공공부문에 대한 지출을 강화해야 한다고 보았습니다. 그리고 한국은 인구가 많은 대신, 자본도 없고 기술도 없으니 노동집약적인 경공업(light labor intensive industry)을 육성해야 한다고 조언합니다. 뭔가 의미심장하지 않습니까? 5·16군사정권의 경제개발계획 수립에 미국이 깊숙이 개입한 것으로 알려져 있지만, 실제로 1960년대 한국의 주력 수출산업은 봉제, 가발 등 노동집약형 경공업이었습니다.

이 문서는 그 당시 고양된 통일운동과 한국 민족주의에 대해서도 분석했습니다. 그 내용을 요약하면 통일이 한국인들에겐 숙원사업인데 그것의 일부분은 민족주의적 열망, 일부분은 경제적 열망에 기초한다고 보았습니다. 통일운동에 대한 한국인들의 지지에는 민족주의적 열망뿐만 아니라 경제적 이유도 있다고 지적한 겁니다. 이러한 한국인들의 통일운동에 대응하기 위해 먼저 한국 정부가 선전의 1차적 대상인 한국인들을 향해서 통일 이슈에 대해 공세적인 주도권을 행사할 것을 요청합니다. 그리고 미국이 한국의 통일을 원하는 것처럼 보이게 해야 하고, 동시에 그 과정에서 한국과 자유세계의 이해관계를 지켜야 한다는 것을 지적합니다.

이 문서를 보면 케네디 정부는 그 당시 한국 사회의 통일운동과 민족주의 고양을 예의 주시하면서 새로운 대한정책을 마련했음을 알 수 있습니다. 특히 경제적 문제의 해결과 통일에 대한 열망이 연결되어 있다고 판단한 것이 흥미롭습니다. 미국 정부도 4·19 이후 한국 사회의 민족주의 고양에 주목하면서 나름대로 대응책을 마련했던 셈입니다.

이렇게 4·19는 이승만 독재체제를 무너뜨리고 민주주의를 회복한 민주주의 혁명이었지만, 4·19부터 5·16에 이르는 시기를 하나의 동일 시간대로 놓고 보면 4·19 주체세력들이나 한국 사회가 해방 이후 제대로 해결되지 못했던 식민지 유제의 극복이나, 전쟁 이후 고착된 분단의 극복 등 구조적 문제들의 해결을 지향했다고 볼 수 있고, 그러한 지향성이 민족주의의 고조로 표출되었다는 것을 알 수 있습니다. 다른 한편으로 5·16군사쿠데타는 4·19가 지향한 것을 계승하기보다 부정하는 것을 출발점으로 삼았다고 할 수 있습니다.

주마간산 격의 강의가 되었지만 경청해주셔서 감사합니다.

'20세기 최초의 사회혁명' 멕시코 혁명

박구병 · 아주대학교 사학과 교수

　미처 생각하지 못했지만 오늘 제 강의가 시리즈의 마지막 강의인데 그에 걸맞은 얘기가 진행됐으면 좋겠습니다. 오늘 강의의 제목은 제가 '20세기 최초의 사회혁명'이라고 달았고 소개해드릴 구체적인 사건은 멕시코 혁명입니다. 아무래도 한국인들이 잘 접하지 못한 낯선 소재가 아닐까 생각합니다. 아주 새로 쓴 원고는 아닌데요, 읽을거리를 미리 제시했습니다. 2007년인가 한국방송통신대에서 문화교양학과 전공수업으로 '제3세계의 역사와 문화'라는 제목의 수업을 개설해서 교재를 만든 적이 있습니다. 취지는 세계사 책에서 잘 다뤄지지 않는 지역의 역사에 대해 간단하게 소개하는 것이었습니다. 아프리카, 동남아시아, 서남아시아, 인도, 그리고 라틴아메리카 5곳의 역사를 전공하는 사람들이 각 지역의 역사와 문화를 소개하는 것이었는데, 여러분에게 제시된 읽을거리는 제가 그 중 하나를 맡아

서 썼던 글의 일부입니다.[01]

당시에는 4가지 주제로 글을 썼습니다. 보통 라틴아메리카라고 하면 유럽의 연장으로서 새롭게 탄생한 지역이고, 15세기 말에서 16세기 초부터 이른바 정복기에 이어 식민의 시기가 300년 정도 펼쳐지는데, 그래서 첫 부분은 '정복과 식민기'를 다뤘습니다. 두 번째는 '독립'에 관해 썼는데 19세기 초의 얘기, 더 거슬러 올라가자면 아이티를 포함하는 18세기 말입니다. 독립은 했으나 정치적 안정을 이루지 못하고, 경제적으로도 1~2개의 물품에 집중해서 유럽에 수출하는 이른바 모노컬처(monoculture) 경제가 어떤 식으로 자리를 잡았는지, 그래서 일종의 주변부로서 유럽 중심 세계 경제에 어떤 식으로 편입되었는지, 그리고 19세기 중반부터 말까지 그 지역의 엘리트들이 이 공간을 어떻게 유럽화하려고 애썼는지에 대해 다루는 부분이었습니다. 그리고 세 번째로 멕시코 혁명을 다루었습니다. 제가 나눠드린 읽을거리에 이 대목과 관련돼있습니다.[02] 네 주제 중 마지막은 '20세기 후반'의 이야기입니다. 군부독재, 그리고 거기서 어떻게 벗어나는지, 즉 민주화 이행기에 관한 것, 그리고 과거사 정리 문제 등을 다뤘습니다.

어쨌든 크게 보아 라틴아메리카의 역사와 문화에서 제가 멕시코 혁명 부분을 비교적 중요하게 다뤘는데 거기서 제가 붙였던 제목이 '20세

01 박구병, "제4부 라틴아메리카의 역사와 문화", 『제3세계의 역사와 문화』, 조흥국외공저, 2007, 한국방송통신대학교 출판부.
02 박구병, "제4부 3장 '20세기 최초의 사회혁명' : 멕시코 혁명의 파노라마", 조흥국외공저, 2007.

기 최초의 사회혁명'입니다. 사회주의 혁명과는 물론 다르고요. 시기로 보면 1910년에 시작해서 어느 정도 가닥이 잡힌 게 1917년 정도입니다. 보통은 10년짜리 격변이냐, 30년짜리 격변이냐 학계에서 논란이 있었는데, 일반적으로 멕시코 혁명을 소개하는 멕시코 내의 논의도 그렇고 영미학자들의 논의도 그렇고 크게 보아 시기구분은 1910~40년까지로 길게 잡고 있습니다. 그 안에서도 1910~20년까지 첫 10년간이 혁명세력들이 격렬하게 부딪친 군사적 무장투쟁기입니다. 그리고 1920년부터 이른바 제도화 국면, 혹은 혁명의 제도화로 불리는 시기가 지속되었습니다. 어쨌든 라틴아메리카에서 멕시코가 차지하는 비중, 그리고 멕시코 역사에서 20세기 혁명이 차지하는 비중을 고려해봤을 때 굉장히 중요함에도 불구하고 제대로 소개가 안 된 것 같아서, 오늘은 소개 차원에서 내용을 전달하도록 하겠습니다.

먼저 멕시코만 다루면 낯설것 같아서 간단히 20세기 라틴아메리카의 역사적 흐름을 짚어보도록 하겠습니다. 그 뒤에는 혁명에 집중해서 멕시코 혁명의 배경과 원인을 살펴보고, 그 다음에는 멕시코 혁명이 어떻게 전개되었는지, 그리고 중요한 인물인 에밀리아노 사파타(Emiliano Zapata) 얘기를 하겠습니다. 그리고 아까 잠깐 말씀드린 것처럼 1917년이 중요한 해인데, 혁명의 여러 가지 요구들을 잘 정리한 혁명의 상징이자 혁명의 표본인 헌법이 1917년 2월 5일에 만들어졌습니다. 그래서 2월 헌법의 내용을 살펴보고, 승리한 혁명가들이 어떠한 '혁명 후' 체제를 만들려고 했는지, 학자들이 얘기하는 '혁명의 제도화'가 어떻게 이어졌는지 살펴보고,

제가 생각하는 멕시코 혁명의 성격을 정리해보도록 하겠습니다. 마지막으로는 1994년부터 다시 한 번 거론되는 사파타 혹은 사파티스타(Zapatista)의 투쟁을 거론하지 않을 수 없겠습니다. 사실 이 교양강좌 시리즈의 제목도 '혁명과 민주주의'인데, 혁명과 민주주의를 얘기하자면 어떤 의미에서는 사파티스타에 집중해도 좋지 않겠나 생각할 수 있는데, 어쨌든 멕시코 혁명과 그 기간에 가장 돋보이는 민중 지도자로 알려진 사파타의 운동에 대한 이해가 없으면 1994년 1월 1일 이후 지금까지 지속되는 사파티스타 운동의 성격을 파악하기 쉽지 않습니다. 그래서 멕시코 혁명이라면 20세기 초반부터 얘기하는 게 적절하겠다고 생각해서 시기를 좀 길게 잡고 말씀드리겠습니다.

20세기 라틴아메리카의 역사적 흐름

지도는 이렇습니다. 멕시코의 위치는 아시는 바대로 라틴아메리카의 북쪽에 있습니다. 언뜻 보시면 알겠지만, 라틴아메리카의 지역의 이름들은 유럽 혹은 가톨릭의 영향이 굉장히 강합니다. 멕시코는 이 지역에 자리 잡은 13-14세기 부족 이름과 관련 있습니다. 그래서 원주민적 속성을 지닌 명칭이라고 이해하시면 됩니다. 하지만 예를 들면, 엘살바도르, 베네수엘라, 도미니카 공화국, 푸에르토리코는 에스파냐어 명칭입니다. 특히 에콰도르는 적도라는 의미의 에스파냐어를 그대로 옮겨온 것입니다. 아르헨티

라틴아메리카의 지도

나는 라틴어와 관련 있는데, '은이 많은 지역'이라는 의미를 지니고 있습니다. 그리고 도시 이름을 살펴보면 정말 가톨릭 이름을 그대로 붙여놓은

20세기 라틴아메리카의 역사적 흐름

시기	특징
1898~1920	과두지배체제의 구축과 그에 대한 저항
1920~1950	포퓰리즘(populismo) 체제의 등장과 대중의 출현
1950~1982	냉전 대립과 국가 주도 관리체제의 강화: 쿠바 혁명
1982~2000	'민주주의와 시장'의 모색: 외채위기, IMF 구제금융, 워싱턴 합의
2000~현재	정치적 좌향좌, 신(新)자유주의에 대한 수정 시도

곳이 많습니다.

혹시 파라과이 수도 이름을 들어보신 적이 있나요? 아순시온(Asunción)이라고 하는데 가톨릭의 여러 절기에 익숙하시면 잘 아실텐데, 성모마리아의 '승천'(assumption)이라는 뜻입니다. 그리고 라틴아메리카에 가면 8월 15일 이후 보통 8월 18일에 성모 승천 축일이 지켜집니다. 또한 칠레에 가면 컨셉시온(Concepción)이라는 제3의 도시가 있는데 그것도 성모마리아의 '수태'(Concepcion)를 의미합니다. 이처럼 라틴아메리카는 곳곳에 가톨릭과 유럽의 영향력이 너무나도 강하게 남아있는 공간입니다.

저는 어느 시점부터 라틴아메리카는 15세기 말 이후로는 가장 서구적인 공간으로 변한 것이 아닌가 생각해왔습니다. 즉, 라틴아메리카는 유럽의 연장이자 확대, 아니면 유럽인들이 꿈꿨던 일종의 유럽적 정수 같은 것들이 나타나는 '만들어진 공간'이라는 것이죠.

더 쉽게 20세기 라틴아메리카의 흐름을 잡아보면, 몇 가지로 구분될 것 같습니다. 첫 번째는 1898년부터인데, 이 해는 20세기 라틴아메리카의 출발이라고 해도 과언이 아닙니다. 이때 미국과 에스파냐의 전쟁이 있었고, 거기서 미국이 승리했고 에스파냐의 마지막 아메리카 식민지였던, 쿠바와 푸에르토리코가 에스파냐의 지배로부터 떨어져 나와서 미국의 영향 아래 들어가게 됩니다. 이게 20세기의 시작이라고 볼 수 있습니다.

이후 1920년대까지를 대략 '과두지배체제의 구축과 그에 대한 저항'이라고 부를 수 있습니다. 가장 구체적인 사례가 멕시코 혁명입니다. 과두지배체제라고 하면, 멕시코에서 1876년부터 1911년까지 햇수로 정확히 35년 동안 장기독재가 있었는데, 그야말로 개발독재 말고 다른 말로 부르기 어렵습니다. 멕시코의 디아스 체제는 한국식의 장기독재와 성격이 유사하고 시기는 더 깁니다. 이때는 미국의 영향력도 강화되는 시기였습니다. 제가 어떤 책을 보다가 이걸 발견했는데, 바로 라틴아메리카의 독재자 명단입니다. 이들은 미국에 우호적인 장기독재자들이었습니다. 그 중에 포르피리오 디아스(Porfirio Díaz)가 있습니다. 멕시코 혁명은 이 디아스 체제를 어떻게 극복하느냐의 문제였다고 간단히 요약할 수 있습니다.

사실 멕시코 혁명이 20세기의 가장 돋보이는 혁명이라고 하긴 어렵고, 아무래도 쿠바혁명이 더욱 알려져 있고, 냉전과 관련하여 훨씬 더 역사적 영향력과 파급력이 더 크다고 할 수 있죠. 여기 보면 쿠바의 1920년대의 마차도(Gerardo Machado) 같은 인물이나 풀헨시오 바티스타(Fulgencio Batista)도 나옵니다. 바티스타는 1959년 피델 카스트로(Fidel Castro)와 체 게바라(Che Guevara)에 의해 축출된 독재체제의 지도자였습니다.

그리고 1920~1930년대라고 하면 '포퓰리즘(populismo)', 대중의 출현 같은 낱말들이 등장합니다. 이 시기는 라틴아메리카에서 선거권이 확

Table 1
Friendly Dictators in Latin America and the Caribbean

Name	Country	Time Period
Alfaro, Eloy	Ecuador	1895–1901; 1906–1911
Arias, Arnulfo	Panama	1968
Arroyo del Río, Carlos	Ecuador	1940–1944
Balaguer, Joaquín	Dominican Republic	1966–1978; 1986–1996
Banzer, Hugo	Bolivia	1971–1979
Barrios, Justo Rufino	Guatemala	1871–1885
Batista, Fulgencio	Cuba	1933–1944; 1952–1958
Bonilla, Manuel	Honduras	1903–1907; 1911–1913
Carías Andino, Tiburcio	Honduras	1932–1948
Castello Branco, Humberto	Brazil	1964–1967
Castillo Armas, Carlos	Guatemala	1954–1957
Díaz, Porfirio	Mexico	1876–1911
Duvalier, Françoise	Haiti	1957–1971
Duvalier, Jean-Claude	Haiti	1971–1986
Estrada Cabrera, Manuel	Guatemala	1897–1920
Flores, Juan José	Ecuador	1830–1835; 1839–1845
Gairy, Eric	Grenada	1974–1979
Gómez, Juan Vicente	Venezuela	1908–1935
Hernández Martínez, Maximiliano	El Salvador	1931–1944
Leguía, Augusto	Peru	1908–1912; 1919–1930
López Arrellano, Oswaldo	Honduras	1963–1971; 1972–1975
López Contreras, Eleazar	Venezuela	1935–1940
Lucas García, Romero	Guatemala	1979–1982
Machado, Gerardo	Cuba	1924–1933
Morínigo, Higinio	Paraguay	1940–1948
Noriega, Manuel Antonio	Panama	1981–1989
Odría, Manuel	Peru	1948–1956
Pacheco Areco, Jorge	Uruguay	1967–1972
Paéz, José Antonio	Venezuela	1830–1848
Pérez Jiménez, Marcos	Venezuela	1949–1957
Pinochet, Augusto	Chile	1973–1989
Ríos Montt, Efraín	Guatemala	1982–1983
Rojas Pinilla, Gustavo	Colombia	1954–1957
Sánchez Hernández, Fidel	El Salvador	1967–1972
Somoza Debayle, Anastasio	Nicaragua	1967?–1979
Somoza Debayle, Luis	Nicaragua	1956–1967
Somoza García, Anastasio	Nicaragua	1936–1956
Stroessner, Alfredo	Paraguay	1954–1989
Suazo Córdoba, Roberto	Honduras	1981–1985
Trujillo, Rafael Leónidas	Dominican Republic	1930–1961
Ubico, Jorge	Guatemala	1930–1944
Vargas, Getulio	Brazil	1930–1945; 1951–1954
Velasco Ibarra, José María	Ecuador	1933–1934; 1944; 1952; 1968–1972
Videla, Jorge Rafael	Argentina	1976–1981

[자료1] 라틴아메리카 독재자 명단

대되는 시기라고 보시면 됩니다. 1910년대까지 제한적인 선거가 이루어지고 있었고, 유권자의 수가 굉장히 적었습니다. 대규모 산업노동자들이 도시로 몰려들어왔고, 이들을 어떻게 포섭하느냐가 당시 정치 지도자들에게 굉장히 중요한 관건이었는데 1930년대부터 1950년대까지 바로 그 시기를 주도하는 이른바 포퓰리스트들이 출현합니다. 가장 널리 알려진 사례로는 아르헨티나의 후안 페론(Juan Perón)을 들 수 있겠습니다. 또한 멕시코 혁명을 1940년까지 길게 늘여서 생각할 수 있다면, 그 마지막 시기의 지도자가 라사로 카르데나스(Lázaro Cárdenas)라는 인물입니다. 1934년에서 1940년까지 멕시코의 대통령을 한 카르데나스도 경우에 따라서 포퓰리스트로 분류됩니다.

그 다음에 냉전과 관련해서는 쿠바 혁명을 떠올리게 되죠. 냉전 대립과 국가 주도 관리체제, 쉽게 말하자면, 경제영역을 국가가 좌지우지하는 시기라고 보시면 됩니다. 물론 대공황 시기까지 거슬러 올라갈 수 있습니다.

라틴아메리카 여러 부문의 변화 유형

	경제 발전	사회적 변화	정치적 결과
1880~1900	수출입(무역) 성장의 개시	엘리트층의 근대화 추진, 상업 부문 등장	과두 지배 체제 / 독재 체재
1900~1930	무역 성장의 확대	중간계급의 등장	호선/포섭(co-optative) 민주주의
1930~1960	수입대체공업화(ISI)	기업가 집단의 형성, 노동계급의 강화	포퓰리즘(popuilsm)
1960~1982	수입대체공업화 성장의 정체, 일부 수출지향의 성장	(계급) 갈등의 심화	관료적 권위주의 (Bureaucratic Authoritarianism)
1982~2000	경제위기, 신(新)자유주의 개혁, 점진적 회복세	중간/하층 계급의 동원 증대, 양극화 심화	불완전한 선거 민주주의
2000~현재	경제 위기 재발, 신(新)자유주의에 대한 반발	양극화에 대한 교정	좌파의 부상, 민주화의 확대 경향, 법치의 정체

　　아래의 표는 20세기의 역사를 일목요연하게 정리해 본 건데요. 여기
보시면 1982년이 굉장히 중요한 해로 돼있는데 이게 흔히 얘기하는 IMF
구제금융이 시작되는 시기입니다. 포퓰리즘 시기는 대공황기와 일치하는
데요, 대공황기 이후로 경제에 대한 국가, 정부의 개입과 관여가 라틴아메
리카뿐만 아니라, 미국과 유럽에서도 확대되었죠. 그런 흐름이 라틴아메리
카에서는 1980년대 초까지 유지됐고, 그래서 결국 국가주도 관리체제가
마지막 순간을 맞이한 게 1982년이고 엄청난 외채 위기로 그 한계가 드러
났습니다. 그러고 나서 새로운 지도자들이 나와서 이제 내부에서 개혁이

힘들어졌고, 외부의 강한 지도를 받아야 될 상황에 봉착했다고 하면서 신자유주의적 개혁을 주장했기 때문에 IMF 구제금융 시대가 펼쳐집니다. 신자유주의, 워싱턴 합의 같은 낱말이 나오는 시기입니다. 이런 흐름은 적어도 20년 정도 계속 된다고 볼 수 있습니다.

그러다가 2000년을 전후로 해서 라틴아메리카에서는 신자유주의 흐름에 대한 정치적 반발이 등장합니다. 이것이 라틴아메리카에서 좌파의 출현입니다. 아마 신자유주의 문제에 대해 가장 격렬하게 저항한 대륙이 라틴아메리카일것입니다. 사파티스타의 투쟁도 그런 맥락에서 이해할 수 있습니다. 물론 대표적인 정치인으로는 1998년에 등장한 베네수엘라의 우고 차베스(Hugo Chávez) 대통령을 들 수 있습니다.

그리고 각 사례를 보시면 워낙 많은 좌파가 집권을 했습니다. 하지만 이때의 좌파는 카스트로나 게바라 식의 무장투쟁을 통한 기존 체제의 전복과는 거리가 있고, 대부분 선거를 통해서 집권합니다. 이른바 합법의 틀을 고수하면서 집권한 사례인데요. 신자유주의 개혁을 꾸준히 펼치는 동안에 인플레이션 문제에는 상당한 성과가 있었다고 얘기하지만 부의 불평등한 분배 같은 문제가 불거졌습니다. 2000년에서 현재까지 경제위기가 재발하면서 신자유주의 노선에 대해 정치적으로 반발하는 흐름이 이어집니다.

멕시코 혁명은 길게 보면 포르피리오 디아스의 시기(표의 첫 번째 시기)부터 세 번째 단계까지, 즉 혁명과 혁명 후 체제가 이어집니다. 아까 말씀드린 포퓰리즘이 세 번째 단계에 정도에 해당한다고 볼 수 있습니다.

또한 사파티스타 얘기를 하려면 인종구성을 봐야 되는데, 멕시코에서는 생각보다 원주민으로 분류되는 사람들이 그렇게 많지는 않습니다. 현재 멕시코 인구가 1억300만 명 정도인데 원주민은 보통 10%정도라고 얘기합니다. 그리고 멕시코도 연방공화국이라 지도를 보시면 21번이 연방구역(distrito federal, federal district)이라고 돼있는데, 이곳은 미국식으로 얘기하면 워싱턴DC를 포함하는 수도인 멕시코시(Mexico DF)이죠. 그 외 31개의 주(state)로 구성돼있습니다.

멕시코 혁명이라고 하면 크게 보아 북부, 중부, 남부 세 지역, 혹은 북부와 남부 두 지역으로 나눠 살펴볼 수 있습니다. 각 지역의 성격이 좀 다른데요, 1911년에 북부에 있던 세력이 내건 쟁점과 중부, 남부에서 내건 쟁점과 사뭇 다릅니다. 사파타는 중부 혹은 남부인 모렐로스(Morelos)의 대중 농민 지도자로 보시면 되겠습니다. 그리고 판초 비야(Pancho Villa)라는 이름을 들어보셨을 텐데 그 사람은 치와와(Chihuahua)라는 북부 지역에서 활동했는데, '북부의 켄타우로스(半人半馬)'라는 별명을 갖고 있었습니다. 사파타는 '남부의 아틸라(Attila)'라는 별명으로 불렸습니다. 아틸라는 훈족의 지배자로 유럽인들에게 공포의 존재였던 인물인데, 주로 멕시코시의 백인들이 부른 별명인 걸 보면, 원주민 사파타에 대한 인종적 적대감도 담긴 것 같습니다.

혁명은 먼저 주로 북부 치와와, 코아윌라(Coahuila) 등 미국 국경과 가까운 지역에서 발발했습니다. 뒤이어서 모렐로스 지역의 농민들이 토지개혁 구호를 내걸었습니다. "토지와 자유"라는 추상적인 구호를 내걸었는데,

MEXICO
(Location of 31 Mexican States and 1 District)

1. Baja California
2. Baja California Sur
3. Sonora
4. Chihuahua
5. Coahuila
6. Sinaloa
7. Durango
8. Nuevo León
9. Zacatecas
10. Tamaulipas
11. Nayarit
12. Aquascalientes
13. San Luis Potosí
14. Jalisco
15. Guanajuato
16. Querétaro

17. Hidalgo
18. Colima
19. Michoacán
20. México
21. Distrito Federal
22. Tlaxcala
23. Morelos
24. Puebla
25. Guerrero
26. Veracruz
27. Tabasco
28. Campeche
29. Yucatán
30. Quintana Roo
31. Oaxaca
32. Chiapas

멕시코 연방의 31개 주와 연방구역(DF)

당시 토지분배에 대한 강렬한 요구가 있었습니다. 보통 남부라고 하는 곳은 중부와 멀지 않아서 멕시코 혁명기 지역을 그저 북부와 남부로 양분하기도 합니다. 그리고 32번이 치아파스(Chiapas)입니다. 치아파스는 과테말라 국경과 붙어있는 지역이고, 전통적으로 마야(Maya)라고 부르지만, 그건 너무 넓은 이름이고 사실 지역마다 다양한 이름의 종족들이 존재합니다. 그리고 유카탄(Yucatán)이라고 알려진 곳도 포함됩니다. 멕시코가 중등교육과정에서 거론되는 계기는 유럽인들의 팽창과 관련돼 있는데, 아스테카(Azteca)라는 근대 이전 문명이 마야와 함께 거론되곤 하죠. 아스테카라면 중부, 즉 오늘날 멕시코시를 포함했습니다.

멕시코혁명의 배경과 원인: 디아스 체제(1876~1911)

본격적으로 멕시코 혁명이 어떻게 전개되었는가를 살펴 보겠습니다. 먼저 포르피디오 디아스 얘기를 해야 하는데, 디아스는 1876년에 군사 쿠데타로 집권했습니다. 이전의 정치성향을 보면 그는 자유주의자라고 볼 수 있습니다. 19세기에 자유주의자라고 하면 유럽의 자유주의자들과 비슷한 면도 있는데요, 이들은 대토지 소유를 반대했습니다. 멕시코에서 대토지 소유라고 하면 교회의 대토지 소유를 의미합니다. 그래서 19세기의 멕시코 자유주의자라고 하면 반교권 성향이 뚜렷합니다. 또한 원주민의 공동촌락이 광범위하게 법적인 규제 없이 소유하는 땅을 어떻게 활용할 것인가에 관심을 가졌습니다. 그래서 이들은 대토지를 분할하는 법을 끊임없이 모색했습니다. 그 결과 1856년의 법, 1857년의 헌법을 통해 결국 대토지를 겨냥해서 그것들을 더 효율적으로 활용할 수 있는 자들이 소유해야한다는 논리를 펼치게 됩니다.

디아스가 원래는 그런 성향이었는데 1876년에 '공정선거 재선반대'라는 구호를 내걸고 쿠데타를 일으켰습니다. 그런데 참고로 이 사람은 9번 재선했습니다.(웃음) 실제로는 8번인데, 1880년부터 4년은 노골적으로 재선하기가 민망했는지 자기의 측근을 내세워서 배후에서 막강한 영향을 발휘했습니다. 멕시코 혁명이 일어난 계기도 디아스가 1908년에는 더 이상 집권하지 않는다는 선언을 하고 멕시코의 많은 정치세력들이 자신들을 후계자로 지목하지 않을까 기대하다가, 그 기대가 깨지고 난뒤 디아스 체제에 저항하게 되는 것과 관련돼 있습니다.

멕시코혁명의 배경과 원인으로서 디아스 체제에서 어떤 경향이 강화되는지를 몇 가지 말씀드리면, 첫 번째는 농업의 상업화입니다. 즉, 아시엔다(hacienda), 대농장의 확대라고 보시면 됩니다. 멕시코인들의 주식은 옥수수입니다. 에피소드를 하나 말씀드리면, 멕시코 여인들이 1950년대까지 주로 하는 일은 맷돌에 옥수수를 가는 일이었습니다. 하루에 거의 7~8시간을 갈았다고 합니다. 그래서 믹서가 굉장히 인기를 끌었는데 1950년대에 자국 산업에 대한 보호를 위해서 수입을 금지했다고 합니다. 그래서 당시에 개인적으로 외국에서 믹서를 가져다주면 일종의 밀수지만 굉장히 좋아했다고 합니다.

하지만 상업화의 대상은 이런 주식이 아닙니다. 흔히 모노컬처라고 언급되는데 라틴아메리카 여러 지역에 한두 개의 강점이 있는 농산물 혹은 광산물이 있습니다. 유럽팽창 초기에는 이것은 당연히 금과 은입니다. 예를 들면 멕시코나 페루에서 은광이 나오고, 브라질에서도 17세기말에 가면 금광이 발견됩니다. 그리고 주로 농업인데, 예컨대 쿠바하면 설탕이 유명하고 베네수엘라는 카카오가 유명합니다. 멕시코는 사탕수수 재배와 더불어 카리브해 연안 유카탄 지역에서는 에니껭(henequen) 혹은 한국어로는 용설란(龍舌蘭)이라고 하는 것이 유명합니다. 에니껭은 바다 멀리 나가

1910년 당시 멕시코 중남부 지역의 토지 없는 가구 비율

주	비율(%)	주	비율
과나화토	97.2	게레로	98.5
할리스코	96.2	멕시코	99.5
미초아칸	97.3	모렐로스	99.5
오아하카	99.8	푸에블라	99.3

는 원양어선의 밧줄로 쓰이고, 비누를 만들기도 하고, 술로 만들어서 마시기도 합니다. 어쨌든 이런 몇 가지 아이템에 집중해서 상업적으로 키우는 겁니다. 그리고 유럽이나 미국으로 수출하는 거죠. 그래서 멕시코라고 하면 에니껭, 그리고 모렐로스 지역은 사탕수수가 대표적이죠. 20세기 초의 멕시코는 하와이 다음으로 사탕수수를 많이 생산했습니다. 그래서 사파타라는 인물과 사탕수수밭은 밀접한 관련이 있습니다. 어쨌든 모렐로스나 유카탄 지역에 대농장이 커지면서 옥수수가 아니라 상업적 환금작물 재배에 나서게 되는 거죠.

모노컬쳐 경제가 자리잡으면서 길항적으로 원주민 공동촌락이 약화됩니다. 가장 대표적인 예가 모렐로스의 원주민 공동체였고 그 지도자가 에밀리아노 사파타입니다. 처음에 제가 사파타를 공부할 때 아마 조선일보에 실린 라틴아메리카 소개 기사를 읽었었는데 거기서 그를 '멕시코의 전봉준'으로 소개한 기억이 나네요.

그리고 토지 없는 농민층이 증대됩니다. 이 표를 보면 1910년 당시 중

남부 지역의 토지 없는 가구비율이라고 돼있죠. 사실상 전부 다입니다. 1923년에 한 미국 학자가 이런 통계를 냈는데 모렐로스도 만만치 않죠.

또 하나가 중앙집권화라고 얘기할 수 있는데, 이건 정치적인 배제가 그만큼 일반적이었다는 겁니다. 디아스 정치의 특징이라고 하면 '측근정치'라고 할 수 있고, 인재 등용의 폭이 매우 좁았습니다. 또 특정지역의 정치적 배제라고 할 수 있었는데요, 특히 북부 지역의 부르주아지라고 부를 수 있는 집단을 배제하는 모습을 볼 수 있습니다. 북부라고 하면 치와와나 코아윌라(Coahuila) 지역을 얘기하는데, 가장 먼저 디아스 체제에 반대했던 프란시스코 마데로(Francisco I. Madero)라는 인물이 바로 코아윌라의 지주 출신입니다. 참고로 디아스는 오아하카(Oaxaca)라는 지역 출신이었습니다.

또 하나 디아스가 좋아했던 그룹이 번역이 매끄럽진 않지만 '과학파(los Científicos)'입니다. 이들은 유럽식 실증주의자들이라고 할 수 있고, 멕시코를 좀 더 유럽적인 공간으로 만들려면 어떻게 해야 할까 고민하던 이들입니다.

홉스봄(Eric J. Hobsbawm)의 『제국의 시대』(The Age of Empire: 1875~1914, 1987) 같은 책을 보면 19세기 말에 라틴아메리카의 웬만한 지역의 정치지도자들의 관심은 어떻게 하면 자신의 지역을 유럽과 비슷하게 만드느냐였는데 가장 극적으로 드러나는 것이 이민이었습니다. 전면적으로 이주민을 받아들이는 거죠. 근데 멕시코는 아르헨티나나 우루과이와 달라서 인구가 굉장히 많아요. 라틴아메리카에서 인구 제일 많은 곳이 1억 9천만인 브라질이고, 멕시코는 1억 300만에 육박하는 것으로 알고 있습니다. 거기에 비해 아르헨티나는 4천만, 칠레는 2천만 정도고, 워낙 백인의 비율이 높습니다. 통계로 보면 거의 95%정도니까요. 아마 유럽의 어떤 나라도 이렇게 많지가 않을 겁니다. 아마 백인 인구의 비율이 가장 높은 나라일겁니다.

거기에 비해 멕시코는 원주민 비율이 상대적으로 높은 곳입니다. 16세기 초에 유럽인들이 침략했을 때 두 거점이 아스테카와 잉카였습니다. 오늘날의 멕시코와 페루인데 두 곳이 라틴아메리카 전체에서 원주민이 차지하는 비율이 높았습니다. 멕시코는 최근에 공식적으로 10%정도라고 하는데 16세기로 거슬러올라가면 훨씬 더 높은 비율이었겠죠. 이후에 천연두 등의 영향으로 인구가 급감하기도 하지만, 멕시코나 페루는 원주민들의 비율이 높은 지역이었습니다. 그래서 유럽인들을 받아들여서 멕시코 전체를 백인화 하는 데 한계가 있었기 때문에 남쪽 국가들에 비해 유럽인들을 받아들이는 정책이 활발하진 않았습니다.

대신 멕시코에서 과학파들이 뭘 바꿨냐하면 그들의 생각으로는 원주민들에 의해 효율적이지 않게 운영되는 땅들을 어떤 방식으로든 생산성 있게 만드느냐하는 문제들에 관심을 가져서, 법제적으로 그런 활동이 가능하게 했습니다. 예컨대, 미국의 측량회사들에게 측량 권한을 주고, 대토지 소유자들에게 법적으로 유리한 환경을 만들어주고, 철도를 부설하는 등의 활동을 벌였습니다. 그런 일들이 벌어졌던 게 포르피리오 디아스 시대입니다. 참고로 웬만한 라틴아메리카 국가에서는 사람들이 많은 지역에 철도를 놓는 게 아니라 농장지대, 공장지대, 광산지대와 해안가를 연결했습

포르피리오 디아스

니다. 그게 초기 철도부설의 기본방침이었습니다.

그럼에도 불구하고 디아스는 민족주의적 성향이 없다고 볼 수는 없는 인물이었습니다. 1876년 군사쿠데타 이전에 군인으로서 이름을 떨쳤고, 1860년대 프랑스가 5년간 개입을 했을 때 프랑스와 적극적으로 싸웠던 인물입니다. 그리고 디아스는 "불쌍한 멕시코여! 신과는 너무 멀리에, 그러나 미국과는 너무 가까이에 있구나!(Poor Mexico, so far from God and so close to the United States!)"라는 유명한 말을 남겼다고 알려져 있습니다.

사실 멕시코가 미국과 가까워서 겪는 어려움들이 적지 않습니다. 멕시코에 대해 최근 가장 많이 거론되는 게 마약 관련 범죄가 끊이지 않는다는 거죠. 어느 정도 맞는 얘기라고 할 수 있겠고, 특히 국경하고 가까운 지역은 더욱 그렇습니다. 마약거래자들은 은광지대인 사카테카스(Zacatecas)나 두랑고(Durango)부터 치와와까지 걸쳐있는 사막지대를 지나서 국경을 넘으려고 하겠죠. 멕시코가 마약산지는 아닙니다. 페루나 볼리비아 같은 데에서 만들어서 콜롬비아로 보낸 뒤 그곳에서 정교하게 제조를 해서 멕시코를 통해 육상으로 들여온다는 거죠. 말하자면 해안가나 항공은 수색을 철저하게 해서 남는 옵션은 육상밖에 없는데 그렇게 되면 결국 멕시코가 핵심 지역이 될 수밖에 없죠. 이게 미국의 마약정책과 연결이 돼서 구조적으로 작동합니다. 그래서 미국과 너무 가깝다는 디아스의 한탄은 오늘날까지도 멕시코의 상황을 잘 웅변하고 있는 셈이죠. 멕시코가 미국과 가까워서 많은 멕시코인들이 마약 관련 범죄의 희생자가 되고 있습니다. 멕시코인들이 폭력적이라는 편견이 있는데 그것보다는 이런 구조적인 이유를 먼저 떠올려야 합니다.

멕시코 혁명(1910~1920)의 전개

멕시코 혁명은 두 단계로 나뉘는데 1단계는 1910~1920년입니다.

'20세기 최초의 사회혁명'이라고 말씀드렸는데, 1917년 러시아 혁명보다 앞선 것이었고, 사회혁명이라고 했을 때 정치적 권력의 교체뿐만 아니라 토지소유권의 변화 비율 같은 것들을 살펴볼 때 멕시코의 경우에는 그런 것들이 상당히 많이 변한 것으로 나타납니다. 한 연구에 따르면 10~20% 사이를 얘기합니다. 법적으로는 혁명 이후에 어떤 변화가 일어나냐면, 아까 대농장 얘기도 했는데 이것들을 일종의 국가소유로 만들었습니다. 그런데 이게 자본주의 체제지 사회주의에 기초한 체제가 아니었습니다. 1917년 헌법도 말씀드렸는데 그 헌법에 나와 있는 토지개혁조항

같은 경우는 자본주의 국가에서 볼 수 있는 가장 급진적이고 광범위한 형태의 토지개혁 사례입니다.

토지소유권의 변화가 어떻게 되었냐하면, 소유권이 국가소유 비슷하게 되어서 에히도(ejido)라는 집단농장을 이루었습니다. 영어로 하면 'exit'과 비슷한데 국영농장까지는 아니지만 일종의 공동체에 기초한 집단농장 비슷한 것입니다. 극단적으로 얘기해서 1920년 이후부터 1990년대 초반까지 멕시코의 웬만한 땅들은 멕시코인들이 개인적으로 소유하지 못하고 서로 거래하지도 못하게 묶이게 됩니다. 어쨌든 혁명 이후에 상당한 소유권의 변화가 발생한 것은 분명해 보입니다.

여담으로 말씀드리면 대학교 1학년 때인가 『해방 전후사의 인식』(1980, 한길사)을 보다가 당시 중앙대학교 경제학과에 계셨던 유인호 선생님이 해방 이후의 한국의 토지개혁정책 얘기를 하시면서 토지개혁의 모범사례로서 멕시코를 거론하셨는데, 그게 제가 멕시코에 처음으로 관심을 갖게 된 계기가 아닐까 생각합니다.

또 하나, 여담이지만 추천해드릴 만한 책 중엔 한국분이 쓰신 『멕시코혁명사』(2000, 한길사)라는 게 있어요. 정치학 전공자인 백종국 선생님이 쓰셨는데 굉장히 자세하게 다양한 인물을 소개하셨습니다.

혁명기에 각축을 벌인 몇몇 세력을 떠올려야 하는데, 크게 보아 디아스, 그리고 디아스 체제에 대해 반발하는 세력, 또 디아스 체제를 변형된 형태지만 지키려는 세력이 있었습니다.

먼저 마데로(Francisco I. Madero)라고 하는 사람이 혁명 지도자로 등장했습니다. 북부 코아윌라라고 하는 지역의 농장주 아들이었는데 흔히 얘기하는 멕시코의 자유주의자입니다. 외국 유학 후에 멕시코에 돌아와서 어떻게 하면 멕시코에서 입헌적인 질서를 창출하느냐를 고민하게 되는데, 당연히

카툰

35년간 집권하고 있는 사람이 걸림돌이라고 생각했습니다. 그래서 아까 얘기한 것처럼 마데로가 내건 구호가 "공정선거, 재선반대"입니다. 1876년에 디아스가 이 구호를 내걸고 대통령 선거에 참가하려고 하다가 그게 여의치 않자 군사쿠데타를 일으키려고 했었죠. 결국 이 재선반대의 구호가 너무나도 강렬한 영향력을 미쳤습니다. 혁명이 거의 마무리되면서 1917년에 완성된 헌법 조항에 '모든 선출직의 재선은 금지된다'는 것이 명시됩니다. 에스파냐어로는 'no reelección'이라고 하죠.

이 만화의 인물은 디아스와 비슷하게 생겼는데 사실 펠리페 칼데론(Felipe Calderón)이라는 사람으로서 국민행동당(PAN, National Action Party)이라는 보수정당 소속으로 2006년부터 2012년까지 멕시코의 대통령을 역임한 인물입니다. 이 사람이 어딘가에서 재선이 가능하면 좋겠다는 얘기를 했는데 그걸 패러디한 만화입니다. 그래서 제목은 '재선'입니다. 정당이름인 PAN은 에스파냐어로 빵이라는 뜻이기도 하죠. 2010년에 이 만화가 나온 것 같고요. 지난 100년을 다시 회상하는 의미를 담고 있다고 볼

수 있습니다. 이 정도로 재선금지라는 구호는 멕시코에 강한 영향을 주고 있다고 볼 수 있죠.

　프란시스코 마데로는 디아스를 몰아낸 뒤 결국 선거를 통해서 대통령이 되었습니다. 선거라고 하면 많은 사람들이 참여한 것은 아니고 여전히 1910년대에는 제한선거가 이루어지고 있을 때입니다. 그렇지만 이후 비극적으로 암살당하고 맙니다. 그가 사망한 후에 디아스 세력이 복귀했습니다. 이게 1913년부터 1914년까지입니다.

　혁명기간 동안 주목해야할 게 미국이 개입하는 대목입니다. 1898년 쿠바의 독립 이후 미국의 중앙아메리카와 카리브해 개입이 굉장히 많이 늘어나는데 멕시코도 넓게 보면 개입 대상이었다고 이해할 수 있습니다. 그런데 시기가 그렇게 긴 건 아니고 1914년 여름 당시 우드로 윌슨 시기에 잠시 베라크루스항을 점령했습니다. 그 개입의 성격은 디아스의 잔존세력에 대한 압박이었고, 1914년이면 1차 세계대전의 발발시점입니다. 그리고 당시 멕시코가 얼마나 미국에 대한 실질적인 위협이었는지는 모르겠지만 1848~1849년에 멕시코가 미국에게 상당한 넓이의 영토를 잃었기 때문에 그에 대한 부담과 의식이 20세기 초반까지도 존재했었습니다.

　실제 제1차 세계대전 무렵에 독일이 멕시코에 끊임없이 추파를 던졌습니다. 전쟁에서 독일을 지원하면 향후에 영토에 대한 보상이 충분히 주어진다는 것이었죠. 짐머만 전보사건(Zimmermann Telegram)이라는 유명한 사건도 있고 해서 미국에서는 실재하는 것처럼 얘기했는데 다소 과장된 측면이 있습니다. 어쨌든 멕시코가 1914년 미국의 개입 대상이 된

1930년 이후의 라틴아메리카 지도

이유는 독일과 동맹을 맺지 않을까 하는 우려가 있었기 때문입니다. 더군다나 형식적으로 미국이 '민주주의의 수출'이니 하는 얘기를 많이 하고 있었기 때문에, 미국으로서는 독재에 대한 압박을 구사한 것이었다고 볼 수 있습니다.

이 지도에는 '1930년 이후의 라틴아메리카'라는 제목이 붙어있는데,

끊임없이 미국이 이쪽 지역에 관심을 갖는 거예요. 멀리 남아메리카까지 직접 개입한 사례는 거의 없지만, 직접 대상이 되는 나라는 쿠바, 도미니카 공화국, 니카라과, 아이티, 이 네 개의 나라였습니다. 멕시코도 포함되는데 이게 1914년 세관이 있었던 베라크루스(Veracruz)라는 중요한 항구를 장악한 사례입니다. 베라크루스는 동부 카리브해에 면해 있습니다. 이곳은 아주 유서 깊은 곳인데 이름도 가톨릭의 영향을 받았죠. 번역하자면 'true cross' 정도의 의미입니다. 16세기 초에 정복자들이 처음으로 들어와서 이름을 붙였던 곳입니다. 또 1846-1848년에 미국과 멕시코가 싸워서 멕시코가 결국에 엄청난 땅을 잃게 되었는데요, 당시 미국의 개입 역시 이곳, 베라크루스를 통해서 이루어졌습니다.

어쨌든 1914년 미국이 개입한 이후에 디아스의 후계자가 권좌에서 내려왔습니다. 그리고 1914년 여름부터 이른바 '승자들의 투쟁'이 벌어지는데 여기에 크게 세 세력이 있었습니다. 에밀리아노 사파타, 판초 비야, 입헌파(constitutionalist)였습니다. 입헌파라는 세력은 북부의 중소부르주아지인데 이들이 집권하고, 1917년 헌법을 탄생시켰습니다. 하지만 1917년 헌법에는 입헌파의 생각뿐 아니라 혁명기에 분출했던 토지개혁 같은 다양한 요구들이 반영되었습니다.

당시 헌법에는 재선금지나 반교권주의 같은 조항이 등장했습니다. 라틴아메리카 여러 지역에서 가톨릭이 거의 국교처럼 돼있죠. 그런데 당연히 20세기에 와서 거의 대부분의 국가가 국교를 인정하지 않기 때문에 멕시코도 1917년에 당연히 반교권과 세속주의 조항이 명시되었습니다. 이게 3조고, 토지개혁이 27조입니다. 다음으로 노동자의 권리인데 노동 3권도 명시되었습니다. 미국으로 보면 노동개혁이 실현되는 게 1930년대이니까 멕시코의 경우는 상당히 빠른 것이었습니다. 그리고 강조하자면, 이것이 러시아 혁명 발발 이전의 문서라는 것입니다.

사파타의 '토지와 자유'

다음으로 사파타 얘기를 안 할 수가 없는데, 아까 마데로의 구호가 선거, 재선반대 등 정치개혁에 관한 것이었다면, 사파타의 구호는 토지개혁과 밀접하게 관련되어 있습니다. '토지와 자유'라고 요약할 수 있죠. 대농장이 확대된 반면에 공동촌락민들의 영역이 축소되었는데 공동촌락민들의 저항을 상징하는 인물이 사파타이고 그 핵심 지역이 모렐로스였습니다.

사파타 세력의 전국단위의 권력 장악 가능성이 얼마나 높았느냐 의문점을 제기하는 사람들이 많습니다. 원래 사파타가 원했던 '자유'가 전국단위의 권력 장악과는 거리가 있었다는 것이 정설입니다. 그럼에도 불구하고 멕시코 혁명기에 유명한 사진 한 장이 있죠. 사파타 얘기를 할 때 늘 나오는 유명한 사진인데, 판초 비야와 사파타가 같이 있는 사진입니다. 사진에서는 잘 안 나오는데 실제로는 판초 비야가 훨씬 우람한 체격이라고 합니다. 사파타는 원주민 출신이라 피부색이 더 어둡기도 하고요.

판초 비야와 에밀리아노 사파타

이것은 1914년에 대통령 집무실까지 장악했을 때, 즉 두 세력의 가장 최전성기를 보여주는 사진입니다. 솜브레로(Sombrero)라는 전통 모자를 볼 수 있고, 의자에 최고 권력자를 상징하는 독수리문양도 볼 수 있습니다. 이때가 두 세력이 중앙 권력에 가장 근접했을 때인데 이후에 이런 일이 다시 되풀이되지는 않고 1915년 이후로는 상당히 위축이 돼서 사파타 세력은 모렐로스에 국한된 지역적 투쟁과 지역적 자치에 집중하게 되었습니다. 치와와 쪽에서 활동한 판초 비야 역시 마찬가지입니다.

디에고 리베라가 '멕시코의 역사'에 관해 국립궁전에 그린 벽화

그 다음으로 멕시코 혁명을 어떻게 볼 것인가가 중요한 대목입니다. 보통 농민혁명이라고 얘기할 때는 에밀리아노 사파타를 얘기하고, 판초 비야는 어떤 학자의 말을 빌리자면 '세라노(serrano)'라고 했습니다. 굳이 번역하자면 '산지인(highlander)'이라는 의미인데, 북부의 목동 같은 다양한 직종의 노동자들을 대변한다는 의미였죠. 판초 비야는 자신이 이끈 부대 이름을 '북부 사단'이라고 붙였습니다. 그렇듯 비야는 좀 더 군사적인 전문가로도 알려져 있습니다.

아래는 사파타가 발표한 유명한 '아얄라 강령'(Plan de Ayala)의 일부입니다.

"우리는 독재의 후원 아래 아센다도(대농장주)와 지방 토호들이 강탈한 토지, 산, 수자원을 원래 소유자에게 반환할 것을 확인한다." (6조)

"아센다도가 지닌 재산의 ⅓을 민중의 생활 개선과 에히도(ejido, 집단농장)의 경작에 활용하기 위해 수용(收用)할 것이다." (7조)

                 – 사파타의 〈아얄라 강령〉(1911년 11월 25일 발표)

토지개혁을 어떻게 할 것인가에 대한 것인데, 크게 보면 3대 원칙이 드러납니다. '불법적으로 수탈당한 개인과 공동촌락에 토지 반환', '공공사용을 위한 수용(expropriation)', "'아얄라 강령의 적'들의 토지재산 몰수' 등 입니다. 그런 의미에서 사파타 운동의 '자유'는 전국적 권력의 장악이라기보다 공동촌락을 기본단위로 한 자치라고 할 수 있겠습니다.

위의 그림은 디에고 리베라(Diego Rivera)라는 벽화 작가의 그림입니다. 멕시코시에 가시면 국립 궁전(Palacio Nacional) 벽면에 그린 엄청난 벽화(1935)를 볼 수 있습니다. 1920년 이후에 혁명을 어떻게 알리느냐가 중요한 문제였는데, 그럴 때 가장 효과적으로 쓰였던 게 이런 벽화입니다. 리베라는 3대 벽화 작가 중 한 명이었고 프리다 칼로의 남편이었습니다. 이 그림은 몇 층 정도로 어마어마한 크기인데 멕시코 혁명뿐 아니라 멕시코의 역사를 담고 있습니다. 유럽인의 침략 전부터 시작해서 19세기 독립투쟁기와, 20세기를 아우릅니다. 그림 가운데 부분의 맨 위쪽에 보면 빨간 펼침막에 '토지와 자유(tierra y libertad)'라고 적혀있습니다. 사파타 운동을 상징하는 구호죠. 멕시코 혁명이라고 했을 때 가장 돋보이는 게 정치개혁의 요구가 있겠고, 토지개혁과 자유의 문제가 중요한 쟁점이었습니다. 그래서 지역적 자치를 처음부터 생각한 거라면 흔히 얘기하는 무정부주의와 관계있지 않는가 설명하는 학자들도 있었습니다.

왜 이 말씀을 드리냐면 1994년 1월 1일부터 등장했던 사파티스타 운동 역시 첫 번째 사파타의 외침을 어떻게 창조적으로 계승하느냐의 문제가 중요했기 때문입니다. 그럴 때 자유라는 것이 어떤 정치세력과 연대해서 정당화한다든가, 지방권력을 넘어서 전국단위의 권력에 도전해본다든가 하는 의미를 갖지는 않습니다. 그런 것을 지향하지도 않았고요. 자유라는 것이 지역단위의 자치에 해당하는 것이었다고 봅니다.

흔히 좌우할 것 없이 어떤 정치세력이든 전국단위의 권력을 장악해서 각자의 발전전략을 구사하죠. 하지만 1990년대 중반의 사파티스타는 치아파스에서 20여년정도 자리를 잡고 인구 30만 정도, 촌락 1000개 정도의 넓지 않은 지역을 통제하고 있습니다. 그 사람들의 생활을 보면 그야말로 우리가 생각하는 발전이니 하는 것과는 완전히 다른, 잘 사는 것에 대한 완전히 다른 개념을 보여줍니다. 치아파스에 가 본 사람들은 완전히 다른(wholly different) 세계라고 얘기합니다. 왜 혁명을 하느냐라고 했을 때 전국단위의 권력 장악을 통해 훨씬 많은 사람들을 자기들이 강조하는 가치에 어울리게 하는 기회를 제공하는 것이 아니라, 다른 차원의 '사는 방법'을 고민하는 것입니다. 누군가는 탈발전이라고까지 표현하는데 발전이 아니라 에스파냐어로는 '잘 살기'(el buen vivir), 원주민의 언어로는 '수막 카우사이(sumak kawsay)'를 지향하는 것이죠.

서울대학교 라틴아메리카연구소에서도 김은중 선생님, 김달관 선생님 같은 분들이 지난 2-3년간 라틴아메리카의 원주민 사회운동을 연구하시면서 에콰도르, 볼리비아 위주로 하시지만 당연히 치아파스와도 관련이 있을 것입니다. 이들이 원하는 게 뭐고, 어떤 세상을 만들려고 하느냐고 했을 때 키워드가 'sumak kawsay'입니다. 발전전략, 환경보전 이런 차원을 넘어서 완전히 새롭게 사는 방식의 혁명이라고밖에 표현할 수 없습니다.

사파타운동의 토지와 자유가 시사하는 바 역시 20세기 내내 서구의 학자들이 관심을 가졌던 문제와 다른 차원일 수 있다는 점을 염두에 둘 필요가 있습니다.

혁명의 제도화(1920~1940)

이런 혁명 세력의 생각이 정리된 게 1917년 헌법인데, 문제는 이 헌법이 어떻게 작동하고, 법원에서 어떻게 해석하느냐의 문제가 1920년대와 1930년대에 굴곡을 겪었다는 점이죠. 급진적이고 과격한 내용들이 있지만 거의 잠자는 문서 수준이었고, 이게 나름 기지개를 폈다고 생각되는 시기가 1934년입니다. 그것은 라사로 카르데나스(Lázaro Cárdenas) 시기인데, 이 사람이 한 것이 토지개혁, 노동 관련 입법들을 실제 정책으로 입안하고 실행한 것이었고 또 하나는 석유자원의 국유화입니다. 멕시코에서는 토지개혁이나 노동문제뿐 아니라 중요한 게 바로 지하자원, 특히 석유자원을 어떻게 할 것인가입니다.

짐작하시겠지만 미국과 유럽에 굴지의 석유회사

석유 국유화를 선언하는 카르데나스

들이 있습니다. 과거 스탠다드 오일(Standard Oil)이었던 미국의 엑슨 모빌(Exxon Mobil), 영국의 로얄 더치 셸(Royal Dutch Shell) 같은 회사들이 19세기 말부터 탐사와 채굴준비를 하다가 20세기 들어서 본격적으로 멕시코에서 사업활동을 벌이게 되었고, 라사로 카르데나스 시기에 지하자원의 문제를 어떻게 해결할 것인가가 중요한 과제로 떠올랐습니다. 카르데나스는 1917년 헌법에 근거해서 멕시코의 지하에 속하는 모든 자원이 국가에 속한다고 해석해서 외국회사들의 재산을 완전히 국유화했습니다. 물론 되사기 방식인 유상몰수였습니다.

사진을 보시면 백인처럼 보이는 사람도 있는데 조셉스 대니엘스(Josephus Daniels, 사진의 앞줄 맨 왼쪽)라는 당시 미국 대사였습니다. 미국은 자국민의 재산권, 생명권에 문제가 생기면 어떤 명분으로든 개입을 많이 했는데 바로 이 시기 1938년 3~4월에는 개입하지 않았습니다. 이러한 조

멕시코의 국기

치는 2차 세계대전을 앞둔 정세와도 관련이 있었고요,

　멕시코인에게 석유란 무엇인가를 보여드리기 위해 그림 하나를 보여드리겠습니다. 멕시코 국기에 있는 그림인데 선인장 위에 독수리가 있고 그 독수리가 뱀을 물고 있습니다. 독수리는 멕시코인들이 아주 좋아하는 동물인데, 아스테카의 도읍을 정하는 신탁과 관련이 있답니다. 아스테카인들이 중앙고원에 자리 잡은 게 14세기경인데, 왜 멕시코시에 자리를 잡았냐면 도읍지로서는 선인장에 독수리가 뱀을 물고 있는 지역을 찾으라는 일종의 계시를 받았기 때문입니다. 그림의 석유통은 멕시코인들에게 석유가 얼마나 중요한지를 보여주고, 1938년 3월 18일은 이른바 '석유 국유화의 날'이라고 해서 공무원들만 쉰다고 합니다.

　이러한 조치의 결과로 멕시코에서는 어떠한 외국회사도 채굴하거나 채굴 관련 예비조사를 할 수 없었고, 당연히 유정에 대한 소유권도 없었습니다. 2014년 1월에 멕시코 정부는 이걸 바꿨습니다. 제도혁명당(PRI) 출신 대통령인 엔리케 페냐 니에토(Enrique Peña Nieto)가 석유자원 개발 부문에 대한 개방 조치를 취했습니다. 사실 NAFTA가 발효된 1994년부터 20년 이나 됐는데 협정문을 보면 석유가 예외조항으로 묶여있었습니다. 자유무역협정(FTA)도 당연히 양국에서 요구하는 것들이 있어서 모든 걸 개방하는 게 아니라 어느 정도 보호가 필요하면 시효를 정하기도 하죠. 보호 장치를 하고 있다가 20년 만에 보호를 푼 셈입니다. 이제 외국계 회사가 기지개를 펴고 있다고 볼 수 있겠죠. 지금까진 페멕스(Pemex)라고 해서 멕시코 국유 석유회사가 있었습니다. 그래서 어딜 가나 석유값이 굉장히 낮을 뿐더러 오랫동안 가격이 같았습니다. 그만큼 석유국유화는 혁명적 민족주의의 상징으로 여겨져 왔던 조치입니다.

라사로 카르데나스가 그런 점에서 멕시코사람들에게는 말할 것도 없고, 학자들도 그런 경향에 많이 동의해서 혁명정신을 새롭게 일깨운 인물로 부각시키곤 합니다. 멕시코 혁명을 1940년까지 연장해서 얘기할 때, 그건 카르데나스의 집권기를 포함하는 것이고 카르데나스 시기에 혁명의 완수됐다고 얘기하기까지 하는 것이죠.

개인적으로 이 사람의 집권기에 관해서 제가 박사논문을 썼는데, 워낙 유명하고 신화화된 인물이라서 어떻게 접근할까 고민을 많이 했습니다. 저는 그래도 많이 안 다뤄진 멕시코 정치의 탈군사화, 문민화 과정에 대해서 썼는데, 그것 역시 카르데나스 시기에 단초가 있었다고 주장을 한 게 논문의 핵심적인 내용이었습니다.

아들도 1997년에 멕시코 시장을 했던 과우테목 카르데나스(Cuauhtémoc Cárdenas)라는 굉장히 유명한 정치인이었습니다.

오늘날 멕시코의 중요한 정당 중 하나가 제도혁명당(PRI, Partido Revolucionario Institucional)인데, 거슬러 올라가면 1929년부터 모습을 드러냈습니다. 당시의 이름은 국민혁명당(PNR, Partido Nacional Revolucionario)이었고, 1938년에 멕시코혁명당(PRM, Partido de la Revolución Mexicana)으로 바뀌었다가, 1946년에 PRI로 바뀌었습니다. 1946년에는 사실 이름만 바뀐 거고, 저로선 1938년의 변화가 가장 중요하다고 봅니다. 이 당은 1929년부터 2000년까지 71년간 장기집권에 성공했습니다. 그러니까 71년 동안 어떤 대통령 선거에서도 지지 않았습니다. 더 흥미로운 점은 1929년부터 1989년까지 어떠한 지방선거에서도 지지 않았다는 것입니다.

또 하나 멕시코 정치와 관련하여 중요한 것은 '재선반대'의 구호와 전통입니다. 대통령 임기가 19세기에는 4년이었다가 1928년부터 6년으로 늘어납니다. 공교롭게 1928년에 대통령 선거에 나섰던 사람이 암살당해서 1934년부터 한 사람이 6년 단임 하게 되었고 2000년까지 쭉 이어졌습니다. 그러다보니까 정말로 거대정당이고 모든 것을 포괄하는(catch-all) 정당이되었죠. 그 안에 좌에서 우까지 다 있습니다.

아시는 분들은 1968년을 얘기할 때 유럽의 변화뿐 아니라 멕시코에서도 멕시코 올림픽 2주 전에 학살 사건이 있었다는 걸 기억하실 겁니다. 그것도 역시 PRI의 집권기에 있었던 일이에요. 이른바 혁명 정당 출신들이 학생들을 300명 이상 학살한 사건입니다. 당시 내무부 장관이었던 에체베리아(Luis Echeverría)라는 인물이 1년 뒤에 대통령 선거를 준비하면서 혁명은 아직도 끝나지 않았다고 뻔뻔한 소리를 하면서도 집권에 성공했습니다.

연방 대통령 선거에서 한 번도 지지 않다가 2000년에 국민행동당(PAN, Partido Acción Nacional)이라는 훨씬 더 보수적인 정당이 승리합니다. 멕시코에서 유럽과 비슷한 정당 혹은 모여서 정권을 잡고 각자의 전략을 펼치기 위해서 모인 집단이 생긴 게 1929년이 처음입니다. 달리 말해 제도혁명당은 권력을 장악하기 위해 사람들이 모인게 아니고 혁명의 결과를 유지하기 위한 정당이라고 보시면 되고, 처음부터 여당이었는데 이 여당이 71년간 유지된 것이죠.

그런데 제가 볼 때 여당의 장기집권에 카르데나스가 기여한 것이 많고 특히 군의 역할을 약화시키는 데 상당한 역할을 맡았다고 생각합니다. 포르피리오 디아스도 아까 35년간의 독재 끝에 밀려났다고 간단히 얘기했지만, 저항세력이 누구냐고 했을 때, 주로 북부의 부르주아지나 공정선거 구호를 주장한 이들입니다. 이들은 의병 혹은 민병대와 비슷한 집단으로, 군사훈련을 받은 게 아니라 특수한 목적을 위해 총을 든 민간인들이죠. 사파타도 직업군과 상관없는 농민군 지도자입니다. 이들이 직업군인을 이겼다는 얘긴데 사실 놀라운 얘기죠. 바꿔 얘기하면 멕시코의 정부군이 약했다고 할 수도 있습니다. 약한 직업군을 이기고 무장한 시민군이 승리했던 것이고, 유지돼왔던 군대를 혁명 이후에 정리하는 과정이 멕시코에서 지배정당의 장기집권과 밀접한 관련 있다는 것입니다.

멕시코를 얘기할 때 장기집권뿐만 아니라 정치의 탈군사화 혹은 문민화도 중요한 주제입니다. 이것은 다분히 브라질, 아르헨티나, 칠레 등 남아메리카의 여러 국가들을 의식한 표현이기도 합니다. 1960년대 이후로 적어도 20년 이상 이 국가들은 군사독재에 시달렸는데 멕시코는 그런 경험이 없었습니다. 그러니까 20세기 내내 문민통치가 이루어졌고, 6년마다 계속 대통령 선거를 했습니다. 오랫동안 지위를 유지하는 정치가들은 재선이 안 되기 때문에 지방에서 하원의원을 하다가 상원의원을 하고, 연방의원으로 진출하기도 하고 자리를 바꿔가면서 계속 하는 것이죠.

멕시코 혁명의 성격

다음으로는 멕시코 혁명의 성격에 관한 여러 견해들에 대해서 말씀드리겠습니다.

친혁명파 해석의 경우 1920년대 이후 권력의 자리에 있는 사람들이 혁명을 어떻게 해석하고 규정했는지를 잘 보여줍니다. 그리고 초창기 미국의 진보적 성향의 학자들도 이런 해석을 많이 지지해왔습니다. 간단히 말씀드리면 멕시코 혁명은 엘리트적, 권위주의적, 사대주의적인 디아스의 구체제에 대항한 아래로부터의 사회혁명이자 민족주의적 성격을 띤 혁명이라는 것입니다. 그래서 농민혁명의 성격과 에밀리아노 사파타나 판초 비야를 강조했습니다. 그런데 실제로 1920년까지 이들의 영향력이 강하다고 보긴 어렵습니다. 판초 비야나 사파타가 유명하게 된 것은 1920년 이후 혁명 끝에 권좌에 오른 사람들, 즉 북부의 중소 부르주아지가 사파타

같은 대중운동 지도자들을 어떻게 부각시켰냐와 관련이 있습니다. 사실 교육을 위해 사파타를 활용한 점도 있는데, 그들이 정리한 것은 멕시코 혁명은 위대한 사회혁명이고, 그 안에 토지개혁과 대중의 정치 참여가 두드러졌다는 것이죠.

그런데 1960년대 말에 이미 틀라텔롤코 학살과 같은 기막힌 사건도 벌어졌고, 말은 혁명이고 제도혁명당인데 실제 내용이 그런가에 대한 의구심이 강하게 일어났습니다. 그래서 수정주의 견해가 나왔습니다. 수정주의 해석은 실제 혁명은 위로부터의 중앙집권적 국가 형성 과정이라는 것입니다. 사실 이런 시각에서 보면 앞선 디아스 시대나 혁명 후 시대는 모두 중앙집권을 시도했다는 것, 나름의 방식으로 근대화 작업을 했다는 점에서 크게 다르지 않다는 것입니다. 그리고 유럽의 보수적인 학자들은 사파타운동을 비롯한 멕시코 혁명기 민중운동의 성격이 민중운동의 전근대적 회귀 경향을 지닌다고 주장합니다. 이 운동이 근대화와 관련 있는 게 아니라 원주민의 질서를 보존하기 위한 보수적인 혁명이라는 것입니다.

제가 사파타에게 처음 관심을 갖게 된 게 하버드대 교수로서 좌파 학자인 워맥(John Womack Jr.)이 쓴 『사파타와 멕시코 혁명』(Zapata and the Mexican Revolution, 1969)이라는 책 때문이었습니다. 이 책 본문 맨 첫 구절에 "이 책은 움직이는 것을 원치 않았고, 그래서 혁명에 가담하게 된 농촌 사람들의 이야기"라고 기술되어 있습니다. 이것을 강조하면서 해석한 학자들이 결국 사파타 운동을 익숙한 질서를 고수하기 위한 보수적인 혁명이었다고 얘기했습니다. 그래서 계속 'backward' 같은 표현을 쓰는데, 제가 보기에는 그게 핵심은 아니었던 것 같고, 사파타가 얘기하는 '토지와 자유'에서 토지는 토지개혁과 연결시켜서 이해하면 될 것 같습니다. 자기 땅에 대한 소유개념보다 일하는 사람들의 존재개념과 더 밀접하게 관련 있는 것 같고, 요즘의 사파티스타는 더군다나 그런 메시지가 더욱 강합니다.

그리고 탈수정주의(post-revisionism)까지 나왔는데요. 이건 뭐냐면 아래로부터의 움직임이 있었다는 것을 다시 강조하는 흐름입니다. 혁명 후 체제가 나름의 프로젝트를 가지고 위에서 주도한 것은 사실이지만, 그것은 아래로부터의 요구와의 협상의 결과였다는 것입니다. 즉, 혁명 후 체제의 정치와 문화를 형성한 것은 단지 혁명 엘리트의 청사진이 아니라 지배 엘리트와 결코 수동적이지 않은 지방민들 사이의 상호작용이라는 것입니다.

그리고 멕시코에서 먼저 시작해서 요즘 영미권에서도 많이 하는 것으로 다양한 지방사 연구가 있습니다. 1960년대부터 이미 그런 연구들이 나왔는데 멕시코의 복수성(many Mexicos), 즉 다양한 지방적 조건과 색채에 주목합니다. 프랑스 혁명도 다양한 지방사 연구가 등장했듯이 여기도 그렇습니다. 2010년은 멕시코 혁명 100주년이었고 꽤 많은 저작들이 출판됐습니다.

마치며

저도 사파타 운동에 관한 석사학위논문을 1993년에 썼지만, 멕시코 혁명에 관해 강의하게 된 것은 상당히 오래간만입니다. 그동안 멕시코 혁명에 대해서 다시 관심을 가질만한 계기가 별로 없었습니다. 박사학위논문은 1930-1940년대에 관해 썼고요. 한국에 돌아와서는 멕시코사(史) 전공만으로는 어려움이 있어서 라틴아메리카사(史) 전공으로 관심사를 넓히다보니 멕시코 혁명이라는 주제에만 집중할 순 없었는데, 이번 강의를 통해 다시 한 번 정리할 기회를 얻게 되었습니다.

멕시코가 워낙 넓고 인구도 많은 나라이기 때문에 요즘 와서는 아까 말씀드린 대로 다양한 지방사 연구가 진행되고 있습니다. 더군다나 한국처럼 대비되는 지역갈등이 있는 것은 아니지만, 그래도 1920년대에는 소노라(Sonora) 왕조라는 표현이 생겨날 정도로, 치와와 옆에 있는 소노라 출신이 계속 집권을 하게 됩니다. 당연히 지역개발이 그곳을 중심으로 많이 이루어졌습니다. 저도 앞으로는 중앙정치 권력과 출신 지역의 개발이라는 주제를 다루는 연구를 시도해 볼 계획이 있습니다.

멕시코에서 유명한 관광지가 쿠바와 가까운 카리브해 지역의 칸쿤(Cancún)과 멕시코시에서 태평양 쪽으로 5시간정도 떨어져있는 아카풀코(Acapulco)입니다. 아카풀코는 1930년대 개발이 되기 시작해서 1940년대 절정을 이루었다고 하고, 칸쿤은 1950년대 이후에 개발되었습니다. 이 두 지역의 개발은 어떤 방식으로든 중앙정부와의 관계가 많았습니다.

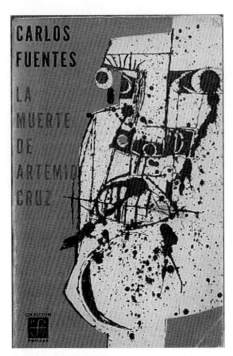
카를로스 푸엔테스의 책
(아르테미오 크루스의 죽음)

예전에 멕시코를 접했을 때는 기질상 한국인들과 비슷하다는 느낌을 많이 가졌습니다. 정치인들이 공약을 남발하는 걸 보면 유사한 점이 있습니다. 여기저기 다 개발해주겠다고 하는 거죠. 재밌는 예를 들면 어떤 후보자가 서부 한 동네에서 다리를 만들겠다는 공약을 내세운 모양입니다. 하지만 옆에 있던 참모가 그 동네에 강이 없어서 다리가 필요 없을 것이라고 했더니, 그러면 강을 만들겠다는 공약까지 제시했답니다.

혹시 나중에 관심이 있으시면, 카를로스 푸엔테스(Carlos Fuentes)라는 작가가 쓴 『아르테미오 크루스의 죽음』(The Death of Artemio Cruz, 1962)[03]이라는 소설을 추천해 드립니다. 1960년대 초에 이미 멕시코 혁명은 죽었는가 하는 질문들이 많이 등장했습니다. 막상 이름은 제도혁명당, 혁명정부이고 혁명이란 표현을 너무 쉽게 쓰는데, 실제 그랬는가 하는 의문들을

---

03 『아르떼미오의 최후』(1987, 지학사)

배경으로 해서 탄생한 소설입니다. 이 소설을 보시면 멕시코 혁명이 어떤 식으로 변화하는지 주인공인 아르테미오 크루스를 통해 잘 보여줍니다. 아르테미오 크루스는 판초 비야의 부하로 거론되는 인물인데, 1889년생인 그가 혁명에 어떻게 가담하는지, 그리고 혁명을 거치면서 권세와 경제적 부를 축적하고 어떻게 변화해 가는지를 보여주면서 멕시코 혁명 자체의 변모를 상징적으로 표현합니다. 마치 영화 '박하사탕'처럼 거꾸로 진행되는데, 소설의 맨 처음이 인생의 말년에 과거를 회고하는 장면입니다. 소설로서 멕시코 혁명이 어떻게 변해가는지를 보여주는 아주 탁월한 작품으로 알려져 있습니다. 푸엔테스는 노벨문학상 얘기할 때 늘 거론됐던 후보인데, 2012년에 사망했죠.

다른 글을 하나 더 추천해 드리면 고(故) 이성형 선생님의 "멕시코 혁명 80주년에 부쳐"[04]라는 글입니다. 제가 멕시코에 관심을 갖는 데 도움을 준 글인데, 대학원 3학기 정도에 봤던 것 같네요. 이성형 선생님은 정치학자이지만 멕시코뿐만 아니라 한국 라틴아메리카 연구에서 정치학에서 예술분야까지 광범위하게 다루던 학자셨습니다. 이성형 선생님은 안타깝게 2012년에 돌아가셨습니다.

멕시코 혁명과 관련해서 "라쿠카라차(La Cuccaracha)"라는 노래 하나를 소개해드릴까 합니다. 에스파냐어로 라쿠카라차는 바퀴벌레라는 뜻입니다. 어린 시절에 들어보셨을 만한 노래인데, 한국어로 바꿔 부르면 좀

---

04 『창작과비평』 18(4), 1990.

이상하죠. 실제 내용은 처음엔 "내가 걸어갈 수가 없다. 왜냐면 마리화나를 피우고 싶은데 피울 마리화나가 없어서..." 이런 가사가 나오고요. 한국에서 그대로 부르면 딱 금지되기 쉬운 노래겠죠. 그런데 이 노래가 거기서 끝나는 게 아니라 혁명을 배경으로 하고 있어서 카란사, 판초 비야 같은 이름들이 나옵니다. 카란사(Venustiano Carranza, 1916~1920 집권)는 1917년 헌법 당시 대통령으로 이 헌법을 얘기할 때 핵심적인 인물입니다. 마데로의 후계자로 볼 수 있는 인물이죠. 그래서 이 노래에 혁명과 관련된 이름들, 지명들이 나오는데, 카란사를 비웃으면서, 판초 비야를 따르는 사람들이 그를 지지하는 노래로 볼 수 있습니다.[05]

또 다른 노래는 '제비'인데요. 서어서문학과 분들은 당연히 거의 다 외우실 겁니다. 한국에서 오래 전에 유행한 가수 조영남 씨의 '제비'는 보통 사랑노래로 기억하실 텐데, 원래 이 노래는 멕시코 혁명과 밀접하게 연관돼있습니다. 기사를 좀 알려드리면 "제비가 빠르게 날아서 지쳐버리고, 남쪽으로 가야 하는데 길을 잃었다. 쉼터에서 쉬어야하는데 쉼터를 찾지 못하면 내가 있는 쇠창살 옆에 둥지를 틀어다오. 여기서 추운 겨울을 나자. ... 나 역시 잃어버린 땅에 있다. 거룩한 하늘에도 불구하고 나는 날 수 없다."와 같습니다. 스피커만 작동됐으면 들려드렸을 텐데 아쉽습니다.

마무리에 앞서 사실은 사파티스타에 관한 말씀을 더 드리고 싶었는데, 제대로 하지 못했습니다. 제가 그래도 드리고 싶은 말씀은 혁명기의 사파

---

05 '라쿠카라차'에 대한 소개는 EBS 지식채널e의 '라쿠카라차'편 참조(http://www.youtube.com/watch?v=EdtEnu6ufV8).

타와 1994년 이후의 사파티스타가 어떻게 연결되느냐하는 점과 그리고 그들이 얘기하는 주요한 구호가 어떠한 의미를 지니고 있는 지입니다. 사실 '신사회운동'에

2014년 사파티스타

서 이것은 굉장히 각광을 받는 움직임이었습니다. 20~30만정도의 인원과 1000개정도의 작은 공동체가 유지되고 있고, 마르코스라는 인물이 지도자로 등장합니다. 마르코스(Subcomandante Marcos)는 본명은 아니고 아마 각 촌락공동체의 앞 글자를 따서 만든 것으로 알고 있습니다. 원주민 촌락 공동체의 매우 독특한 민주주의 실험이라고 할 수 있죠. 자유와 자치, 국가권력의 장악이 아니고 사는 방식, 발전방식에 대한 근본적인 질문을 던진다고 할 수 있습니다. 그게 아까 수막 카우사이라고 말씀 드린 것이죠.

　사파티스타라고 할 때 1994년의 봉기뿐만 아니라 1996년 정부와의 협정 역시 라틴아메리카 원주민의 역사에서 굉장히 중요한 의미를 지닙니다. 그런데 그게 제대로 구현이 안 됐고, 그러자 독자노선을 걸어서 2003년에는 여러 조직들을 출범시켰습니다. 대표적으로 카라콜(caracol)이라는 것은 일종의 자치체이고, 선정위원회(Junta de Buen Gobierno)는 말그대로 'Good Governance Council'입니다. 그런 것들을 통해서 사파티스

볼리비아의 에보 모랄레스 대통령

타가 아직까지 유지되고 있는데, 민주주의의 실험으로서 대의제 속성과 더불어 직접민주주의 속성도 섞여있다고 할 수 있습니다. 사파티스타뿐만 아니라 에콰도르, 볼리비아 등의 원주민 운동은 우리가 경험해보지 못한 발전이 아닌 방식을 추구하고 있습니다. 그래서 사파티스타가 2006년부터 펼친 캠페인도 영어로 'the Other Campaign'이라고 완전히 '다른 캠페인'입니다.

제가 최근 읽은 책 중에 질베르 리스트(Gilbert Rist)가 쓴 『발전은 영원할 것이라는 환상』(2013, 봄날의책)이 있는데, 거기 보면 각종 발전론, 라틴아메리카의 종속이론, 지속가능한 발전으로까지 이어지는 유엔의 각종 노력, 그리고 수막 카우사이 같은 라틴아메리카 원주민들의 '탈발전' 운동까지 담고 있습니다.

어떻게 사느냐, 발전은 무엇인가, 왜 사는가의 문제는 제가 감당할 수 있는 주제가 아니기에 그저 소개만 해드렸습니다. 한마디로 발전전략의 대대적인 수정이 아니라 '폐기'라고 얘기합니다. 이들이 얘기하는 것은 새로운 차원의 존재 같은 것이죠. 혹자에 따르면 인류문명이 지구에 존재하는 한 지속가능한 발전도 사실 불가능하다고 하죠. 참고로 볼리비아의 원주민 출신 좌파 대통령 모랄레스 대통령이 수막 카우사이 같은 원주민들의 전통적인 생각들을 반영해서 새로운 헌법을 만들었습니다. 굉장히 혁명적인 변화죠.

마지막으로 더 공부해보고 싶으신 분들은 2008년부터 김윤경이라는 연구자가 사파티스타와 관련된 글을 여러 편 쓰고 있으니까 참조하셔도 좋겠습니다.

그럼 제 강의는 이정도로 마치겠습니다. 감사합니다.

동학농민혁명 120주년 기념
유적지 답사(2014. 4. 26(토))
- 들꽃의 향기 따라 역사의 숨결 따라

해설: 문병학(동학농민혁명기념사업회 사무처장)

답사코스 및 시간

답 사 유 적	비 고
동학농민혁명 삼례봉기 역사광장	전북 완주군 삼례읍 신금리
동학농민혁명 황룡강 전투지	전남 장성군 장성읍 장산리
동학농민혁명 무장기포지	전북 고창군 공음면 구암리
전봉준 장군 생가(生家)	전북 고창군 고창읍 죽림리
동학농민군 백산대회 터	전북 부안군 백산면 용계리
전봉준 장군 고택(古宅)	전북 정읍시 이평면 조소리
갑오동학혁명기념탑	전북 정읍시 덕천면 하학리
기념관 및 황토현 전투지	전북 정읍시 덕천면 하학리

음성녹음 001

1894년 6월 23일에 일본군이 군국기무처를 설치해가지고 쉽게 말해 권력을 장악해서 갑오개혁이 시작되는데, 그 이후로 우리나라 군법이 상실됐습니다. 그래서 경군(京軍, 정부군)이 동학농민군을 토벌하리 내려오는데 실질적인 지휘권은 전부 일본군이 가지고 있었어요. 다시 말하면 우리

나라가 공격적인 군사권을 갖지 못하고 일본군에게 뺏긴 것이라서 동학농민군과 경군의 싸움은 실제로 일본군의 지휘를 받는 군대와의 싸움이었고, 전쟁이라기보다는 그때 당시 양상이라고 하는 것은 농민군은 만 명 죽는데 일본군은 한 2명 정도가 죽는, 전쟁이라기보다는 일반적인 학살의 형태로 진행이 되었다는 것을 여러분이 인식해야 하고요.

오래된 조선사회의 여러 가지 문제들, 특히 당시의 핵심적인 문제는 관리들의 부패에 대한 농민들의 저항이 핵심적인 맥락인데, 이런 문제들을 여러분들이 오늘 답사를 통해서 배우는 것이 좋겠다 생각이 들고요.

오늘 가는 여러 가지 장소들은 농민혁명 이후에 바로 만들어진 것이 아니라 전부 100주년 기념사 거의 대부분 한두 개만 빼놓고는 1994년 100주년 기념사업을 시점으로 해서 새롭게 연구가 되고 그 이후에 2000년대에 들어와서 그 중에 역사적인 유적들이 조명이 되어요. 오늘 가는 곳이 중요한 게 황토현에 있는 동학농민전쟁기념관인데 그곳은 2004년도에 오픈한 그러니까 아주 생각해보면 수만 명이 죽었는데, 죽은 사람이 몇 명인지도 잘 모르고 그 실상도 잘 모르고 100년 후에나 겨우 이랬는갑다 이런 건데, 이게 조선만 관련된 것이 아니라 중국, 일본과도 관련이 있어서 일본에도 중국에도 이런 비슷한 기념관 같은 게 있어요. 가장 큰 기념관은 중국 산동반도 위해(웨이하이, 威海)라고 하는 데에 유공도(리우공따오, 劉公島)라고 하는 작은 섬이 있는데, 그 섬에 가면 중국갑오전쟁박물관이라고 하는 아주 큰 기념관이 있어요. 오히려 그래서 우리가 오늘 가는 동학농민혁명 유적지와 기념관을 전체를 다 보려면 위해에 있는 중국갑오전쟁박물관, 그다음에 여순(뤼순, 旅順)에 있는 만충묘(완종무, 万忠墓), 당시에 여순 지역에서 청나라 하고 일본이 전쟁하고 나서 일본군이 민간인 200만 명을 학살했어요. 그 죽은 사람들을 위해 만충묘를 만들었어요. 아까 말한 청나라와 일본이 회담을 했던 일본의 시모노세키에 가면 춘범루(슌판로, 春帆樓)라 하는 건물이 있는데, 거기에서 회담을 했거든요. 그 건물이 제1차 강화기념관이고, 일본군이 중일전쟁을 1937년 7월에 시작하는데, 1937년 6월에 2차 동아시아 전쟁 강화기념관이라는 이름으로 우리가 신나게 중국을 무찌르고 중국 사람들을 도륙했다, 그것을 잊지 말라는 뜻에서 전쟁 직전에 만들었어요. 그래서 우리가 비록 전라북도를 중심으로 동학농민혁명 유적지를 보지만, 우리는 머리는 남한을 넘어서 평양에, 그담에 요동, 산동, 그리고 일본의 시모노세키까지를 다 통괄하는 그런 안목을 길러야만 오늘 답사가 전체적으로 완성이 된다, 이렇게 생각합니다. 우리가 좀 더 여유가 있으면 전체를 돌아보는데 보름정도 걸릴 것 같은데 한 바퀴 돌면 120년 전에 동아시아가 어떻게 움직였구나를 볼 수 있을 겁니다.

근데 이제 문제가 뭐냐면 120년 전에 문제가 끝난 게 아니라 정세가 다시 시작되는 것이죠. 왜 그러느냐, 중국을 보면 청일전쟁으로 적어도 한국 사람들 머릿속에서 우리를 위협하는 중국 사람들이라는 것은 많은 의미가 없어졌어요. 그러다가 이제 중국 사람들이 조선의 운명에 중요하게 작동을 한 것이 1950년이죠. 1950년에 이른바 항미전쟁이라고 하는 것은 6.25전쟁, 중국 사람들은 6.25를 항미원조전쟁(抗美援朝戰爭)이라고 부르죠. 임진왜란을 중국 사람들은 항왜원조전쟁(抗倭援朝戰爭) 이렇게 부릅니다. 항왜원조전쟁과 항미원조전쟁은 구조가 똑같아요. 중국 사람들은 밑에 해양 세력이 올라온 것이 조선을 집어먹기 위해 올라오는 것이 아니라 중국을 위협하기 위해 올라온다고 생각했고, 거기에 맞춰서 싸웠던 것이 임진왜란이잖아요. 명나라 사람들의 1592년의 인식 구조가 1894년, 1950년에 다시 반복되었는데, 문제는 뭐냐면 중국이 120년 전에 청일전쟁에 의해서 역사의 중요한 문제에서 사라지다가 중국이 다시 부상하니까 다시 대륙세력과 해양세력이 비슷비슷한 경쟁의 국면으로 들어가거든요. 이 시점에서 우리는 옛날 중국 중심의 질서가 어떻게 있었던가를 생각하지 않을 수가 없거든요. 사실은 단순히 120년 전에 어떤 민족적 위기를 생각하는 게 아니라 앞으로 출발하는 G2시대 미국과 중국이 서로 비슷한 힘을 가지고 경쟁하는 시대의 조선의 운명, 대한민국의 운명은 어떻게 될 것인가를 생각해 볼 수밖에 없는 그런 답사가 될 것으로 생각이 됩니다.

음성녹음 002

사실 뭐 그때부터 우리가 군작전권을 아직도 회복을 못하고 있지 않습니까? 북한보다 국방비를 33배나 쓰는 남한군대는 스스로 전시 작전권을 행사할 능력이 없다고 스스로 미국 쪽에 제발 와서 맡아달라고, 빨리 우리한테 넘겨주지 말고 계속 영원히 당신네들이 가지고 있으라고, 그러니 이제 와서 아마도 30억 달러 정도 무기를 사줘야 되는, 미국에서 대통령이 오면 몇십억 달러는 저절로 빠져나가는. 이런 우리의 현실이 그렇고 그래서 이 역사가 아직도 타율적 분위기를 탈피하지 못하고 있고, 그런 주최 없음이라고 하는 것은 뭐 우리나라 국방과 외교가 이게 어떤 나라의 국방과 외교인가 하는 느낌을 여전히 자아내게 하고. 그래서 성장이 없음이 그때만 있는 것이 아니라 한반도의 연연이 우리를 규정하고 있는 것은 아닐까 하는 그런 생각을 합니다. 근대세계, 근대의 과학이라는 것이 스스로 자립경제를 끌고 가는 것이고 동시에 자신이 자신의 주인이 되는 것인데 아직도 우리 근대를 이룩하지 못한 이런 현실이 아닌가 생각이 듭니다. 하여튼 사실은 이게 저는 갑오부터 의미가 있습니다. 제 돌아가신 외할머님이 갑오년생이시고 제가 갑오년생입니다. 어릴 때부터 갑오농민전쟁하면 남다른 의미를 가졌었는데, 현장의 전라북도 백산에서 보는 한반도와 동아시아는 여전히 특별한 의미를 가집니다.

3·1운동을 이야기 할 때. 그때 온 국민이 남녀노소 온 국민이 주체였다고 하지만 그것은 사실이고, 초기 조직단계에서 지금 선동적인 역할이 좀 과소평가된 것은 아닌가 하는 느낌이 듭니다. 3·1운동의 열매는 기독교가 제일 많이 따 먹은 것 같아요. 기독교와 천도교하고 숫자는 비슷하다고 하지만 이것은 천도교 쪽에서 양보해서 그런 것이고 전체의 기획안도 천도교 전체에서는 사활혁명이라 참여한 신자가 200만 명에서 300만 명이고, 기독교 신자가 한 20만 정도였다고 하니까요. 그리고 3·1운동을 위한 기미독립선언서를 몰래 인쇄하고 또 그때 독립신문을 국내에서 어마어마하게 찍어냅니다. 그게 다 천도교, 상해 인쇄소에서 몰래 찍었는데, 왜 물적인 인적인 피바람을 계속 일으켰을까. 일제의 통치정책을 보면 천도

교를 어떻게 해야 자기편으로 끌어들여 와해시킬 수 있는가에 대해 큰 초점을 두고 있었던 것 같아요. 결국 일본에서 유학을 했던 천도교 신파, 최린 등의 신파가 일제에 투항하는 쪽으로 가고, 구파는 독립운동을 우리가 서야할 중심축으로 하고, 천도교 혁신파는 만주하고 북한 산악지대 이런 쪽에서도 아주 가열찬 독립운동을 전개 하다가 많은 희생을 자아냅니다. 그래서 보면 동학 천도교라는 하는 것이 한국 근대사회의 중요한 역할을 했던 것이고 그 사상적 기반으로 동학이 나오는데, 그래서 갑오년에 동학 농민혁명운동과 3·1운동이 바로 연결되어 있구나 하는 것을 불현듯 깨달았습니다. 그래서 천도교하고 동학 입장에서 볼 때는 3·1운동은 제2차 동학혁명이다 하는 그런 점이 분명한 것 같습니다. 일제하에서는 모든 국민들로부터 총, 칼을 완전히 빼앗아 가버린 상황이기 때문에 비폭력으로 일제와 싸웠던 것이고, 동학민들은 죽창이라든지 낫이라든지 이런 것을 들고 일본의 근대적인 화력에 맞서가지고 철저히 패배하지만, 군사를 몰고 성으로 직행해서 권세있는 사람과 귀족들을 다 죽여 버리면서 평민의식을 밑바닥에서 만들어낸 아주 중요한 역할을 했지 않았던가 그런 생각이 들고요. 왜 정상적인 역할이 거의 사람들 속에서 사라져 버렸을까, 그것은 근대적으로 의식을 계속 심화시키고 확장시키기 위해서 아주 중요한 것이 교육기관이라고 하는 것입니다. 천도교가 펴낸 『개벽』이라고 하는 잡지, 개벽이라는 단어는 완전히 도학적인 단어잖아요. 그리고 보성전문학교(현 고려대학교)이랑 동덕여학교를 갖고 있었습니다. 그런데 천도교가 제 생각에는 코너로 몰리면서 결국 보성전문을 김성수에게 팔아넘기게 되고

『개벽』지는 폐강시켜버립니다. 그렇게 되니까 천도교에 위기, 새로운 신흥종교는 그것이 과학과 교육과 결합이 되어야 계속 발전을 하게 되는데, 그 부분들이 받쳐주지 못하니까 결국 논란을 자초하지 않았느냐. 만약에 천도교가 고려대학교를 가지고 있다고 한번 생각해보세요. 기독교는 연세대학교, 이화여대를 갖고 있잖아요. 어떻게 보면 굉장히 우리의 지식 속에 천도교적인 요소가 아주 많이 들어가 있을 수 있습니다. 그런데 다시 고려대를 내놓고『개벽』지가 사라지면서 이렇게 되면서 결국 근대적으로 풀어나갈 수 있는 이런 여지가 사라졌지 않았나, 그래서 결론은 교육이 제일 중요하다는 것이지요.

오늘 새로운 학설들이 쏟아지고 있습니다. 청일전쟁은 제1차 동아시아 전쟁이라고 하셨고요. 3·1운동은 제2차 동학혁명이라고 하는 이야기들이 아마 10년 20년 뒤에 교과서에서 나올지도 몰라요. 나오면 기억하세요. 오늘 이 버스 안에서 그 학설들이 처음으로 공표되었다.

동학관련 유적들을 가본 적이 있는데요. 한참 되었습니다. 30년 된 거 같아요. 어제 한국사 하시는 선생님께 답사 간다고 얘기를 했더니 옛날에 갔었다며 그때랑 지금이랑 완전히 달라져 있을 거라고 얘기하시더라고요. 1994년, 2004년, 아마 10년, 100년, 1000년을 기념하는 해를 계기로 해서 답사가 이루어지는 것 같습니다. 오늘 120주년이네요. 회갑을 두 번 맞이한 그런 시점이네요. 제가 뭐 한국사를 잘 모르고, 버스 안에서 한국사회의 정확한 변화요인을 자세하게 말씀해 주시니까 공부를 많이 하고 있습니다. 그런 생각을 제가 말씀 들으면서 하게 되는데 러일전쟁이 일어난 지도 벌써 10년이 되어서 관련 학회도 열고 있습니다. 토론을 하다 보니까 러시아 정부, 일본 정부는 러일전쟁이라고 하는 것이 세계 0차 대전이었다는 그런 얘기를 하더라고요. 1차 세계대전의 전주곡이었다라고 하는데 동아시아에서 벌어진, 또는 한 나라를 둘러싸고 벌어지는 국제적인 전쟁이었다는 시각을 벗어나서, 이것이 최초의 시기에 열광적인 해권전쟁(海權戰爭)이었고 이것이 확대되어가는 과정에서 조선이 그 사이에서 하나의 개체가 되어 있었고, 대상이 되어있었던 사건이라는 생각이 드는데요. 그런 속에서 동학농민들은 주체로 서기 위해서 정말 최상의, 최선의 노력을 보여주셨던 것이라고 생각이 듭니다. 제가 러시아 쪽을 보다보면 러시아에서도 여러 번의 농민봉기들이 있었지만 농민들의 무장봉기라고 하는 것이 근대로 넘어가는 과정에서 정말 큰 역할을 하는데, 한국사회에서는 그 농민전쟁이 근대로 자율적으로 넘어가는 기점이 되지를 못하고 타율에 의한 경제적인 식민화의 과정 속에 편입되게 되었다는 것이 참 안타깝게 짝이 없습니다. 그런 과정을 우리가 현지에 가서 보면서 좀 더 새겨보고 반성도 하고 오늘날과 관련시켜서 좀 더 많은 생각을 할 수 있지 않을까 생각하고 있습니다. 저는 이제 공부하는 마음으로 가서 열심히 배우고 오겠습니다. 여러분들하고 뵙게 되어서 저는 뭐 답사를 가서 걸어 다니고 식사도 하고 함께 말씀 나누면서 좀 더 가까워질 수 있지 않을까 그런 기대를 하고 왔습니다. 말씀 많이 나누겠습니다.

영회당(永懷堂)이란 게 있어요. 영회당이 뭐냐면 모두 알다시피 갑오동학혁명 때 마지막 전투가 장흥에서 벌어졌어요. 그때 장흥지역을 중심으로 하는 농민군이 관아를 공격해서 점령을 했어요. 관아를 점령하니까 장흥 관아에서 일하고 있는 여러 아전들, 수성 사람들이 수성군을 만들어가지고 농민군이랑 싸웠죠. 그때 농민군한테 많이 죽었어요. 그리고 나서 장흥성을 일시적으로 점령했다가 본격적으로 일본군이 내려오니까 장흥 관아를 일시적으로 점령했던 농민군과 석대들이라는 곳에서 대규모 전투가 벌어집니다. 일본군이 기관총 2문을 가지고 농민군 수천 명을 죽였어요. 그런 역사를 가지고 있는 장흥지역을 처음으로 내가 답사를 가니까 자기 할아버지가 수성군이었다고 하는 노인이 투덜대면서 욕을 하더라고요. 전두환 대통령을 가지고 욕을 해요. 수성군이었던 자기 할아버지들의 영정을 모신 영회당에서 매년 한번씩 제사를 지내는 노인이 전두환 대통령을 욕을 해서, 이 양반이 왜 그러나 했는데 그 사람들 머릿속에서는 뭐라고 되어 있냐면 동학농민들을 전부 반란 역도들이고 자기 할아버지는 나라에 충성한 사람이다. 근데 대한민국 대통령이 전봉준, 전두환, 같은 전씨라고 반란 역도를 충신으로 둔갑을 시킬 수가 있느냐고 화를 내고 있는 거야. 참 이렇게 생각하는 사람도 있구나, 처음으로 알았어요. 실질적으로 동학농민혁명 유적지를 처음으로 국가적인 수준에서 당장 만들라고 한 게 1983년 전두환 대통령 입니다. 물론 더 일찍 1963년도에 박정희 대통령이 동학농민과 난 어쩌고저쩌고 하는 것 가지고 동학혁명이라고 딱 했어요. 이 사람들은 혁명의 정당성을 가지지 못한 것이 동학농민혁명의 차별성입니다. 오히려 쿠데타에요. 동학농민혁명은 당시의 우리 시민들 이른바 과거에는 민중들이라 부른 민중들이나 시민들의 표상이 아니라 군사와 쿠데타를 했던 박정희 장군과 전두환 장군이 활용했던 그러한 역사를 1983년도와 1963년도 20년에 시간적 격차를 두고 두 명의 군사지도자들이 활용했던, 한편으로 보면 그림자의 역사를 동시에 갖고 있습니다. 그런데 밖에 있는 학생들은 아까 한인섭 선생님이 '동학 농민운동은 제2의 동학혁명이다'라는 말을 잘 이해 못할 수도 있어요. 지금 학생들은 20대 초반인데, 역사적으로 볼 때 25년 또는 30년이라고 하는 것은 한 세대가 가는 겁니다. 실질적으로 개인은 요새 많이 살기 때문에 80년씩 산다고 하면 25년이라는 세월을 가지고 적어도 3번쯤은 겪게 될 거예요. 자기의식을 가진다는 건 어릴 때 태어나서 의식이 있는 5살이라고 치면 자기가 25년 전에 겪었던 것을 기억하고 그 25년 후에 또 다른 역사적 흐름이 온다는 겁니다. 1894년 갑오농민혁명 때 20살이었다. 3·1운동 때는 그 사람은 45살입니다. 그 사람이 다시 26년이 지나면 1945년입니다. 1945년 26년 이후면 1971년입니다. 1971년은 박정희와 김대중이 대통령선거를 하면서 역사를 바꾸느냐 마느냐 하던 때인데 생각해보면 젊었을 때는 25년, 20년이란 세월이 무엇인가를 의미를 잘 모르는데, 나이를 먹을수록 알잖아요. 1980년 광주를 겪지 않았기 때문에 무엇인지 잘 몰라요. 하지만 1980년 당시에 대학원, 바로 어제 같아요. 지금 생각해보면 34년이 지났는데도, 34년이라는 세월이라는 것은 살아보지 않은 사람이 보면 전혀 무관하다 생각하고요. 갑오농민혁명과 3·1운동의 관계가 없어 보이지만 3·1운동 당시에 과거를 회상하면서, 1894년 갑오농민혁명을 생각하면서 3·1운동을 겪어 본 사람들은 이것이 무엇이구나 잘 알게 되는 거죠. 밖에서 볼때의 25년과 본인이 살아온 25년의 의미는 전혀 의미가 다릅니다. 그래서아까 만약 10살 때 자기 할아버지, 아버지가 동학농민운동에 참여해서 죽었다, 그분은 3·1운동 때는 35살쯤 되지요. 그리고 25년이 지나면 환갑이되셨을 때 그때가 1945년 해방되던 때입니다. 1945년이 환갑이였던 사람들은 머릿속에서는 10살 때 아버지가 동학농민운동에 참가했다 죽었고 본인이 3·1운동하다 실패했고 그 뒤에 민족해방이 되었다, 생각을 해보면어떻게 연결되는지를 이해를 할 수 있을 것이고요. 내 말을 우리학생들이이해를 하려면 50년이 지나야 내가 젊었을 때 책에서 나오는 최갑수, 한인섭, 박배균, 한정숙 이런 교수님과 답사를 했다. 30년 쯤 지나면 이런 교수님들은 살아있을지 모르는데 학생들은 살아 있을 것이니 회상 한 번 해보세요. 25년 세월이 어떤 의미를 가지고 있는가 지금은 느낌이 안 오겠지만앞으로 25년 후에, 50년 후에 오늘을 생각해 보면 그때 25년 세월이 그런의미를 가지고 있지라는 것을 혹시라도 느낄 수 있지 않을까 생각을 해봅니다.

1894년에 동학군하고 일본군이 싸웠던 건 몇만 명 대 몇백 명인 것 같아요. 몇만 명이 형편없이 지고 도대체 전투 수법이라든지 병법이 아니고소위 전쟁 무기의 격차라고 하는 것은 그토록 너무한 것이 아닐까. 우리

최갑수 선생님에게 도대체 무기발달이란 것은 근현대의 전쟁에 어떤 영향을 미치는 것인지 질문을 합니다.

많이는 모르고요 약간만 아는데요. 총기가 나온 뒤에도 전통군대라 하는 것은 활, 먼 거리에는 활을 쏘고 가까운 곳에서는 칼로 다투거나 창으로 싸우는 그러한 전통군대와 소총을 주된 무기로 하는 근대 군대라고 하는 것의 싸움은 전투결과가 거의 1:1입니다. 소총이라고 하는 것이 그나마 발달하게 된 것은 18세기 후반 경부터 인데요. 권총이라는 것은 전투에서 별 의미가 없는 거고 여러분들 임진왜란 때 조총이 조악하지만, 조총 때문에 많이 우리가 힘들었다는 얘기가 있습니다. 사실은 현장 싸움에서 소총으로 무장한 군대와 전통 무기로 활, 화살을 사용하는 군대에서 후자가 이기는 경우도 많이 있었고요. 근데 인디언들 같은 경우는 19세기 전반기에도 거의 그 소총을 가진 미국 군대와 대등하게 싸웠는데, 소총부대가 압도적인 우위를 장악하게 된 것은 기관단총이 나오게 되었을 때입니다. 기관단총이 최초로 사용된 전투가 1854년 크림전쟁이고요. 기관단총이 본격적으로 전투에 투입이 되서 사실상에 엄청난 사람들을 죽이고 전투의 향방을 발전하게 했던 최초의 전쟁이 미국의 남북전쟁입니다. 1860년대 초죠. 그리고 나서부터 기관단총이 유럽 각국 군대에 대거 투입이 됩니다. 유럽군대가 아프리카 내부로 들어갈 수 있었던 것도 그때부터입니다. 19세기 이전에는 절대로 유럽군대가 아프리카 내부로 진출할 수가 없었습니다. 여러 가지 문제가 있는데, 노예무역 같은 것도 유럽인들이 노예를 잡은 게 아니라 아프리카 내에 여러 세력들의 싸움 속에서 흑인이 흑인을 포로로 하고 그 포로가 노예가 되는 이런 과정을 오래 겪었고, 실질적으로 유럽인들이 아프리카 내부를 장악하게 되는 것도 1880년대부터인데 중요한 것 하나가 기관단총입니다. 제국주의 세력은 언제나 오게 되면 제일 먼저 철도를 깔죠. 철도를 까는 이유는 흔히 말하는 개발시키기 위한 것이 아니고 사실은 대포를 실어 나르기 위한 것입니다. 그게 철도에서 가장 중요한 목표입니다. 대포를 실어 나르기 위해 철도를 먼저 건설하는 것이고 물론 그 철도를 가지고 그 다음에 이른바 개발을 하죠. 서구제국주의가 전통적인 제국주의와의 차이가 개발이 착취하고 같이 진행이 되는 것이고 착취와 개발이 같은 것입니다. 자본주의적 제국주의라고 하는 것은 그 이전 전통시대의 군사 전투하고 차이가 있는 것이죠. 갑오농민전쟁 때 일본군이 기관총 두 문이면 특별한 작전을 써서 기관총을 제압하지 않는 한은, 그 당시 우리 농민군은 약간의 총도 하나 있었겠지만 그런 무기로는 감당할 수가 없는 거죠. 서방이 처음부터 압도적으로 군사적 우위에 있었던 것이 아닙니다. 자꾸만 오해하시는데요. 유럽이 비 유럽세계에 진출할 수 있었던 것을 따져 보면 모든 무기들은 다 서양이 만든 것은 별로 없습니다. 대포도 그렇고 심지어 총, 전차도 다 중국이나 이슬람에서 만든 것인데, 대포를 포를 배에 장착시키는 것 함포를 만들어낸 게 유럽의 발명품이죠. 14세기 초인데요. 유럽이 해외로 나갈 때 배에다가 함포를 걸어놓고 해상에서 상대방 배를 격침시키게 되고, 그래서 이제 15세기 말년에 포르투갈 함대가 아라비아 해에서 막대한 재력을 장악합니다. 그 이후부터가 유럽의 순환대로 가는데 그래도 유럽은 내륙으로는 절대로 진군할 수가 없었습니다. 전통군대도 다 대포를 가지고 있었고 여러분들이 잘 아는 오스만 투르크, 청나라 모두 위대한 대포제국이거든요. 서양이 대포를 최초로 만든 것도 아니고 유럽이 비유럽세계에 대해서 군사적인 우위를 최초로 확보하게 되는 게 아까 말씀드린 기관총의 등장, 그리고 이제 군대에 가게 되면 위장하는 담요하고 세트, 군장이 나오게 된 게 1880년대 제국 군대입니다. 그 이전에 유럽이 절대 대포가 있어 앞선 것이 아니고, 이때 막강한 기관총이 나오게 되면서 엄청난 도륙이 그 이후에 벌어집니다. 한 300명 군대가 농민군 30,000명 정도는 그 자리에서 도륙해 낼 수 있는, 그러면서 사실상 유럽이 1880년대에 전 지구상에 압도적이면서 실질적인 우위를 장악하게 되는 결정적인 계기가 되는 겁니다. 아마 우리나라에서 전투가 벌어졌을 때 일본군이 가지고 들어온 기관총은 제가 아는 상식으로는 독일제 기관총이 아니었을까 하는 생각이 드는데, 정말 상상할 수 없는, 아마 일본군이 한 300명 정도 아니었어요? 거의 뭐 몇만 명의 농민군을 처참하게 도륙을 했다, 아마 30년 전에만 일어났어도 그런 일은 벌어지지 않았을 것이었습니다.

전력차이를 말씀하셨는데 당시 경군과 농민군이 붙으면 1:10이어야 되요. 경군 한명이 농민군 10명을 감당했는데 일본군 대 농민군은 1:1000, 일본군 한명이 농민군 1000명을 감당하는 그런 정도의 수준이었다고 해요. 그러니까 장성도 그렇고, 정읍에 가면 농민군이 발명한 신무기라는 것이 있습니다. 그게 뭐냐면 대나무로 엮어 만든 장태라고 하는데 옛날로 치면 병아리 키우던 것인데, 산 위를 점령하고 있다가 밑에서 경군들이 쏘면 그걸 피하기 위해서 장태라고 하는 대나무로 짠 둥글둥글한 것을 굴려가지고 막았다는, 방패같은 역할을 한 것이 전시되어 있어요. 그것을 보면 경군과 농민들이 싸울 때는 도움이 되었는데 기관총을 들고 온 일본군과 싸울 때는 무용지물이 된 거죠. 사실은 동학농민혁명을 이해를 하자면 어디까지 이해를 해야 하냐면 1885년에 중국 천진에서 이루어진 일본과 청나라와의 천진조약(톈진조약, 天津條約)을 이해를 해야 합니다. 왜냐하면 동학농민혁명을 하고 있는데 농민군과 조선정부가 싸우고 있는데 왜 청나라와 일본군이 들어왔는가를 이해하려면 1885년의 천진조약을 이해해야 해요. 일본군은 청나라가 조선에 들어오면 자동으로 개입하게 되어 있었어요. 근데 청나라 병사를 조선정부가 끌어들였어요. 농민군이 전주성을 함락하니까 조선정부가 청나라에다가 1000명 군사를 좀 보내주시오. 우리 힘으로는 도저히 농민군을 제압할 수가 없습니다. 청나라의 섭지초(셰즈차오, 葉志超) 장군이 1500명을 데리고 인천에 상륙하면서 동시에 천진조약에 의해서 일본에다가 우리가 조선으로 갑니다, 하니까 일본군이 다시 군사를 이끌고 인천으로 들어왔거든요. 사실은 무능한 조선정부가 청나라 군사를 끌어들이고 청나라 군사가 들어오니까 천진조약에 의해서 일본군이 들어오고, 6월 23일 무력으로 경복궁을 점령해서 정부를 장악하고 농민군을 참살하는 그런 그림이었거든요. 사실은 문제의 발달은 무능한 조선정부가 청나라 병사를 끌어들인 겁니다. 현재 우리나라의 군 작전권, 전시 작전권이라 했는데요, 그 구조가 비슷해요. 다른 나라 군대가 우리나라 들어온 순간 그 군대는 우리 뜻대로 움직이는 것이 아니고 자기네 뜻대로 움직이고 반대로 우리가 지휘를 받아야 하는 그런 역사가 옛날부터 시작되었다. 용산 전쟁기념관에 가면 겪은 전쟁을 전시해 놓고 있는데, 청일전쟁은 없어요. 우리나라 역사가 아닌 것처럼 해놓고 있어요. 러일전쟁도 우리나라 전쟁기념관에 전시가 안 되어 있습니다. 답답한 놈들이에요. 전쟁기념관 전시를 제대로 하려면 원래 평화기념관을 만들어야 했는데, 전쟁기념관 만들어 놓고 나니까 청일기념관 같은 것은 아예 있지도 않은 엉뚱한 전쟁기념관을 만들어 놓은 답답한 노릇입니다.

음성녹음 004

박정희 대통령은 자기 아버지가 접주였어요. 그래서 박정희 대통령 가문에 그런 혁명적 피가 흐르고 있습니다. 아버지가 그 지역의 접주였고요. 알다시피 박정희 대통령의 형이 박상희라고 하는 분인데 이분이 일제시대에 동아일보의 선산지국장을 하면서 1945년 이후에 남로당의 중요한 간부였고, 그래서 1945년 10월 1일 대구에서 대규모 사건이 일어났을 때, 이른바 대구 폭동이라 불리는 민중들의 그것이 발생했을 때 주모자로 잡혀서 죽었습니다. 그리고 그때 같이 활동했던 황태성이라는 분이 있는데 그 사람은 그 사건 이후에 북한으로 갔죠. 1961년 쿠데타 나니까 그 사람을 가지고 파면을 했어요. 박정희 군사 쿠데타 행동이 저의가 뭐냐 우리하고 얘기를 할 수 있느냐 없느냐 얘기를 했는데 그것을 내려온 것을 갖다가 알고는 그때 당시에 미국에서 박정희 대통령이 방공호로 가느냐 아니면 침공호로 가느냐에 대해 주목을 하고 있었거든요. 그것 때문에 만날 수가 없었어요. 밀사로 왔다는 연락을 받았지만 잡아서 그냥 죽여 버렸습니다. 이것이 유명한 황태성 사건이라고 하는 거예요. 박정희 대통령은 뭐냐 아시다시피 일제시대 때 교사, 문경고등학교 선생님을 하다가 대구사범을 졸업하고 교사를 하다가 뜻한 바가 있어서 광주로 가서 군인이 되었잖아요. 근데 알다시피 45년도 8월 15일 8월 시점에 러시아군이 만주일대를 석권했습니다. 정확하게 소련군이 만주에 들어오고, 북한에 들어왔거든요. 언제? 1945년 8월 8일부터 아마도 만주에 들어온 소련군들을 박정희 대통령이 봤을 수도 있어요. 45년도 내가 연구한 바에 따르면 당시에 해방이 되니까 여러 지역에서 민족교육운동이 발생 해가지고 전라도 지역같은 경우에 나주, 영광 그 중에 한 학교가 나주 민립중학교라고 하는 곳이 있는데, 거기에서 활동했던 분들과 나중에 박정희 대통령은 아주 친하게 지냈어요. 박정희 대통령이 대한민국 육군이 되는 과정에서 남로당과 연결이 되어 있었고, 일선에 의하면 남북 군사 총책이 박정희 대통령이더라, 근데 48년도 10월 달에 여수에서 대규모 국민들의 반란사건이 일어나니까 군대를 진압한 다음에 군대 내에 있는 남로당이 누구냐 수색을 하다가 총책이 박정희라는 것을 알게 되었어요. 옷을 벗긴 상태에서 사형을 할까 말까 하다가 동료, 선배들이 구명해서 살려주고 그게 민간인 신분으로 군대에서 일을 할 상황에서 다시 현역으로 복귀했던 것이었지요. 하여튼 박정희 대통령은 동학농민혁명에 대해서 굉장히 잘 알고 있거나, 아니면 박정희대통령이 제일 막내아들이잖아요. 그래서 아버지와 형님과 나이 차이가 많아요. 돌아가신 아버지에 대한 신화, 전설 이런 걸 가지고 있었거나. 박상희라는 박정희 대통령 형님이 자신의 아버지에 대해서 박정희 대통령에게 얼마나 잘 이야기했는가는 알 수 없지만, 내가 생각하기에는 잘 알고 있거나 아니면 아버지에 대한 존경심, 이런 것들이 1963년도에 동학농민혁명을 혁명으로 만드는 그런 사업을 하게 한 간접적인 요인이 있고요. 아까 말씀하신대로 1963년도에 전라북도에서 대통령 선거 유세를 하면서 그 일대에서 그런 문제들을 알고 유세의 일환으로 전라북도 표를 얻기 위해서 활용했다는 설도 있습니다. 우리가 가보면 알겠지만 그 지역은 고부, 무장, 줄포 이런 지역은 굉장히 옛날과는 다른 지형이 많이 바뀐 동네에요. 원래는 이제 고부가 정읍시 고부면인데 실제로는 정읍과 고부는 다른 동네에요. 그것이 행정적인 개편으로 정읍시에 소속되어 있지만. 여튼 주로 서안 일대 평야지대를 근거로 해서 동학농민혁명이 발생을 합니다. 백산, 고부, 흥덕, 고산 이런 지역이 전라북도의 서해안 지역, 평야지대의 바탕으로 발생을 하고 있는 거거든요. 여러분들이 답사를 하면서 옛날 120년 전에도 이와 똑같은 모습이었을까 생각해보면 좀 달라요. 120년 동안 많이 달라졌어요.

음성녹음 005

죄수들, 범죄자들을 처형하는 방식이라는 것이 그야말로 역사적으로 변해왔고, 푸코의 『감시와 처벌』이라고 하는 책에서 정말 끔찍한 신체형에서 감옥이라는 단순한 방식으로 징벌 방식이 바뀌어 온 걸 잘 이야기 하고 있는데, 그거 보고 여러 가지 생각이 들었습니다. 반란을 일으킨 사람들은 대게는 보면 공개처형을 많이 한 것 같아요. 인간의 상상력이 허용하는 범위 내에서 가장 끔찍한 방식으로 처형을 많이 했더라고요. 제가 지금 전봉준의 경우에는 죽음의 방식자체에 대해서도 논란이 있을 정도로 진실이 가려져 있다고 하는 것을 보면, 당시 조선 왕실과 정부 관리들이 전봉준의 죽음을 은폐하고 그 다음에 이것을 일반인들의 시선으로부터 감추지 않으면 안 되었다, 그런 사정이 있었던 것 같습니다. 그래서 민중의 봉기 내지는 분노가 여기에서 퍼져 나오지 않을까 하는 그런 두려움을 가지고 있었을 것 같은 생각이 드는데, 전봉준의 처형을 일반인들의 그 당시에 조선 민중군의 관심으로부터 배제시키고 일반인들이 알지 못하게 막고자 하는 생각이 있었던 것이 아닌가, 그렇지 않으면 죽은 사실이 알려지는 것을 두려워했던 것이 있지는 않나 합니다.

전봉준에 대하여는 유명한 사진이 있잖아요. 잡혀가는 것, 표정과 그게 그것을 이렇게 약간을 디자인 감각을 넣어가지고 체 게바라, 체 게바라가 티셔츠 입고 있는 것 있잖아요. 그것 하고 느낌이 비슷한 것 같아요. 그것보다 더 멋있죠. 김옥균은 상해에서 이제 홍종우에서 공공연하게 알려져 있듯이 권총을 맞아서 죽고, 국내에 온 다음에 국내에서 처리할 방법이 없죠. 그냥 목을 잘라가지고 대역무도 김옥균 이렇게 해서 사진 걸고 했잖아요. 전봉준 사진이 전혀 안돌고 있었고 죽은 시기가 1895년 4월 정도라고 되어있는데, 그 시기에는 계양파들이 집권하고 있을 시기고 개화파들의 대표적인 입법이 기존의 사형방법을 다 폐지하고 민간인에 대해서 교수형 군인에 대해서는 총살형으로 한다는 것이 있었고, 그것이 쭉 받쳐 내려오다가 고종 독살사건이 있잖아요. 독살 미수사건이 김홍륙의 친구들이 1897년인가 98년인가에 하게 되었는데, 그때 고종이 커피를 아주 좋아했답니다. 커피를 너무 좋아해서 밥을 먹고 순종 황태자하고 민비하고 이렇게 커피를 마시는데, 커피 안에 아편을 넣어가지고 그것을 마셨는데 고종은 바로 토해냈고, 어린 순종은 토해내지는 못하고 완전히 반쯤 죽었다나 그 뒤로 정신적 능력이 완전히 사라지고, 순종사진 기억납니까? 보면 뭔가 제대로 된 온전한 인간처럼 안보이잖아요. 바로 커피 독살 미수사건 이것 때문에 그렇게 되었다라고 합니다. 그때 그런 자를 어떻게 해야 되느냐 라고 하게 되면 능지처참해야 하는 사항이잖아요. 왕을 독살시키려 했으니까, 그런데 사형법이 바뀌어서 능지처참을 시킬 수가 없잖아요. 참형을 시킬 수도 없고, 그래가지고 참형부활법 제정안을 만들어 올리게 되는데 거기에 대해서 독립신문 쪽에서 절대 과거로의 부활은 안된다, 하면서 아주 대논쟁이 일어납니다. 여기서 보면 그때까지 참형이라는 것이 불가능했다, 개화된 법이 1884년에 만들어지고 난 뒤에 참형이라는 말은 절대 불가능했다, 그니까 전봉준의 경우에도 교수형에 처한 것으로 밖에 볼 수밖에 없지 않았을까 이런 것들이 제가 보는 마지막 정황인데, 이런 것을 인터넷 자료를 찾아가지고 입증을 해야 되지요. 그런 가설만 던져봅니다. 어릴 때 녹두장군 얘기 할 때는 큰소리로 얘기를 못 했습니다. 제가 어릴 때라 하는 것은 60년대 초거든요. 그러니까 우리 현대사가 너무나 험난해서, 특히

6.25때 또 엄청나게 많이 죽고. 이렇기 때문에 녹두장군 이야기는 어릴 때 엄청 많이 들었습니다. 일반 민중들로 보자면 비록 그 양반이 그렇게 해서 잡혀서 죽었지만 민중들의 기억 속에 살아 있었고, 본인들이 힘들 때마다 좋은 세상이 와야 하는데 할 때마다 떠올리는 인물이 바로 녹두장군이었습니다. 맨 처음에 어릴 때는 녹두장군이 누군지 몰랐습니다. 전봉준이라는 것은 조금 더 나이 들어서 초등학교 들어가서 알았습니다만. 어릴 때, 주말 그 아주 조용히 쉬 소리 손에 입을 대면서 꼭 떠올리는 분이 녹두장군이었어요. 어릴 때 기억입니다. 1960년 전반시기, 아마 4.19 나면서부터 조금 분위기가 바뀐 것 같아요. 4.19 나서부터는 이제 대놓고 녹두장군 이야기를 했던 것 아닌가 그런 생각이 듭니다.

1895년은 동학 난을 진압한 이후에 동학 난 진압에 공이 있던 사람들을 거의 다 기념의 대상으로 삼던 시기입니다. 1980년에도 5.18때 광주의 시민들의 항쟁을 무력으로 진압하고 그때 군대에 있었던 장교, 사병 모든 사람에게 국난극복장을 줬습니다. 그래서 국난 극복의 기회다 하는 것이고 광주는 완전 폭도가 되었지요. 거기에 정부가 연루가 되면 안되고 크게 떠들 수도 없고 진압한 자들을 높여서 훈장을 주고 국난극복장을 주고 했으니까. 1895년 전봉준 처형 당시에 전라도가 아니라 서울 한성 쪽에서는 아마도 숨도 못 쉬었던 그런 분위기, 5.18 직후의 분위기 이런 걸 생각해 보면서 비슷할 것 같아요.

음성녹음 007

아직도 기념일을 제정하지 못했습니다. 전주입성일, 전주화약일, 2차 삼례봉기일, 황토현전승일, 고부봉기일, 무장기포일, 황룡강전투일, 우금치전투일 등등 기념일로 잡자는 일자들이 지역별로 엇갈려 도저히 합의를 도출해내지 못하고 있습니다.

음성녹음 008

동학농민군이 저쪽 사시봉으로 들어가 진을 친 후 허수아비를 세워두고 밤에 모두 잠든 것처럼 위장하고 매복을 하고 있으니까 전라감영군이 농민군을 우습게보고 공격을 합니다. 그 때를 기다린 농민군이 전라감영군을 공격하여 일거에 제압해버립니다. 1894년 4월 6일 밤과 7일 새벽의 일입니다. 이것이 황토현 전투입니다. 그러니까 양력으로 5월 10일과 11일이었지요.

정읍 황토현에는 1960년대 박정희 정권, 1980년대 전두환 정권, 2000년대 김대중 정권에서 각각 기념사업을 추진하여 갑오동학기념탑, 전봉준 동상, 동학농민혁명기념관과 교육관 등이 건립되었습니다.

1961년 5.16군사쿠데타를 일으킨 박정희가 국가재건최고회의를 구성하고 위원장이 됩니다. 그런 다음 1963년 2월 2일 공화당을 창당하고 대통령 후보로 나섭니다. 1963년 10월 15일이 대한민국 제5대 대통령선거

일이었습니다. 그 선거를 한 달쯤 앞둔 9월 6일 착공식을 가진 후 27일 만에 기념탑을 세우고 10월 3일 제막식을 갖습니다. 이때 박정희 국가재건최고회의 의장을 비롯하여 이후락 씨 등이 참석합니다. 일종의 선거유세를 겸한 활동의 일환으로 볼 수 있지요.

이후 1981년 3월 전두환 대통령이 체육관 대통령이 된 다음에 정읍에 방문하는데, 그 이유는 그 무렵 전남 영광에 소재한 영광 원자력발전소 1호기 기공식이 있었기 때문입니다. 그 때 정읍군청에 들여서 황토현 전적지를 아산 현충사처럼 성역화하라고 지시합니다. 자기가 전봉준 장군 후손이라면서... 참, 기막힌 역사의 아이러니입니다. 그렇게 해서 전봉준 장군 동상, 제민당, 구 기념관 등이 세워집니다.

그러다가 1998년 국민의정부 김대중 대통령이 취임한 후 다시 이곳 황토현에 기념관과 교육관 건립사업이 추진되어 두 동의 건물이 지어졌습니다.

음성녹음 009

동학농민군이 전라도는 물론이고 호서지방 그러니까 충청도 지역까지 통문을 띄웁니다. 그래서 서남해안 지역인 영광, 무장, 고창, 부안, 정읍, 김제, 태인 등지의 사람들이 1894년 3월 20일 무장현 구암리 구수마을에 모여 〈무장포고문〉을 공포하고 혁명의 대장정에 오릅니다. 포고문을 공포한 동학농민군은 3월 23일 밤 고부관아를 점령하여 3일간 머문 뒤 26일경 백산으로 진출합니다. 그곳에서 확대된 부대를 재편성하는데 이를 백산봉기라고 말하지요. 백산이라는 곳은 해발 47m의 구릉지인데 이곳이 평야 한 가운데 자리한 까닭에 군사적으로 용이한 곳입니다. 이런 이유로 백제가 나당연합군에 의해 무너지던 때 백제 부흥군이 이곳에 토성을 쌓고 항전을 준비하기도 했지요. 이런 사유로 백산은 국가사적으로 지정되어 있기도 합니다.

음성녹음 010

한 분께서 동학농민혁명 당시에 남접과 북접으로 나눠진 거에 대해서 물었어요. 남접과 북접이라는 개념을 이해하려면 1860년 창도된 동학과 그 포교과정 등에 대한 이해가 전체적으로 이루어졌을 때 보다 명확하게 정리될 수 있는 개념입니다. 그런데 여기서는 그냥 쉽게 설명을 드릴께요. 동학농민혁명군을 북접과 남접으로 나누는 것의 명확한 기준은 별도로 존재하지 않지만 종교적인 지향성이 강한 동학교단 중심의 세력들을 북접이라고 말하지요. 대개 북접은 동학 창도자인 수운 최제우 선생으로부터 도를 전수받아 2대 교주가 된 해월 최시형 선생을 중심으로 활동한 세력을 이릅니다. 지역적으로는 경상북도와 충청도 쪽에 많았습니다. 반대로 남접이라 하면 종교적 지향성보다 사회변혁적 지향이 강한 세력을 말하는데, 동학교단의 서장옥 선생의 세력을 일컫습니다. 여기에는 전라도 도인들이 많았는데 전봉준, 김개남, 손화중, 김인배, 이방언 등등입니다. 그래서 황현의 오하기문에서는 이를 북접을 '법포(法布)'(해월 최시형을 법포라 부르는 것에서 비롯됨)라 하고, 남접을 서포(徐布, 서장옥을 일컬음)라고 한다고 전하고 있습니다.

북접과 남접 사이에는 상당히 괴리감이 있었던 것으로 확인됩니다. 실제로 남접에서 전봉준 장군이 고부군수 조병갑의 학정에 들고 일어난 후 황토현에서 전라감영군을 물리치고, 전남 장성 황룡강에서 서울의 경군을 물리치고 파죽지세로 전주성을 함락시키던 무렵에 북접 대도주 명의로 해월 최시형이 전봉준에게 경고문을 보냅니다. 천시(天時)가 이르지 않았으니 경거망동하지 말라는 내용이었지요. 말하자면 봉기를 막고자 했던 것입니다. 다분히 종교적인 입장이라고 볼 수 있지요. 반대로 남접은 탐관오리 가렴주구에 더는 살 수가 없다 그러니 이래 죽으나 저래 죽으나 매 한 가지이니 당장 일어나 세상을 바꿔야겠다는 거였지요.

그런데 여기서 주의를 기울여야 할 것은 딱히 남접과 북접을 지역으로 구분하는 것을 주의해야 한다는 것입니다. 다시 말하면 남접이 전라도, 북접이 충청도 이런 도식으로만 이해해서는 안 된다는 점입니다. 예컨대 충청도에도 사회변혁 지향성이 강한 세력이 있었고, 남접에도 종교적 지향성이 강한 세력들이 있었습니다. 남접에 근거지를 둔 종교적 지향성이 강한 전라도의 동학의 도인들로는 부안군의 김낙철 대접주, 남원의 김홍기 대접주 등을 들 수 있지요. 전라도이기는 하지만 해월 최시형의 맥락이지요. 그래서 1차 봉기 때 부안지역과 남원지역이 다른 전라도 지역에 비해 다소 미온적이었지요. 반대로 충청도의 금산과 진산 등의 지역에는 서장옥 세력의 근거지로서 봉기에 적극적이었습니다.

남접과 북접의 이런 내재된 갈등은 일본군이 경복궁을 무단점령하고 청일전쟁을 도발하자 전라도의 동학농민군이 다시 삼례에서 2차봉기를 단행하는데 그때 충청도 지역의 동학교단을 합류하지 않고 머뭇거립니다. 그러다가 9월 18일에 이르러서야 동학교도 전국 대동원령을 해월 최시형이 내린 후 반일항전에 나서게 되지요. 그렇게 해서 북접의 농민군을 동학교단의 3대 교주가 된 의암 손병희 선생이 지휘하여 논산으로 내려옵니다. 10월 15일경에 남접과 북접 동학농민군이 마침내 연합전선이 형성된 것이지요.

시천주가 무엇이며, 인내천 사상이 천주교의 영향은 없었는가 하는 것과 의암 손병희 선생은 동학 3대 교주까지 했는데도 어떻게 희생을 당하지 않고 3·1운동까지 무사히 생존할 수가 있었습니까? 라는 질문인데요.

먼저 동학사상의 큰 맥락에서 이해가 필요합니다. 동학사상은 시천주(侍天主) 사상과 후천개벽(後天開闢) 사상이 큰 두 축을 이루고 있습니다. 먼저 시천주 사상에 대해 말하면 모시 시, 하늘 천, 주인 주... 모든 사람은 다 신령스러움을 자기 안에 모시고 있기 때문에 소중한 존재이다. 나아가 양천주에 대한 이해도 필요합니다. 모든 생명체는 먹어야 생명을 유지할 수 있잖아요? 그 말은 다른 생명체를 죽임으로써 자기의 생명을 유지할 수 있다는 뜻입니다. 숙명이지요. 이런 일이 있었다고 해요. 해월 선생님이 포교를 다닐 때 한 제자가 물고기를 낚시로 잡아서 올려서 상을 차려 드렸다고 합니다. 이에 대해 해월 선생님은 '이천식천'이라는 법설을 한 것으로 알려져 있습니다. 이천식천(以天食天), 하늘이 하늘을 먹는다. 때문에 자기 목숨을 유지할 수 있을 만큼만 먹어야지 과하게 먹으면 그건 곧 해천(害天), 하늘을 해치는 것이다 그러니 삼갈 일이다 그런 뜻이죠. 배가 고프기 전에는 사자나 이런 맹수들도 살육을 하지 않는다. 그런 측면에서 과하지 않으면 그것은 한편으로 하늘을 기르는 것이라고 말하면서 양천(養天)을 말하지요. 그 다음이 우리가 많이 들어본 사람이 곧 하늘이라는 인내천입니다.

음성녹음 047

동학농민혁명 때 농민군이 무려 30만 명 가량 사망했다고 합니다. 엄청난 인원이지요. 당시 조선시대 서울의 인구가 20만이 안 되었다고 합니다. 전쟁에서 사망한 경우도 있지만 동학도라는 이유로 일본군과 조선관군이 무참하게 학살을 자행한 것이지요. 갑오년의 청일전쟁, 1904년 러일전쟁을 맥락으로 살펴보면 왜 일본군이 갑오년 때 주로 삼남지방의 장정들이었던 동학도 30여만 명을 살육했는지 이해할 수 있습니다. 대륙침략의 교두보로 삼고자 갑오년 때 조선의 젊은이들을 도륙을 낸 것임을 어렵지 않게 알 수 있습니다. 실제로 동학농민혁명 이후 조선에서는 일본의 침략에 맞설 수 있는 많은 숫자의 장정들을 잃은 것이지요. 그래서 청일전쟁과 러일전쟁을 통해서 패권을 장악한 일제가 1905년 을사보호조약을 강제로 체결하지 않습니까? 동학농민혁명 이것은 전쟁이 아니라 일본군에 의한 민간인 대량학살입니다. 천인공로 할 만행이지요.

1904년 시작된 러일전쟁에서 일본군이 승리한 후 1905년 강화조약을 체결하는 과정에서 가쓰라-태프트 밀약 등이 진행되잖아요? 가쓰라는 당시 일본 내각 수상이고, 태프트는 미국 육군대장으로 미국 대통령 특사예요. 7월 29일 밀약을 맺지요. 그 밀약의 내용이 필리핀은 미국이 점령을 하고, 조선은 일본이 점령하는 것을 서로 양해하는 것이었다고 알려졌지요. 기가 막힌 일입니다. 어찌 남의 나라를 제3국 자기들 입맛대로 그렇게 할 수 있었는지... 그리고 아무런 저항을 할 수 없었는지... 이게 다 갑오년 때 극심하게 동학농민군이 학살당한 역사적 사실과 뗄 수 없다는 것이 제 생각입니다.

음성녹음 051

전북의 지역사회 문제를 연구하는 호남사회연구회라는 곳에 소속된 대학 교수님들 중심으로 1980년대 후반기 다가오는 1994년 동학농민혁명 백주년 준비를 위한 논의가 시작되면서 1992년 전북지역 시민사회단체 협의체로 전주에서 동학농민혁명백주년기념사업회(약칭 '동백사')가 창립되기에 이릅니다. 광주에서는 광주전남기념사협회가 만들어졌는데 전남대 인문대학장을 역임하신 이상식 교수님이 맡으셨지요.

전남은 도 권력하고 시민 권력이 굉장히 가까워요. 전주에서 동백사를 중심으로 연구가 이루어지고 기념사업이 진행되니까 광주에 있는 교수들 사이에서 우리 전남지역에서도 동학농민혁명 관련 유적지와 그 당시 역사적 진행사살이 많은데 왜 가만히 있느냐 하는 자성이 있었다고 들었습니다. 그래서 장성 황룡강전투지를 비롯한 전남지역 동학농민혁명 유적지에 대한 관심을 높이고 정비를 위한 계획을 세우기 시작했다고 들었습니다. 그렇게 해서 이상식 교수를 중심으로 당시에 꽤 많은 금액인 연구비 2억을 마련하여 연구하고, 그 결과를 신문 등에 기고하는 등을 통해 활성화에 나섰다고 들었습니다. 그렇게 해서 전남 장성 황룡강 전투지에 기념비가 세워지고 정비사업이 이루어져 나중에 국가사적으로 이곳이 등재되기에 이르렀지요.

동학농민군이 서울의 경군을 맞아 승리한 장성 황룡강 전투는 장태전투로도 알려져 있지요. 장태는 전라남도 사람들이 '달구장태'라고 말하는데, 닭을 키우는 닭장입니다. 대나무로 둥글게 만들어진 것으로 한쪽에 문을 달려서 있어서 닭이 드나들 수 있도록 제작된 기구이지요. 당시 일본군이 쓰던 총은 지금 우리 군인들이 사용하는 M16 이런 총들처럼 그 성능이 강력하지 못했어요. 그래서 대나무로 엮은 장태 안에다가 볏짚을 꽁꽁 밀어 넣고 굴리면 총알이 뚫지를 못했다고 해요. 그러니까 그 장태를 밀고 적진을 향해 공격을 감행하여 농민군이 승리하는데 도움이 되었던 것이지요.

60~80년대 군사정권 때는 한국사회에서 문단활동도 굉장히 위축된 시기였습니다. 그래서 광주에서는 '오월시'라는 문학동아리가 만들어져 활동했었지요. 그 동인 중 한 사람이었던 곽재구 시인의 시가 여기 황룡강 전승탑 뒷면에 새겨져 있습니다.

'조선의 눈동자'라는 시가 그것인데, "조선의 눈동자들은 황룡들에서 빛난다 그날, 우리들은 짚신발과 죽창으로 오백년 왕조의 부패와 치욕 맞닥뜨려 싸웠다 청죽으로 엮은 장태를 굴리며 또 굴리며 허울뿐인 왕조의 야포와 기관총을 한판 신명나게 두들겨 부쉈다 우리들이 꿈꾸는 세상은 오직 하나 복사꽃처럼 호박꽃처럼 착하고 순결한 우리 조선 사람들의 사람다운 삶과 구들장 뜨거운 자유 아, 우리는 우리들의 살갗에 불어오는 한없이 달디 단 조선의 바람과 순금 빛으로 빛나는 가을의 들과 그 어떤 외세나 사갈의 이름으로도 더럽혀지지 않을 한없이 파란 조선의 하늘의 참주인이 되고자 했다. 시아버지와 며느리와 손주가 한상에서 김나는 흰 쌀밥을 먹고 장관과 머슴과 작부가 한데 어울려 춤을 추고 민들레와 파랑새가 우리들의 황토언덕을 순결한 노래로 천 년 만 년 뒤덮는 꿈을 꾸었다 조선의 눈동자들은 황룡들에서 빛난다 그 모든 낡아빠진 것들과 그 모든 썩어빠진 것들과 그 모든 억압과 죽음의 이름들을 불태우며 조선의 눈동자들은 이 땅 이 산 언덕에서 뜨겁게 빛난다"

1970년대 중반 전국 민족문학 진영의 작가들의 움직임이 구체화된 후 전국 각 지역에 젊은 문학인들이 지역별로 문학단체를 많이 만듭니다. 이런 사회적 상황에서 70년대 자유실천문인협회가 설립되지요. 그 협회가 이후 한국민족문학작가회의이지요. 현재 한국작가회의 전신입니다. 여기 승전탑 뒷면에 쓰인 시는 읽어보니 확실히 분위기가 1980년대 시입니다.(웃음) 시대변화에 따라 정서가 달라져서 지금은 이런 시가 안 쓰여지지요.(웃음) 이 시가 아마도 1980년 중~후반에 쓰여졌을 거라는 생각이 듭니다. 시의 내용이나 그 분위기를 봐서요. 아니면 1994년 동학농민혁명 100주년을 전후해서 쓰였을 수도 있습니다.

사실 1967년에 발표된 신동엽 시인의 동학농민혁명 대서사시 '금강'은 아주 갑오년 역사를 아주 잘 문학적으로 형상화한 격조높은 작품입니다. 사실 그 이후로 한국문단에서 동학농민혁명 주제로 장편시 10여 편, 단편시 300여 편이 발표되는데 신동엽의 금강을 넘어가는 작품이 아직 없다고 해도 과언이 아닙니다. 신동엽 시인은 사범학교에서 역사를 공부한 사람으로 국사선생이었습니다. 이후 대학원을 국문학과를 다녀 국문학 쪽 학위를 받지요.

제가 시를 하나 낭독하겠습니다. 부끄럽지만, 제 시입니다. 전봉준의 눈빛이라는 제목의 시입니다. "저 들판 끝 바람 앞에 선 사내하나 우뚝 서 있는 앙상한 뼛골로 서서 죽은 사내의 정수리에 들입다 꽂히는 바람아 니가 졌다 천천히 보아라 정수리로부터 차가운 피 맑게 돌리며 두 눈을 번쩍 뜨는 그는 내 등덜미를 내내 주시하고 있다"

전봉준의 눈빛은 역사의 눈빛입니다. 전봉준 장군의 유일한 사진이 들

것에 실린 사진이지요. 그 사진은 전북 순창군에서 관군에게 붙잡힌 후 일본군에게 인계되어 서울로 압송된 전봉준 장군이 일본 영사관 순사청에서 지금 서울 종로 지하철 종각역 부근 의금부(법무아문) 권설재판소로 재판을 받으러 오갈 때 일본인 기자가 찍은 사진이지요. 그 사진 위의 전봉준 장군은 다리가 부러져 걷지를 못해 그렇게 들 것에 들려 재판정을 오간 것이지요.

한국 근대사의 첫새벽을 열고자 했던 전봉준 장군의 그 사진 한 장이 주는 상징성은 엄청나다고 저는 개인적으로 생각하고 있습니다. 근대의 관문을 열고자 했던 동학농민혁명 최고지도자 전봉준 장군의 불구의 그 형상은 곧 일제강점기, 해방 후 극심한 민족 내부의 극심한 좌우대립, 한국전쟁, 민족분단, 군사정권으로 이어진 한국 근현대사의 불구의 상태를 매우 상징적으로 보여주는 사진이지요. 그건 단순히 사진 한 장이 아니라 곧 한국 근현대사를 명료하게 관통시키는 인식을 가능하게 하는 상징성을 가진, 놀라운 시 한 편이나 마찬가지라고 저는 평소에 그렇게 생각해왔습니다.

음성녹음 054

고종 34년 때에 만든 거에요. 97년에 만들어진 것입니다. 동학농민혁명 역사가 두 차원을 시간을 갖는데 당시 일어날 때 그 사건 이후에 그 역사에 대한 기념으로 이루어지는데 동학농민기념사업이 1단계는 농민군

반대 측, 수성군 쪽 기념사업이 이뤄집니다. 47개 정도가 세워집니다. 총 68개정도 기념물이 있는데 그중에 40여개는 조선왕조 유림들이 세운 겁니다. 이거 누가 세웠냐하면 최익현이야 유생이니까 유생. 최익현이 흔히 민족이 분열되었으니 외세를 막을 수가 있겠느냐 농민군을 일으키는데 유생들은 농민들한테 죽은 사람들을 기념하고 있었으니, 더 재밌는 것은요. 60년에 4. 19가 일어나니까 민족의 의식이 고양돼요. 그다음이 5.16 쿠데타입니다. 박정희가 정읍에 황토현 기념탑을 세우는데, 거기에 대통령 선거 열이틀 전에 와서 유세를 합니다. 그러면서 그게 군사정부까지, 동백사 이전까지 기념사업이 군사정권에 의해 이루어집니다. 뻔한 것 아닙니까, 내용이 무엇인지. 진짜 기념사업은 동백사, 80년대 이후에 이루어지는 상황 속에서 특별법이 만들어지기까지, 민중성이, 동학농민혁명의 대중지향적 민중성은 그때 이루어집니다. 현지화가 됩니다. 박정희가 동학혁명기념비를 만들 정도의 의식은 굉장히 대단한 것 아닙니까. 그 사람이 만든 것이 아니고 거기에 역사학자들이 붙어가지고 그 정도를 군이 자기가 만들 이유가 없는데, 이유도 없는데 만들어 놓았다는 것은 의식이 있어서 만든 것이 아닌가요? 자기 정권의 정통성이 취약하니까 그것은 동학혁명사업에 빗댄겁니다. 그때 기공식이나 이런 것을 김인 지사라는 그때는 별 하나 현역 그 사람이 와서 5.19혁명은 5,000년 역사에 위대한 혁명이 두 번 있다, 동학혁명이 있고 아래로는 5.19혁명이 있다. 그렇게 써났습니다. 그러려고 한 겁니다. 지금 비문에 써 있습니다. 반란 중에 반란으로 되었던 것을 군사 혁명으로 끌어올리는 이것은 가치가 없는 것이다 이렇게 이야기 할 수는 없는 것 아니에요. 역사 속에도 뭔가 다른 인정하는 마음이 있어야 하지 않는 것 아닌가. 아버지가 동학 접주였습니다. 박정희 대통령 아버지가, 여기 비석에 보면 황룡면에서 서쪽으로 십리에 신호라고 하는 곳에서 사망한 이학승, 동학단을 동적이라고 표현 했고 갑오동적을 진압하고 섬멸하는데 공을 세운 이학승 해가지고 이 사람이 선전관이었는데 좌우승지로 추증한다, 그런 역사적인 유물이네요. 그럼에도 불구하고 1894년에 세운 기념비니까 문병학 선생님이 말한대로 갑오농민군이 패하고 나서 어떤 기념행위가 일어졌는가를 생생하게 보여주는 것이지요. 서울대 박명규 교수님이 논문을 썼습니다. 우리나라에서 기념에 대한 이런 것들이 일상적인 것이 아니고 학문적인 대상이라고 하는 것을 처음으로 인식하는 것이 95년도입니다. 그래서 내가 사회학에서 박명규 교수한테 만들어 봅시다, 했는데 그게 95년도에 얘기한 내용인데 나는 논문을 쓰고 박명규 선생은 논문을 못 썼어요. 나는 96년도에 논문을 발표하고 박명규 선생은 1년 후에 동학기념물 전체를 조사해서 썼는데 그게 우리나라의 기념의 역사, 기억의 역사 초창기의 논문들입니다. 95년, 96년, 97년 사회와 역사 100주년기념사업을 같이 했습니다. 그때 94년에는 전북대에 계셨습니다. 이런 류의 기념비가 전국에 12개 정도 있습니다. 95~97년도 이 시기에 만들어진 기념비. 제가 박명규 선생한테 들었던 이야기 중에 하나는 이런 과거의 역사 유적지를 와서 노인들에게 이야기를 하면 노인들은 아무도 모른다고 하더라 이거에요. 전부 답사 오는 분들이 이런 전투가 있었는데 할아버지에게 들은 바가 있습니까, 모릅니다. 하는데 박명규 선생이 한 5년 뒤에 가니까 그 노인이 나타나 가지고 여기는 이런 전투가 있었던 데라 할아버지가 이야기했습니다. 이렇게 청산유수로 마치 어제 본 것처럼 설명을 하더라는 겁니다. 그래서 외부 사람들이 전부 오염을 시켜가지고 그래서 역사적인 증언이라고 하는 것들도 다 믿을 수 없는, 특히 촌로들이 말하는, 마치 과거의 숨겨진 역사를 노인들이 전부 다 알고 있다고 하는 노인들의 권위를 무작정 주는 그런 방식의 접근 방법은 문제가 많다, 뒤에 온 분들은 자기가 듣고 싶은 이야기가 나오잖아요. 특별법이 되고 나서 유족등록을 하는데 전부 장군입니다. 사실은 갑오가 동적 반란으로 규정되는 순간 그곳에 참여했던 생존한 사람들은 자기 동네에 살지도 못했어요. 대부분 다 이름을 바꾸거나 다른 동네로 이사를 갔습니다. 실제로 중요한 현장의 농민군의 자손들은 원래 살았던 곳에 안 살아요. 그것을 이해를 해야 합니다. 어떤 선생님네가 전북 임실인가 그쪽이신데 동학관련이 있어서 서산으로 옮겨가셨다고 하더라고요. 할머니가 동학이야기를 자주 하셨나 봐요. 기억을 하시더라고요. 저는 경북인데 그런 이야기를 들은 적이 없어서.

음성녹음 056

개남이 그 開南이요. 열 개(開) 자에 남녘 남(南) 자입니다. 김개남, 뭐냐면 왕이 되겠다는 왕, 그래서 실제로 그때 당시 남쪽으로 내려가서 내가 그쪽의 왕이 되겠다. 남원에 진을 잡고 실제로 거기서 그런 것들 때문에 김개남이 군대를 옮기면 왕이 움직일 때, 군대 틀을 짜가지고 움직입니다,

뭐방, 뭐방 뭐 그렇게 남원에 들고 와서 2차봉기 때 일어나지를 못하니까 49일이 지나야 일어나 움직여야 한다고 뭐 그런게 있는 모양이죠. 그러면 49일을 거기서 딱 지나고 50일째에요. 50일째 실제로 움직입니다. 그리고 임실에 성수산이라는 큰 산에 상이암(上耳庵)이라는 암자가 있는데, 여기에 태조 왕건의 건국 설화가 있고 태조 이성계의 설화가 있어요. 김개남이 남원에 있을 때 거기 들어가서 기거를 합니다. 그런 것들을 설화와 관련된 것들에서 실질적으로 민심과 연결시키려는 하는 움직임이 있었다, 그런 역사학 논문이 있더라고요. 흔히들 김개남이 사납다고 하는데 사실은 집안이 제일 좋아요. 도강 김씨, 정읍 이씨와 도강 김씨가 평양시대에 아주 힘 있는 성씨입니다. 그중에 김개남은 도광 김씨입니다. 양반 출신, 그게 싸웠던 이유가 뭐냐면 거기에 들어와야 되는데, 고생을 하는데 천민부대가 있었습니다. 김개남이 유독 거기는 굉장히 극좌파들이 신분이나 이걸 전면으로 해제한 거예요. 그리고 집강소 통치 때 김개남 부대 쪽에서는 실제로 양반 씨를 말린다고 그런 짓을 합니다. 그러니까 전봉준이 서지를 내려요. 그렇게 원한 품은 것처럼 그렇게 대응하지 마라. 그런 것들이 김개남이 사납다고 얘기를 하는데 딱히 그렇게 볼 수 있는 것은 아닌 것 같아요. 성질이 조금씩 다른 것같아요. 전봉준 쪽은 시종일관 대원군, 아니면 정부와 연결하려고 모색을 하였습니다. 근데 그런저런 것들을 살펴볼 필요가 있을 것 같아요. 당대 상황들을 한번씩 점검을 해봐야 될 것 같습니다. 19세기에 개화사상, 동학사상, 위정척사사상 이게 구분되어 있는 상황인데 그것들 속에서 서로 필요에 의해서 대원군은 전봉준을 이용하려고 하고, 전봉준도 대원군을 상황에 따라 이용할 필요가 있다고 판단하지 않았나 그런 생각이 들었어요. 전반적으로 조정을 정면으로 봐서 그 사람을 판단해야지, 그냥 김개남이 그렇게 얘기를 한 것이라고 판단하면 위험할 수 있다고 생각합니다.

음성녹음 057

지금 이곳이 동학농민혁명, 제2차 동학농민혁명 출발지라고 하는 무장 기포지입니다. 기포라는 말이 동학의 조직이 호접들 이었습니다. 접주, 호주 이런 것이 접이 몇 명, 몇 가구, 몇 가구가 되는데 접주, 그게 구성된 것을 몇 개를 더 관리 하는 것이 대접주고, 포가 호접의 기본 동학의 단위입니다. 기포, 포가 일어났다. 조직이 통제한 것을 뜻합니다. 여기가 갖는 의미가 굉장히 중요한 것이 제가 말씀드린 것처럼 동학농민혁명 이후에 일제식민지 시기를 들어가고 해방되고 나서 바로 동서냉전, 90년까지 오고 나서 오는 과정에서 묻혔습니다. 동학혁명이 제대로 혁명에 들어가지 않고 반란으로 불려오다가 연구가 본격적으로 이루어지면서 이곳이 기포지라고 밝혀졌는데 이곳이 갖는 의미가 뭐냐며 19세기가 흔히 민란의 세계라고 할 정도로 민란이 안 일어난 고을이 없을 정도로 많이 일어났는데 그것이 다 복지성을 벗어나지 못했습니다. 그러다가 비로소 이때 충청도와 전라도가 합세를 해서 일어나는 첫 번째, 말하자면 복지성을 벗어나간 것을 기점으로 농민혁명으로 발돋움했다라고 의미를 높게 두는 곳이 바로 이곳 기포지입니다. 당장 소나무가 3개가 심어져있는데, 전봉준, 김개남, 손화중 이렇게 있는데 그런 의미로 심어놓은 겁니다. 나머지 모든 사료 그때 당시 유생의 사료나 이 문항이 국가기록에 다 나옵니다. 본격적으로 농민반란, 국세민란이 혁명으로 발돋움한 기점은, 아까 말씀하신 대로 90년 중반까지 아무것도 없었습니다. 하나도 정비가 안되어 있었는데 95년도 기점으로 100주년 이후 다음으로부터 조금씩 정비한 것이 지금은 모양이 갖추어졌습니다. 지형이 그때하고 지금하고 100년차이면 굉장히 많이 나는 겁니다. 여기가 구수내 마을이거든요. 구수마을입니다. 원래 구수내입니다. 아홉 개의 물이 흘러내리는 여기까지 배가 들어 왔답니다. 실제로 그때 당시에 사료에 배가 들어옵니다. 군량미 같은 것을 갖고 오는 기록이 나와요 여기서 조금 더 나가면 해일이거든요. 바다입니다. 바다가 가깝습니다. 실제로 배가 들어왔답니다. 저기 농어촌공사 넘어가 밑으로 상당히 낮은 연결이 되는데요. 저기까지 실제로 배가 들어왔데요. 실제로 농민군들이 훈련하고 그럴 때 이쪽에서 동학에 가담한 집안이 있는데, 쌀을 700석을 내주는데 물로 가져 옵니다. 근데 그때는 가져오는 방법이 그것 외에는 없었어요. 육로로는 안 되니까 바닷길을 굉장히 잘 알고 있었을 것이에요. 그 뿐만 아니라 120년 동안 이쪽 지역이 굉장히 메워져서 이 일대가 굉장히 큰 항구였는데 지금은 완전히 항구기능을 상실했어요. 100년 전하고 지형이 굉장히 큰 변화가 있다는 것을 염두에 두고 생각을 해야 왜 이곳이 집결지였는가 이해가 되는 거에요. 물을 이용한 서해안지역이 500년 전, 1000년전 하고 달라요. 형태적 변화가 심한 곳이에요. 돌아가신 분들

증언을 90년대 저희가 많이 기록을 많이 해놨거든요. 저희 사업부가. 근데 이야기를 해요. 물이 여기까지 들어와서 배가 어디까지 들어왔는지 이해가 안 가는데, 본인 어릴 때는 그랬다고. 자연스럽게 메워진 것인가 인위적으로 매립을 한 것인가? 두 가지 다 있어요. 자연적으로 퇴적되는 것이 많이 있어요. 물이 빠진 거에요. 서울도 한성 피마골 발굴해 보니까 고려 때보다 4m나 높아졌어요. 퇴적이 되서 낮으니까, 고려 때 유적은 4m 밑으로 나오고, 조선 때는 2m.

음성녹음 058

백산에서 봉기합니다. 전봉준 관련 손화중, 김개남, 비서 정백현. 비서가 수행비서가 아니라 비밀스런 글, 비서 이렇게 정해서 군대를 형성하고 바로 전주성으로 올라갑니다. 근데 경군이 내려오고 관군이 오니까 다시 정읍으로 후퇴를 합니다. 그래서 황토현 전투를 하고 그대로 다시 이쪽으로 돌아와서 훈련을 또 하고 합니다. 훈련을 하고 남쪽으로 내려갑니다. 여기가 바로 영광입니다. 전라남도, 쭉 가면 나주, 한평 이렇게 연결되거든요. 최경선 장군이 광주에 있었고, 전라남도 쪽으로 완전히 돕니다. 돌고, 장성으로 옵니다. 처음에 갔던 황룡강전투, 경군이 거기까지 따라 온 거야, 전주성 올 것이 틀림없는데 안 오니까, 따라가요 그래서 장성에서 만나서 격파를 하고 바로 전주성을 함락을 시켰습니다. 그래서 청나라, 일본 양군이 들어오고 이런 상황이 벌어집니다. 농민군이 고부 관아로 올라가고 백산까지 갈 때까지 코스입니다.

코스가 총 몇 개 있나요? 여기서 논문을 발표한 사람의 반대 논문을 썼는데 이곳은 행정기관에서 사업을 하기 위해 만든 곳이지 당시 농민군은 한 줄로 서서 군대같이 간 것이 아니라 몇 팀으로 나눠져서 가요. 한 팀은 고창현 쪽으로 가고 한 팀은 저기로 가고 모으는 것이에요. 사람도 모으고 생각도 맞으면 같이 올라가고, 이렇게 가서 사포, 후포라고 고부 바로 관아 밑에 부안, 줄포, 사포 거긴데, 거기서 만난 거거든요. 한 줄로 갔다는 것은 요즘 사고이지 그렇지 않다. 고창 군수는 한길로 갔다고 해야 되요. 그래야 관광지가 되니까 이것은 옳지 않다 고창군에 토론할 때 그랬는데 좀 물러서라고 그랬는데 물러 설 수 있는 것이 아니잖습니까. 무장이라고 하는 동네가 완전히 죽어 있다가 무장기포가 알려지면서 새로 생겨난 동네거든요. 그래서 의미 있다, 동학로라고 하거든요. 모르는 척 하는 것보다 관심 받고 비판하는 것이 좋다.

음성녹음 059

그렇게 널리 되었는데 아직도 기념비를 제정을 못하면 왜냐면 각 휴일마다 전주 입성, 전주성을 함락한 날로 잡자, 2차 봉기일을 잡자, 황토현 전승일을 잡자, 장성 황룡강 전투일을 잡자, 승전일을 잡자, 무장기포일을 잡자, 도저히 안돼 가지고 전문 연구자들에게 위임하자, 위임해서 나왔는데 무장기포일이 압도적으로 기념일이 되었습니다. 국무총리와 위원장이 시민위원회에 의결해서 올렸는데 정읍에서 버스 들이대가지고 농민들이 올라와가지고 그때 김홍기 정읍 출신 정치인이 국회의원이 의장할 때 노무현 대통령 말기 때 거기서 올라와서 의장실 점거하고 의장한테 만일에 무장기포일이 기념일이 되면 당신 지금 내려오면 죽을래 살래 해서 공무원들이 무서워서 못 한 것이에요. 제정을 못해서 지금까지 제정이 안 되고 있습니다. 근게 이게 어떻게 연결이 되어 있냐면 그게 고부군수 조병갑의 학정 때문에 일어난 민란이라고 지금도 교과서가 기록되어 있습니다. 그게 일본의 식민사학의 핵심이 조선은 미개한 민족이니까 누군가가 와서 통치해줘야 된다고 하는 게 식민사학의 핵심이거든요. 그니까 자기 노력에 문제를 해결하기 위해서는 민족적 동기가 일어나는 것을 인정하면 안돼요. 동학농민혁명이 그런 맥락에 그러니까 그런 맥을 다 무시하고 고부군수 조병갑의 학정에 의한 가렴주구에 의한 민란 이렇게 축소의 맥락으로 써놓고. 전라도 지방사, 고부 지방사를 교과서에 써놓은 것이 지금까지 그렇게 되어있어요. 네 줄, 중학교 사회과목에 네 줄 정도 있습니다. 그러다 보니까 젊은 사람들은 박정희 대통령 때 3월 동학 기념사업을 하면서 그때는 거기가 나주가 되고 다른 데는 기념사업을 절대 못하게 합니다. 심지어는 금강 같은 경우도 발탁이 되자마자 각하시켜버립니다. 정치적으로만 이용하면서 하나만 딸랑 해놓고는 민간의 시민단체 활동 이런 걸 못하게 막고 할 수가 없을 것 같습니다. 정읍은 동학기념관을 세워놔 가지고 정읍에서 하는 것을 어떻게 막을 수가 없으니까 정읍만 놔둔 겁니다. 그래서 정읍 교육청 통제를 하면서 관련 행사를 해요. 67년도부터 그러니까 정읍 사람들은 동학은 우리 것이다라고 생각합니다. 절대로 그 외에 기념일이 되면 안되는 거야. 저는 하도 정읍하고 고창하고 싸움질을 해서 그러면 전주에 위치한 사단법인 동학농민기념사 사무실장이니까 전주 입성일로 하자, 왜? 프랑스 파리 에펠탑이 프랑스 대혁명 100주년 기념탑이거든요. 1889년에 세워집니다. 7월 14일에 테이프 커팅 합니다. 개막식, 프랑스 대혁명 100주년 기념탑. 프랑스는 파리 에펠탑 세우는 것 굉장히 반대했습니다. 무슨 덩치 큰 것을 세우느냐고 지금은 프랑스하면 이미지로 에펠탑으로 생각하잖아요. 굉장히 그 기념일이 7월 14일이 바스티유 감옥을 점령한 날이거든요. 루이왕족의 정치생명을 가둬놓은 감옥을 빗대면 건국자의 경향이자 실질적으로는 조선재정의 상당한 부분 차지했던 건 호남의 동학도들의 전주성 함락인가 그렇게 요구되고 차라리 싸우려면 여기로 하자, 아직도 10년이 넘게 못하고 있습니다.

음성녹음 060

집이 하나 있는데 거기가 생가라고 되어 있다가 문화재청에서 바꿨습니다. 사적으로 등록이 되어있는데 생가로 등록이 되어 있다가 바꾸었습니다. 고택으로 바꾸고 옛 고, 집 택으로 바꾸고 그때는 거기가 생가가 5군데 정도 얘기가 되었는데 거기가 생가인지 알았어요. 일단은 1980년 이후 연구가 본격화 되면서 여기가 생가라는 것이 밝혀졌고 여기에 연구자들에 의해 밝혀지고 나니까 여기 고창군에서 기념사업을 했는데 이건 지금 다섯 칸입니다. 원래 세 칸짜리여야 하는데 정읍이 당시에 19세기 농민들이 평민들이 살았던 곳이 세 칸입니다. 5칸짜리는 다른 곳에 있던 것을 옮겨 온 겁니다. 그리고 소 키우는 외양간이 소가 들어가지도 못할 이상한 외양간을 놓고 만들어놨어요. 전혀 정부에서 그냥 돈 갖다가 빨리빨리 만들어버린 전형적인 것입니다. 그리고 역사적인 집들도 방향도 약간 이렇게 돌려져 있어야 맞습니다. 사료에 의하면 이게 방향도 틀리고 집도 세 칸짜리로 되어있어야 하는데 이쪽에 집들이 있었는데 없어진 겁니다. 저게 지금 잘려버렸습니다. 완전히 원래 집이 이렇게 연결되어야 하는 것인데, 잘려져 있습니다. 어쨌든 여기가 대추밭으로 버려져 있다가 93년까지 대추밭이었는데 93년도에 확인이 되고 매입을 시작을 해가지고 사업을 했는데 어느 정도만 얘기를 듣더니 어느 순간부터 연락을 없더라고요, 그래서 와봤더니 딱 지어났어요, 안에서. 여기도 보니까 절대로 집이 가랑이 벌리듯이 있지 않습니다. 저희 사업부에서는 시종일관 고창군에 요구했던 것이 이거 짓기 전에 집 짓지 말자, 초가집 갖다 놓지 마라, 거기다가 차라리 잔디를 조성하고 건물만 둬라 하고 보기 좋게 잔디 중간에 키우고 안내판을 좀 촌스럽지 않게 해서 전봉준 생가 터다 그렇게만 하라고 했더니 집을 지어야 돈이 남는가 봐요. 갖다가 행정기관에서 그냥 막 놔버리네. 아무 전문가들의 조언도 받지 않고 처음에는 모양 갖추기로 좀 받았다가 1, 2차 받았다가 연락도 안하고.

　　그래서 여기 온 이유는 뭐죠? 여기가 생가 터라는 것을 여기서 태어났다. 그 얘기를 말씀드리고 싶어서 온 것이고 그 양반이 내공이 제일 센 사람 중에 한 사람이에요. 무협소설로 얘기를 하면 의지가 대단한 분이죠. 공초 재판할 때 그렇고 이름이 뭐냐 잡아가면 묻잖아요. 물으니까 뭘 했냐 재산이 얼마냐 그러니까 삼두라 그래요. 거의 없잖아요. 그것가지고 어떻게 먹고 살았나 하니까 점심은 죽을 먹고 저녁은 밥을 먹고 재판관이 그렇게 묻습니다. 아니 너는 뺏길 것도 없었겠구만. 두 끼를 먹는데 한 끼는 죽을 먹는데 뺏길 것이 없는데 너 귀화했냐 그러니까 전봉준이 대뜸 그럽니다. 어찌 개인의 안위를 위해 귀화하는 것이 대장부의 일이겠느냐 국민이 원하는 고로 국민의 고통을 느껴보자 오히려 혼줄을 냅니다. 개인의 안위를 추구하는 이런 사람들 재판에서 만나니까 뭐라고 하니까 어찌 나를 죄인 취급하느냐 나라를 팔아먹고 외세에 빌붙어서 배를 채우는 니놈들이 죄인이거늘 어찌 나를 죄인취급하느냐, 그리고 호통을 치고 재판 마지막 때 3월 29일날 교수형을 하거든요. 할 말 없냐니까 할 말 없다. 일본 측에서 천우협(天佑俠)이라고 극우파가 계속 회의를 합니다. 전봉준 장군을 밀항하게 해주겠다. 일본 변호사를 선임해주겠다. 나는 너희를 죽이려고 일어났다가 잡혔으니 나의 청렴은 여기까지이다. 당연히 거절하고 마지막 죽을 때 할말 없냐니까 할말 없다 그런데 뭐라고 하냐면은 나를 죽일진대 종로 네거리에서 목을 베어 오고가는 사람에게 내 피를 뿌려주는 것이 가할진대 어찌 컴컴한 적굴 속에서 암연히 죽이는가. 이게 공초에 있는 글이거든요. 이런 의기로운 사람이 없었으면 아마 우리 근대사가 그나마 더 쓸쓸하고 적막했을 것 같네요.

서있는 농민군이 전봇대 있는 쪽에 서 있다가 가짜로 허수아비를 만들어 놓고 퇴각을 해요. 밤에 만나면 야밤에 전투를 하니까 서로 멈춘 것이죠. 허수아비로 만들어놓고 퇴각시키고 유인을 해요. 아침 날이 되니까 불이 타고 있잖아요. 이쪽에다 불을 피워놓고 그러니까, 기습을 해요. 새벽녘에 전투력을 완전히 상실하게 만들어 버려, 불 피어 놓고 있으니까 전투할 기세를 안보이고 사실은 거기는 국민, 농민군이 깨있어요. 다른 곳에 공격을 하고 있는 거야. 근데 불 피워 놓고 위장해놓았다가 새벽에 당한거야 그러고서는 군대를 여기 있는 것처럼, 여기가 정읍이잖아요, 고부인데 정읍 저쪽 구석으로는 정읍현이에요. 정읍현으로 나갔다가 고창으로 내려간 그때는 흥덕 고창현이 지금 고창군이에요 현입니다, 세현. 여기도 현이고 고부는 군이고. 내려가서 강진, 함평, 나주 이런 곳까지 다 돌아갑니다. 그래가지고 장성으로 올라와요.

양력 5월 11일이니까 전투가 벌어지기 전이네, 4월 26일인가 5월 10일에 여기서 출전해요. 정읍에서, 그리고 여기가 재미있는 곳인데 기념관이 2개가 있고 세 정권에서 사업을 했어요.

여기 오른쪽에는 동학혁명유적지 관리 사무소 공식명칭이 그래요. 국가 사적지입니다. 손을 대면 안 돼요. 국가 사적이고 전두환 대통령이 81년에 영광 원자력 발전소, 3월에 원자력 발전소 1호기가 문을 엽니다. 개막을 합니다. 그때 장충체육관 의원 대통령 98%가 된 다음이에요. 여기로 와요. 영광 원자력발전소 1호기 테이프 자르고, 올라오면서 이쪽 제일 큰 데가 고창군, 정읍군이니까. 정읍군청으로 와요. 그때 정읍고창 여기가 국회의원이 1명인데, 지역구가 1명이에요. 흥덕, 고창, 정읍 국회의원이 1명인데, 그때 국회의원이 누구였냐면 진의종 민정당 국무총리까지 하고 그랬던, 진의종 총리가 국회의원이 여기 좀 해줘라, 전북일보 기사입니다. 그 자리에서 전두환 대통령이 뭐라 그러냐면 전봉준 장군은 훌륭한 애국군인으로 나의 칼침이다. 여기를 아산 현충사처럼 성역화하라 그게 81년 3월이고, 2년 뒤부터 군사가 시작 됩니다. 83년부터 진행돼요, 그리고 저 위의 탑은 5대 대통령 선거 앞두고 26일 만에 급조된 탑이고 만들어졌는데, 갑오동학혁명 기념문화재라는 것을 5월 11일 시민의 날, 그 날 하는데 80년에 사회적인 분위기가 70년 후반에 올라오잖아요. 민족의식이 올라오니까 80년 5월 11일 날 5.18 직전에 신민당 총재가 축사를 요청해 왔어요. 여기에 김대중 오니까 6만 여명이 몰려들어요. 근데 김대중 씨가 그때 총재가 축사하면서 내가 대통령이 되면 여기를 오겠다. 그리고 5.17, 5.18이 난거예요 그리고 급격하게 식어갔는데, 그리고 전두환이 대통령되고 학교에서 농성하고 있을 때 돌고 돌아서 김대중 대통령이 되었잖아요. 초도순시가 왔어요. 98년 5월인가 초도순시 할 때왔어요. 전라북도에 그때 저희가 94년에 전라북도 고창에다가 동학농민혁명 100주년 기념교육관을 지어 달라, 삼례에다 짓자, 사업부에서 요청하고 문화부에다 요청 한 게 있어요. 오니까 갑자기 대통령이 와가지고 뭐 보고해야 할 것이 없는가 하고 그땐 유종근 지사였어요. 우리 사업 때 이사장은 한승원 전무 그니까 유종근, 한승원은 김대중 대통령 때 경제고문이고 양 대축이잖아요. 보고를 유종근 지사한테 했는데 유종근 지사가 정읍이야 고향이, 우리 사업부에서 낸 것 가지고 300억인데 부풀려서 394억으로 키워서 했어요. 교부세를 줘라 특별교부하라 김대중 대통령이 그렇게 얘기 했다고 장소는 어디 하라고 안했고 그런데 유종근 지사가 정읍에서 한다고 한 것이에요. 저희 사업부에서는 데모를 해야죠. 왜 정읍에다가 또 하냐 삼례나 전주에다가 하던가 해라 입지도 그렇고 정읍에다가 무조건 하는 건 말이 안 된다. 역사 축소다 근데 저하고 사무총장 지금 원광학원 이사장이 신순철 역사학과 교수라고 사무총장이고 제가 사무처장인데 둘이서 기자회견하고 그러니까 위에서 전화 왔어요. 그때는 이사장이 아니죠. 서류상으로는 이사장 못하니까, 내 입장도 생각해라, 유지사하고 곤란하다고 그래서 세워진 것이 저것.

김대중 대통령 때 세워진 거 2004년에 개관 했어요. 84년에 개관한 건 전두환 대통령. 저 위에는 64년에 한 것. 그러면 우리는 책, 전투라는 의미만 가졌을 뿐이지 동학농민운동의 의미를 따지면 최대 격전지도 아니고 읍성도 아니고 말야. 정권에 의해서 그냥 여기가 기념관 돼버린 거야. 그냥 전라북도니까 그게 복잡하다니까 간단하게 얘기할 수 있는 게 나는 고향이 남원이다, 전주성 함락이 중요하다고 생각했는데 사당형태로 만들었네. 반발이 많아지고 김대중 대통령 때 한 것도 처리하고 중심으로 안된다. 농민군을 어떻게 사당으로 모시냐, 전시 사당에는 전두환이라고 써있어요. 전두환이 정화라는 말을 좋아하는 것같아요.

우금치가면 5.16혁명이라는 단어하고 박정희라는 단어가 찢어져 있어요. 동학농민 제민당이라고 이름을 지었고 여기는 기념관입니다. 제민당에 가보면 전봉준을 선비로 그려놨어요 갓 쓰고, 이 나무가 앞에 나무는 김대중 대통령의 식수입니다. 총재때, 커져 버렸어요. 전봉준 뜻을 못 피게 되어 있네. 나무가 20년 전에 심어놨을 땐 작았었는데 커버리더라고요. 1980년대에 정읍시 문화원에서 세운 사당이에요. 이 탑을 만든 사람이 누구냐면은 세종대왕 상 있잖아요 서울에. 김경승이라는 사람이 만든 거에요. 천하의 친일파. 그때는 조각을 하는 사람이 별로 없어요. 일본에 가서 공부하는 사람 외에는 그 사람들이 싹쓸이 한 겁니다. 세종대왕 만든 사람이 김경승인데, 그 사람이 만든 거에요. 사람들이 오면 답사를 와서 뭐라고 하냐면 저게 전투하러 가는 농민군이 아니고 백산으로 소풍가는 것처럼 그려놨다고 뭐라고 하고 가장 많이 이야기 되는 것이 민상투. 민상투로 갓 안에 갓을 안 쓰더라도 망건을 쓴다고 합니다. 망건을 써야하는데 망건이 없어요. 호로상놈을 만들어 놨다고 사람들이 일부러 그런 것 아니냐, 갓을 아예 쓰지 말던가 멋도 아니고, 말들이 많아요.

음성녹음 062

김상기 박사 고향이 김제입니다. 그래서 일제시대 때 30년대에 동아일보에다가 〈동학과 동학난〉이라는 연재를 해요. 거기에 김상기 박사가 전봉준 고향이 이평면 장내리라고 써버렸어요. 그래서 거기가 고택으로 변경된 건데, 다른 사료들을 보니까 아니라는 게 나중에 밝혀진 것이에요.

63년 10월 3일 개천절에 개막식을 한 것이고. 한국의 기념사업이 언제 본격적으로 될 것인가, 동학농민혁명 정신이 언제 제대로 가려고 하면서 현지화가 되었는가 저는 문학시를 쓴 사람이라 동학농민혁명을 주제로 한 시를 전부 찾아 봤어요. 지금까지 한 280편 됩니다. 단편, 장편 합해서. 근데 첫 번째로 쓰여 진 시가 해방 직후인 47년에 사회주의 사상을 수용한 영광사람인 조운의 '고부 두성산'이라는 시조가 하나 있어요. 그리고 시가 안 나와요 이 탑이 세워진 이때, 63년 9월 28일 전북일보에 '새야 새야 파랑새야'라는 시가, 신석정의 시가 실려요 대통령이 오니까 준비시킨거에요. 지역 일간지에 실린 두 번째 시고, 서울대 황동규 교수님이나 이런 분들의 시가 70년대에 4편 나와요. 그게 총 합해서 80년대 이전까지는 19편입니다. 전체 나머지 280편이 80년 이후에 100주년 때 쓰여져요. 그때 압도적으로 동학농민혁명과 관련된 관심이 증폭되는걸 보여주는 거죠. 역사 관련 학회의 논문도 마찬가지입니다 그때 폭발적으로 증가하면서 85년부터 석박사 논문이 쏟아지고. 그전에는 논문이 안 나오고 연구가 제대로 안되었는데. 아까 말씀드렸는데 냉전체제가 붕괴되고, 군사정권이 붕괴되면서 무너지면서 민주화와 함께 동학농민혁명의 변혁지향성에 관심을 가지게 되고 연구가 이루어지게 되는 그런 상황입니다. 시설은 5.16 군사정권, 전두환 군사정권 때, 그다음에 김대중 대통령 때, 세 정권이 한곳에 집중되도록 사업을 해놓다 보니까 농민혁명의 집중성은 있는데, 지평을 넓혀가는데는 굉장히 애로사항이 많아요. 동학농민혁명은 내장산이 아니고 고창의 방장산이 아닙니다. 우리나라 근대 민주 운동의 백두대간입니다. 실제로 황해도 해주성도 점령이 되었고 2차 봉기 때, 경상북도 상주성도 점령이 됩니다. 근데 꼭 여기가 자꾸 얘기가 되서 여기로만 아는데 동학농민운동은 우리나라 청일전쟁과 러일전쟁, 이런 우리 근현대 맥락 속에 세계의 역사 속에서 좁혀서 동아시아 역사 속에서 봐야지 그 진면목을 제대로 볼 수 있는 아주 거대한 산입니다. 동학농민혁명의 관심의 폭을 넓혀 나갔으면 좋겠습니다. 김상기 선생은 동학에 대한 발행본도 없는데, (청중: 책 있어) 동학난이라는 일제 식민 사업자들 외에 국내 학자 중에 선구적으로 연구했던 분이 김상기 박사, 한우근 선생님, 이상근 박사도 몇 번 있긴 한데 동학과 민요를 연결하는 부분이 있기는 한데, 억지스러운 부분이 있지만 그렇게 연결이 됩니다. 노래를 보면 아주 재밌습니다. "새야 새야 파랑새야 녹두 밭에 앉지 마라. 녹두꽃이 떨어지면 청포장수 울고 간다.""갑오새 갑오새 을미적 을미적 병신되면 못 가보리." 민요가 국문학에서 특히 조선후기 참여가 굉장히 승합니다. 쉽게 말하면 80년대 말하면 개사곡이에요 노래를 바꾸는 겁니다. 상황에 따라서 그중에 하나가 '새야 새야 파랑새야'고 '가보세요(謠)'에요. 가보세, 갑오세(甲吾歲)가 갑오년입니다. 내년에 을미년이에요. 병신년이고, 갑오년에 빨리 안가고 을미년에 을미적 을미적거리다가 병신년에 이르면 병신이 되어서 성공하지 못하고 실패한다, 그런 이야기에요. 빨리 우리가 서울 가서 해결해버리자, 갑오년에 그런 사람들의 마음이 들어 있는 거죠. 올해가 갑오년이고 내년이 을미년이고 그 다음해가 병신년이에요, 올해 마음먹은 김에 올라가서 다 해결해 버리자 을미적 을미적 내년 가면 한해 더 가면 병신되서 못가는 수가 있다.

이걸 보면 세계정서를 몰라서 그런 것이 아니라 워낙 답답하고 급해서 그런 알았다 하더라도 가야하는 것 아닌가요? 이것은 갑오년에 만들어진 것 같지 않은데? 뒤에 만들어졌어요. 그때 사람들이 전봉준이 잡혀서 글렀다고 하는데 저는 그렇게 생각하거든요 국문학 쪽에 논문을 쓴 적 있거든요. 파랑새가 청나라 군사다, 청포장수가 청나라 청포 장사다 이런 별 얘기가 다 있는데, 저는 그렇게 보지를 않고 일제 식민지라 시기라는 36년이 없었으면 이 노래가 이렇게 불려지지 않을 것이다 생각해요. 80년 후반인가 동아일보가 논문 쓸 때 확인했는데, 우리나라 국민들에게 설문조사를 했어요. 남녀노소 불문하고 우리나라 국민들에게 가장 많이 아는 노래, 아리랑, 애국가 그리고 이게 3등이에요 그게 일지 식민지라는 식민지시기를 거치면서 사람들이 정서적인 위안도 삼고 그런 것이 아닐까, 그래서 이게 전 국민이 부르는 애창곡이 된 것이 아닌가. 그 뒤에 불려진 것이 맞다, 그렇게 생각합니다. 뭐라고 해석하고 있어요? '파랑새야 파랑새야'요. 그냥 녹두가, 쓴 녹두밭 자체가 혼미한 정세에요. 그래서 '앉지마라' 그렇게 얘기하는 사람이 있고. 여기(녹두밭)가 우리 농민군이다 생각하는 사람도 있고 파랑새가 외세인데 녹두밭에 앉지 마라, 우리 피어나야 하는데 앉아서 떨어져 버리지 않냐는 게 지금 가장 일반적 해석입니다. 근데 말이 다 달라요. 근데 앞뒤로 맞춰보면 말이 그럴듯하게 맞아요. 근데 가장 일반적인 것은 새가 외세, 권력자들이고 녹두밭이, 녹두가 전봉준이에요. 전봉준 별칭이 녹두장군이었으니까. 녹두밭은 녹두꽃이 떨어지고 녹두가 열리잖아요. 전봉준이 말하는 세상을 펴려면 새가 녹두밭에 앉아서 녹두꽃을 떨어트리면 안돼요. 그런 것이 가장 일반적으로 노래를 이해하는 현재 상황입니다. 같이 만들어진 것이죠. 똑같이 만들어진 겁니다.

음성녹음 063

시천주나 뭐, 인내천 사상에서 천주교의 영향이 있는가 하는 거고요, 의암(義菴) 손병희(1861~1922)는 북접의 3대 접주까지 하고 동학에 참여했는데 어떻게 3·1운동까지 무사히 생존할 수가 있었습니까?

첫 번째는 의암 손병희 선생이 동학농민전쟁당시 직접 참여했는데 어떻게 그 이후에 살아서 맥을 이어올 수 있었느냐, 그 얘기 하나 하고 시천주와 천주교의 관련. 그때 그렇게 얘기 합니다. 제자가 물어요. 동학나기 전에 동학사상의 큰 맥을 인내천(人乃天), 이렇게 아는데. 맥이 3개가 존재합니다. 하나는 시천주(侍天主)입니다. 모실 시(侍), 하늘 천(天)이고 그 다음이 양천주(養天主), 그 다음에 인내천입니다. 양천주가 기를 양(養) 자입니다. 뭐냐면 모든 생물체는 먹어야 되잖아요. 그러면 그 먹어야 한다는 말은 다른 생명체, 다른 하나를 먹어야 하잖아요. 해월 최시형 선생이 낚시를 하고 있어요. 그리고 낚시를 해간 물고기를 잡아먹어요. 그니까 이천식천(以天食天)이다 그래요. 이천식천, 하늘이 하늘을 먹는다. 그러면서 자기가 목숨을 유지하고 남을 만큼 더 먹으면 그건 해천성(害天性), 하늘을 해하는 것이다, 딱 먹을 만큼만 먹어야 한다. 배가 고파 죽기 전에는 절대로 사자나 이런 걸 살육을 하지 않는다. 그런 하늘을 기른다는 의미로 양천주가 생겨난 거지요. 2대 교주입니다. 그다음에 3대 교주에 와가지고는 인내천인데, 처음 동학이란 게 나오기 전에 제자가 선생님처럼 똑같은 얘기를 묻습니다, 취조할 때도 그렇게 합니다. 서학하고의 관계를 의심을 합니다. 서학하고 천주 하니까, 시천주 하니까 천주님하고 같은 것 아니냐 하고 검사 쪽에서 그렇게 의심을 하는데, 검사한테 말하고 대응한 것은 기록에 없는데 제자한테는 뭐라고 하냐면 동(東)은 천도이나 학(學)은 동학이다 그렇게 얘기해요. 서학하고 근본적으로 다르다, 동(東)은 천도다. 그쪽에서도 하늘에 동을 갖는 거라면 그건 같으나 동(東), 동학은 동학이다. 서와 반대되는 개념을 명확하게 밝힙니다. 그런 의미에서 천주교 관련문제를 이렇게 얘기할 수 있고. 의암 손병희 선생 같은 경우에는 농민전쟁이 끝나고 난 이후에 일제식민지 때, 초기에 일본으로 갑니다. 1900년도 초에. 그래서 거기서 소위 근대 종교로 천도교(天道敎)를 인정받는 겁니다. 일본에 의해서. 그러니까 동학 연구자들은 지금 천도교와는 절대로 대구도 하지 않습니다. 천도교에 동학이 나누어지는데 지금 저 대전 계룡산 쪽에 시천교(侍天敎), 수운교(水雲敎), 천도교 6~7개로 나누어집니다. 그 중에 하나가 천도교입니다. 서로 자기가 전통파라고 막 싸움질을 엄청 합니다. 일제 식민지 초기에, 근데 지금 천도교가 2가지 길을 걸어요. 굉장히 친일적인 행각을 하는가 하면 3·1운동을 주도하고. 실제 그 조직과 자금을 천도교가 많이 댑니다. 그러니까 친일과 함께 반일을 같이 하는 거예요. 반일파와 친일파의 대립도 심했습니다. 그래서 3대 교주가 의암이 되고 3대 교주가 인정하지 않은 수운교나 시천교 이런 데에서는 천도교의 그 맥을 절대로 인정하지 않죠. 그런 맥락이 있습니다. 그 부분은 원광대 종교 연구가 그분의 논문들을 전반적으로 많이 쓰고 있습니다. 갑자기 성함이 생각이 안 나는데, 다음에 문자로 알려 드리겠습니다.

(청중) 의암은 체포되지 않았나?

의암은 친일을 했어요. 그 말년에 3·1운동을 하면서 면죄부를 다 받은 거죠, 우리 민족들로부터. 대표적인 것이 천도교가 되면서. 수운 선생이 그랬습니다. 동학을 한다고 했습니다. 믿는 것이 아니라 그냥 내가 행하는 겁니다. 그래서 절대로 자기를 신격화 하거나 이런 걸 절대로 거부합니다. 해월 선생 살아 계실 때도 그랬습니다. 근데 딱 천도교인이 되면서 수운 최제우 선생은 대신사(大神師), 신 신(神) 자에요. 해월 선생은 신사(神師), 최제우 선생은 대신사님, 해월 선생은 신사님 이렇게 부릅니다. 동학은 근본적으로 내가 말한 동학과 일치해야 한다고 사람을 부를 때 선생님이라고 했습니다, 보통. 동료들은 접장이라고 했고요.

(청중) 선생이라 부르라고?

나이가 많으면 선생이라 하고 아니면 그냥 접장이라고 하고 그리고 여성과 어린이를 굉장히 중시했습니다. 수운 선생은 경주 최씨 집안의 서자였는데, 몸종 둘이 있었습니다. 둘 다 면천시켜서 한 명은 양녀로 삼고, 한 명은 자기 며느리로 삼았습니다. 해월 선생은 측근 신도의 집에 들렀다가 그 며느리가 베를 짜는 소리를 듣고 베 짜는 며느리가 한울이다(베짜는 그 어려움을 당하고 있는 며느리를 일 속에서 어려움을 당하고 계신 한울님으로 알고 한울님으로 섬겨라 - 교정자 주), 그렇게 이야기를 하고. 그 다음 의암, 어린이날을 만든 소파 방정환이 의암 손병희 사위입니다. 그렇게 어린이와 여성에 대한 굉장한 관심을 가지고 천대받는 것에 대해서 굉장히 많은 것을 극복하려고 했던 것이 동학입니다. 근본적인 수운 최제우 선생의 사상이 그렇습니다.

음성녹음 111

여행이라는 표현을 쓰기가 오늘은 참 좀 꺼리는 날이긴 한데, 이렇게 지적인 대화를 나누는 여행은 처음이었고요. 교수님들과 함께하는 대화의 묘미를 느끼는 날이었습니다. 그리고 동학혁명의 또 다른 여러 가지 해석들을 들으면서 우리가 학교에서 배우는 것이 너무나 단편적이고 획일적인 사회교육이 지금 현재 우리나라 이 모양 이 꼴로 만들지 않았는가 그런 생각도 하였습니다.

이렇게 귀한 자리 마련해 주셔서 정말 감사합니다. 처음에 말씀하셨던 것처럼 정말 공부가 중요한 것 같고요. 많이 배우고 많이 생각하고 많이 느끼고 갑니다.

저는 만나는 분들에게 동학혁명기념관을 꼭 다녀오라고 말씀드리고 싶었어요.

제가 학교 다닐 때 공부를 열심히 안한 사람인데요. 오늘 교수님들과 다니다 보니까 공부를 해야겠구나 생각을 했고요. 역시 공부 많이 하면 말이 많아지는구나 했습니다.

또 마이크를 잡게 되었는데요. 제가 혁명과 민주주의 강좌를 듣게 되었을 때. 3·1운동이 혁명인가 운동인가에 문제에 대해서 해결이 안 되어서 운동이라고 생각을 했어요. 오늘 동학혁명기념관을 보고 난 뒤에 느낄 수 있는 것이 무엇인가 하면은 3·1운동이 아직까지 혁명이라고 얘기하기에는 여러 가지의 문제점은 많이 있지만은 동학과 연계를 하고, 3·1운동이 왜 혁명이 아닐까 하는 문제에 대한 제 생각은 3·1운동의 반봉건이 없어요. 그래서 그 문제를 어떻게 해결할 것인가를 생각을 했었는데, 아마 우리가 1910년에 한일 합방이 되고 난 뒤에 반봉건 문제가 해결이 되었기 때문에 운동만 되지 않았나, 이런 어떤 문제를 보게 되는 처음에 제가 강의를 시작했을 때 보다 3·1운동을 혁명으로 보는 것에 가까이 와 있어서 동학의 어떤 이해에 많은 도움이 많이 되었습니다.

개인적으로 저의 고향에 아버지의 고향에 와서 따로 생각을 많이 하게 되었고요, 94년에 아이들과 같이 동학혁명답사 기획했을 때와도 다른 기분이 들고요, 20년 전과 지금은 생각하는 게 좀 많이 바뀌었고요. 훨씬 더 많이 그 부분에 대해서 공부가 되고, 사람들에게 많이 알려지고 있구나라고 생각이 들었고요. 사실은 어려서 아버지한테 동학에 대한 얘기를 많이 들었고 삼례는 제가 태어난 곳이고 해서 개인적으로 여러 가지 많은 생각을 하게 되었습니다.

좋은 경험 했고요. 교수님들이 하시는 말씀에 대해서 여러 가지 관점에서 상황을 볼 수 있어서 굉장히 좋았고 동학농민운동이 처음에는 반란, 폭동으로 여겨지다가 점점 운동 그 다음에는 혁명으로 인식이 바뀌는 것을 보면서 역사라는 것이 많은 연구를 통해서 더 알아갈수록 좀 더 진실에 가깝게 평가를 할 수 있다는 느낌이 들었습니다.

교수님들과 함께 할 수 있어서 즐겁고 재미있었고요. 사실 한편으로는 아쉬운 점도 많았어요. 저희가 돌아본 곳이 박정희가 지은 기념관, 전두환이 지은 뭐 이렇게 되어서 사실은 동학농민혁명이 제대로 평가되지 않고 누군가에 대해서 이용당하는 대상이었는데, 저도 오늘 반봉건 반외세 이런 것에 대해서 많이 생각할 수 있었고 제일 중요한 것은 이게 정치인이나 역사에 박제되어있는 문제가 아니라 얼마 전에도 4.19였고 조금 있으면 5.18인데, 그때 120년 전에 있었던 과제들이 지금 얼마나 해결 되었나 현재적으로 진지하게 고민을 해보게 되는 계기가 되었습니다.

아침 일찍부터 교수님들과 함께 역사적인 현장을 방문하게 되어서 너무 행복했고요. 여러 선생님들의 지식들을 배울 수 있어서, 살짝 엿볼 수 있어서 행복했습니다. 혁명과 민주주의를 통해서 사실은 고등학교까지 세계사하고 한국사를 별개로 배웠기 때문에 우리에 역사에 대해서는 혁명,

세계적인 흐름을 같은 맥락에서 생각해보지 못했는데, 그런 세계적인 흐름의 맥락에서 우리의 역사를 같이 보게 될 수 있어서 좋은 계기가 되었고요. 역사적인 현장을 선생님들과 같이 밟을 수 있어서 살아있는 역사로 접할 수 있는 시간이 되었습니다. 남아 있는 멕시코 혁명이나 중국혁명에 대해서도 더 기대가 커질 수 있었던 시간이었던 것 같습니다.

고등학교 때 교과서를 통해서 혹은 선생님을 통해서 동학에 관련해서 배워왔는데, 배워오는 과정 하나하나에 있었던 사실들이 얼마나 많은 학자들에 의해서 교수님들에 의해서 입증되었는지 연구에 대해 그림이 그려졌고, 또 많은 자료들과 논문들을 통해서 만들어지는 이러한 과정들을 이 자리를 통해서 알게 되었고 앞으로도 또 이러한 사실들 하나하나 붙여지는 명칭 또한 얼마나 서로간의 많은 대화와 논쟁을 통해서 붙여졌는지, 옛 선생님들의 노력들을 보게 되는 기회였습니다.

아무래도 민교협 간사로서 행정적인 일을 처리하다 보니까 아무래도 오늘 하는 행사가 잘 만들어진 것에 대해서 사실 너무 감사드립니다. 교수님들 많이 도와주셔서 항상 지원해주시고, 일되게끔 만들어주셔서 감사드리고요 답사라는 게 가르치는 사람만 가서는 답사가 이루어지는 것이 아니잖아요. 여기 바쁜 와중에도 시간 쪼개서 와주신 학생, 어머니 분들 너무 감사드리고, 어머니 중 한분이 사실 8시쯤에 일정 딱 맞춰서 서울에 도착할거라 생각하고 중요한 약속을 잡으셨대요. 일정이 미뤄지고 늦춰지고 하셔서 약속을 취소하셨는데, 휴게소에서 아름다운 상황이 아니었는데 어머니께서 솔선수범해주셔서 정리하게 도와주신 것에 대해서 정말 오늘 하루의 답사가 많은 분들이 도와주셔서 정말 잘 끝났구나 이런 생각이 듭니다. 다시 한번 감사드리고 다음 수업도 잘 이끌어 나갔으면 좋겠습니다.

답사 같은 것을 할 때마다 느끼는 거지만 유물들이나 시설 이런 것들을 직접 본 것으로서 역사에 대한 넓은 안목을 가지게 되었다고 할까 글로 배우고 선생님의 일방적인 강의를 듣는 것보다 직접 가서 보는 것이 기억에 잘 남고 그에 따라 역사에 대한 넓은 안목을 가질 기회가 되지 않았나 생각이 들고 제가 이 답사에서 특별히 느꼈던 것은 동학운동이 혁명기념관에서 어떤 것은 박정희 정권 때 만든 것이고 어떤 것은 전두환 정권 때 만든 것이고, 어떤 것은 김대중 정권 때 만든 것인데 그것을 보면서 역사를 기념하고 후세에 되새기는 이것에 대해서 많은 것을 느낄 수 있었던 답사가 아니었나 싶습니다.

오후 7시 45분이네요. 오전 7시쯤 만나서 12시간이 이상이 지났습니다. 출발을 7시 30분 가까이한 것 같으니까 버스 탄 것만도 12시간이 넘었는데 다들 피곤하시리라 생각 하는데요. 하여튼 저도 민교협의 총무로서 교육 강좌를 준비하고 또 외부에서의 답사를 준비하는 사람의 한명으로서 잘 끝난 것 같아서 굉장히 감사하다 말씀드리고 싶습니다. 특히 외부 답사에 오셔서 아주 열띤 강의와 이같이 도움 되는 말씀을 해주신 우리 선생님들 최갑수, 한인섭, 정근식, 한정숙 선생님 다 고맙단 말씀을 드리고요, 저희 민교협 교양강좌가 작년 2학기 때부터 시작해서 3번짼데 처음에 시작할 땐 한두번 하다 그만두겠지 했는데 3번 이어지면서 그만두기는 힘들게 된 것 같습니다. 이게 참 걱정입니다 언제까지 계속 할 수 있을지. 그런데도 불구하고 보람을 느끼는 것은 한번 두 번 세 번 하면서 점점 교양강좌도 나름대로 체계가 갖춰지고 교양강좌에 따른 답사도, 처음엔 답사를 한다는 생각이 없었었는데 선생님들이 말씀하시던 아이디어 차원에서 나오고, 해보자 해서 하다보니까 반응이 괜찮다 보니까 답사는 늘 반드시 따라가는 코스가 되었고, 답사도 그전에는 반나절 가다가 하루 풀로 잡아서 멀리까지 오게 되고 점점 발전해 나간다는 생각이 들어서 기쁘다는 생각이 들고, 서울대 내에서 새로운 하나의 전통을 만들어가고 있다는 생각도 들었습니다. 오늘 여러 가지 배울 수 있는 기회였고요. 특히 동학이라는 사건 또는 역사적 사건을 혁명 이것을 굉장히 크게 동아시아적 시각에서 바라 볼 수 있는 여러 가지 말씀들을 많이 해주셔서 굉장히 좋은 도움이 된 것 같습니다.

학생들, 우리 교양강좌 듣는 선생님들, 여러분들 참가를 했는데요. 원래는 동학 120주년이어서 1박 2일로 답사를 할까 생각을 하다가 무리해서 하루로 했는데 그러다 보니까 가장 중요한 공주, 우금치를 못 가봤고요. 백산, 장흥 석대들, 전주성을 못 가봤고 이렇게 중요한데, 충청도 보은을 못 가봤고 제가 생각하기에는 한 5군데를 제대로 못 가봤습니다. 아까 한인섭 선생이 설명했지만 해주도 가봐야 하고, 그 다음에 평양성 전투가 아주 중요한 전투거든요. 평양도 가보고 그러면 적어도 한반도에서 발생했던 1894년의 의미를 온전하게 깨우칠 수 있지 않을까 생각을 하고요. 보람과 함께 아쉬움이 남는데 통일이 되면 평양까지 답사를 하자 이렇게 생각을 하고요. 올 가을에는 아마도 다른 프로그램이 준비가 되어있고 내년 봄쯤에는 이번 봄에 '혁명과 민주주의' 했으니까 내년 봄 강좌는 '전쟁과 평화' 이렇게 하면 어떨까 하고 생각하고요. 조금 더 많이 발전하면은 답사지역도 대마도 가보고 압록강에 어귀에 있는 전투지역도 가보고 이렇게 하면 좋지 않을까 생각을 해 봅니다. 우리사회가 좀 더 안전해지고 민주주의가 좀 더 튼튼해지고 동아시아의 평화가 좀 더 굳건하게 되는 날까지 우리 교양강좌가 발전되면 어떨까 생각합니다.

민교협 교양강좌는 매학기 열리고 매번 새로운 주제로 하니까 이번에 들으신 분들 다음 학기 그다음 학기 계속 들어 주시면 감사하겠습니다. 아까 말씀 안 드렸는데, 제가 지리학을 하다 보니까 기념관 가서 지도가 참 재미있더라고요. 동학군이 움직이는 지도를 보다 보니까 이상하게 경상도 쪽에서는 해안가 쪽하고 경상남도, 대구까지도 영향이 없었던 것 같더라고요. 움직임이 없었던 것 같은데, 실제로 동학이 전파가 안 된 건지 아니면 누군가가 분위기를 잡았는지 궁금했어요. 지리적 차이가 발생했는지, 농업을 중심으로 하던 그런 지역을 중심으로 농민들이 봉기해서 그런 것인지 아니면 경상도 해안가랑 경상남도는 생활기반이 좀 달라서, 상황이 달라서 그랬는지 그런 연구가 있는지에 대한 것이 궁금하기도 하고.

한국사에 대해 약간의 들은 이야기를 말씀드리면 조선왕조의 유적지만은 특히 무엇보다도 호남이었고, 경상도 지역은 혁명이 어렵고 큰 뜻이 없어서 상대적으로 봉건적 수치라고 할까 그런게 높은게 아닌가 그런 생각을 하는데 동학은 어땠습니까, 동학은? 많이 있었는데 이쪽이 수취에서 심한 것이 아닌가, 지주제가 없으니까 가혹한 방식으로 작동을 했던 것 아닌가 무엇보다도 조선왕조의 유적기반이 호남이였으니까 조언이 가능하고 얘기가 원대하게 진행이 되는 것 같네요 그런 생각을 했어요. 한인섭 선생님께서 해주도 가고 평양도 가자고 하셔서 저도 아까 지도에서 보니 해주에서도 동학이 활동한 표시가 되더라고요. 강원도 쪽 그다음에 황해도 쪽까지는 갔었어요. 지금 그 이북에서 최남단까지도 동학혁명의 여파가 미쳤었구나 하는 것을 알 수 있었습니다. 궁금했던 것은 북한에서는 동학을 어떻게 평가를 할까 어떻게 연구를 하고 있을까 하는 것이 궁금했는데 그것은 아마 남북간의 외교문제를 통해서 확인할 수 있는 사항이 아닌가 생각이 들고요. 평양도 가보자 이런 말씀을 하셨는데, 그쪽 지역에 가보면요. 독립운동을 한 사회 흔적이 참 많이 남아있거든요 저는 재작년에 답사를 갔다 왔습니다. 제가 뭐 독립운동기지 최대한의 동쪽지역에 가보고 그쪽에도 보면 독립운동가들의 사회주의 운동 흔적이 참 많이 남아 있거든요. 저는 재작년에 저희과 학생들 다같이 답사를 갔다 왔습니다. 다른 분들하고도 같이 그곳을 가볼 수 있으면 좋겠다. 하는 생각도 했습니다. 여건이 문제겠죠. 전쟁과 평화라고 하는 주제에 대해서 강의를 확실히 준비를 하게 된다면 그 문제에 대해서 우리사회가 정말 할 얘기들이 많지 않을

가 생각했습니다. 여러분들께서 열심히 참여해주시면 그것에 자극을 받아서 교수님들은 강의 준비를 많이 하시고 이야기를 생각하게 될 것입니다. 그래서 많이 참여해주세요.

아무리 생각해도 정말 감사할 일이 많고요 일정을, 안전을 위해서 수고해 주신 우리 기사님께 먼저 박수를 한번. 계속 중간에 내리고 해서 일정이 힘드셨을 텐데, 끝까지 안전하게 해주시길 부탁드리고요, 중간에 연락부터 시작해서 모든 것을 다 해주신 주무열 간사님한테도 박수 부탁드리고요. 당대의 최고의 교수님들이 한 분도 아니고 두 분도 아니고 다섯 분이나 오시니까 지적인 이게 어떻게 빛이 나는 거구나를 매우 잘 느낄수 있는 너무나 좋은 기회였습니다. 그래서 이게 참 공부라고 하는 것은 저렇게 해야 하는 거구나라는 생각이 많이 들었구요 단순히 지식을 전달하구나 하고 펼치는 것이 아니라 이 시대에 있는 문제의식을 굉장히 많이 듣고서 말씀을 해주셔서 시대에 대한 어떤 고민과 그리고 우리 시대를 생각하는 어떤 삶의 문제까지도 와 닿아서 참으로 뜻깊은 시간이었던 것 같습니다. 개인적으로는 동학과 인권과 관련해서도 다시 한번 제가 조금 더 공부해봐야겠다는 자극도 받았고요 너무 전부다 감사하다는 얘기만 해서 뭐 한 가지 좀 아닌 걸 해볼까 생각을 해봤는데, 오늘은 너무나 교수님들이 주역이셨던 것 같아요. 좀더 질문을 유도해 내는 시간이 있었더라면 훨씬 더 대화적이고 배우는 사람들의 어떤 호기심과 지적인 자극과 새로운 영역이 있지는 않았을까 하는 생각이 들어서 교수님들이 질문을 좀 끌어내고 뒤에 배우는 사람들도 질문을 좀 했으면 좋았겠다. 질문을 매우 어렵게 생각하잖아요. 이런 걸 알고 있습니다라는 것을 보여 주는게 우리사회의 질문인 것 같은데, 질문은 정말 모르면 그냥 하는 것이 질문인데 좀 편안하게 질문할 수 있는 그리고 몰라도 질문할 수 있는 이런 게 있음 참 좋겠다, 이런 생각이 들었습니다. 여하튼 그냥 제가 한 마디 해본 거고요. 이 모든 걸 떠나서 교수님들께서 오늘 온 사람들에게 뭔가를 하나라도 더 가르쳐 주고 같이 뭔가를 하려고하는 그 마음이 저한테는 와닿아서 빛나는 너무나 행복한 하루였다는 말씀을 드리고 싶습니다. 감사합니다.

일단 이게 좋은 자리에 와서 좋은 지식을 얻고 많은걸 배워서 너무 감사드립니다. 학교 다닐 때는 전공이 역사여서 대학 때 이쪽에 와보고 진짜 오랜만에 왔는데, 아는 것도 많은 것이 변하고 새로운 것도 많이 있고 많은 사실도 밝혀지고 배웠습니다. 그리고 지금 차안에서 교수님들이 말씀하신 거나 여러분들께서 말씀하시는게 지금 녹음되고 있어요. 조만간에 책으로 다 엮어질 것입니다. 그때 한번 새로운 느낌으로 맞으시기 바랍니다.

버스를 제공해준 경인문화사에도 박수를 보냅니다. 아까 그 문병학 선생님이 어마어마한 시간을 내주고 굉장한 설명을 해주고, 더 설명을 해주고 싶었는데 시간이 부족해 가지고 아마 그랬던 것 같습니다. 이야기 중에서 전봉준의 법정 심문에서의 당당함의 예를 들어 주셨잖아요. 그것은 전봉준 공초, 전봉준에 대한 공판 조서입니다 조서를 인터넷에서 찾아보니까 책이 한권이에요. 1차에서 5차까지. 오늘 사진도 받았잖아요. 사진 한 장 딱 있는데 그게 다리가 불편해서 고문을 너무 당해가지고 보행할 수 없는 그런 상태였다고 합니다. 부하들이 우금치 전투에서 몰살당했는데 첫 전투에서 한 7,000명이 죽고 30명이 남았고, 그다음에 우금치에서 2차전투를 해서 그중에서 500명 남았다고 합니다. 500명만 남기고 돌아왔을 때 패자의 처참한 마음 그런 상태에서 다시 재기를 도모하다가 결국 순창에서 잡혀가지고 정말 끌려와서 정말 어마어마한 고문을 받아냈습니다. 그런데 법정에서 나오는 태도는 정말 조금도 흐트러지지 않았습니다. 법정에서 그런 태도를 취하기란 정말 어렵습니다. 적의 포로로서 심문을 받고 최후진술을 하게 되는데 시종일관 국민으로서의 아주 당당한 그런 모습을 보이고, 거기에서 읽어보니까 동학과의 관련이 많지 않느냐라는 질문으로 계속 추궁합니다. 그런데 전봉준은 그렇지 않다 하면서 계속 부인을 하게 되고 아는 사람이 많지 않느냐 하니까 모두가 알고 있는 그런 일 외에는 절대 추가로 밝히지를 않더라고요. 법정의 태도에서 볼 때 동학에 관해서 넓히면 동학교도에게는 종교 탄압하는 것 같지 않겠어요. 동학에 관련된 사람을 죽이는 판국이니 이미 잡힌 사람들 외에는 불지 않습니다. 그런 태도를 보이고 이러한 문제, 대원군과의 관계를 추궁하고 있는데 그런 것들에 대한 관계도 부인을 하고 해가지고 자기가 책임을 지고 도모를 했다, 봉기를 동학에 관련해서 확대하지 않고 공초를 곧이곧대로 보고 동학에 관련사항이 없다 그냥 갑오농민전쟁이다, 이런 식으로 북한에서 그렇게 보게 되었고 남쪽에서는 동학이라는 글자를 붙여가지고 해석하고 있는 것 같은데 북한은 종교가 한국에 어마어마한 민족운동의 결정적 동맹이었다라는 이야기들은 종교자유를 탄압하는 입장에서 별로 좋지 않잖아요. 그러니까 동학은 빼내고 전봉준 공초를 넣어라 근데도 동학은 관련사항 없다. 이렇게 이야기를 하면서 전봉준은 농민혁명투사라고 붙여지고 농민혁명전쟁 전봉준 하면 현재 유명한 농민혁명전쟁에 대해 이야기를 한 것 같은데요. 공초에 임하면서 전봉준이 동학에 관련사항을 일부러 부인하고 있지만, 그 태도 그 자세 속에 굳건한 종교적 믿음이 없이는 굉장히 나오기 힘든 것 같습니다. 1927년에 재판 기록 중에서는 가장 어마어마한 법정 수사를 기록하는 삼대 사건 중에 하나 특이한 것이 있는데 그것이 만주에서 천도교 혁신파들이 사회주의 냄새를 풍기지 않는 그런 수사를 했던 것들이 있는데, 그때 잡혔던 인사들의 법정태도와 수사 태도를 보니까 검사자격의 경찰을 쓰지 않으면 자기는 한마디도 답하지 않겠다고 했고요. 그다음에 이동구라는 이름은 내가 버렸다, 그리고 웃었다. 천도교와는 관련성이 있는 것 같은데 그런 이름으로 부르지 않는 한 이 재판에 대답하지 않겠다, 이런 식으로 진술해 가지고 결국 답을 얻어내기 위해서 검사와 판사가 전언을 씁니다. 쓰고 그러면서 답을 해내는데 그러면서 나를 존중해야만 나의 인권을 행사하겠다, 법정에서 수사를 받으면서도 자기 인권을 행사하려고 하지 유출시켜 가지고 살려달라는 이런 행동은 전혀 보이지 않아요. 그래서 포로가 되고 가혹한 심문을 받고난 후의 전봉준의 모습이 동학혁명의 완성이 아니었는가 이런 생각이 드네요. 말 그대로 싹싹 빌고 살려 달라 뭐 이런 것들이 공초에 남아있다고 생각해 보세요. 참 정말 실망스럽잖아요. 그러면서 정말 죽을 놈 앞에 두고 검사 혼자 법정에서 완성해 갔던 그런 모습이 참 정말 아름답지 않느냐 하고 경의를 품게 되었습니다. 대학에 들어와서 처음 읽었던 한우근, 유영익 선생님 책, 동학에 대한 책들, 『동학난 기인에 관한 연구』(한국문화연구소, 1971), 동학난이라고 많이 했어요. 오늘 비석에 보니까 동접이란 말도 하고 동비라는 그런 말도 만들었어요. 1980년에 5.18이 났잖아요. 5.18은 어떻게 역사에 들여올 것인가에 대해서 명령 투쟁이 한 20명 보였습니다. 전두환 정권은 광주 폭동 이렇게 끝냈어요. 그러나 아직 그것을 항쟁, 봉기, 민족운동, 혁명운동 여러 이름들이 하나의 시대가 진행되면서 일종의 타협체계로 5.18민주화운동 이렇게 공식적으로 불러졌잖아요. 그래서 역사적 용어라고 하는 것은 굉장히 중요한 것이로구나 라는 것을 그때 느끼게 되었고 그러면서 동학운동은 무엇이냐 국가로서 일찌감치 갑오농민전쟁이 나왔고 하고나서 발전하는 것을 보니까 어느 선생의 논문이 이제 생각이 나는데요. 갑오라는 말은 60년마다 한번 돌아오니까 그렇게 쓰지 말자 그러면서 1894년 이렇게 쓰고 동학이라고 하는 것이 중요한 결집요인이었으니까 동학이란 단어를 쓰고, 그다음에 결정적으로 주체는 농민이니까 동학농민혁명, 이렇게 1894년 동학농민혁명운동인가 그렇게 되었다고 생각합니다. 마지막으로 박정희 전두환 김대중 이런 사람들이 등장했는데 전봉준의 업적은 가로채는 나쁜 놈들 다 그렇진 않지만 나쁜 놈 이런식으로 생각하다가 역사의 해석은 나쁜 놈을 통해서 더 위대해 질수도 있지 않을까 그러다가 민주주의 경제에서 박정희 전두환 그런 사람들조차 동학혁명을 기려야 된다는 생각을 가지고 기리면 자기에게도 좋고 남에게도 좋다 이런 생각을 가지게 될 정도였다고 한다면 그들에게 갑오년 동학농민운동, 동학 농민혁명운동의 미래성 이런 것들이 오히려 역사를 제대로 보게 할 수 있는 것이 아닌가 그런 생각도 새삼 들었거든요. 동학혁명 기념물의 형상화의 차원에서 아쉬운 게 많은거 같아요. 그중에 미학적으로 정말 가슴이 뭉클하게 기억할 만하다 하는 기념물이 있었습니다. 미술은 잘 모르지만 그건 어떤 민족 노예라든지 역사적인 의미를 가진 사적들은 어떻게 기념화할 것인가 형상화할 것인가에 전봉준 선생님이 많은 기여를 했습니다. 그러한 관점에서 보면 동학에 대한 예술적 향상과 이런 것들이 어떻게 보이는지 한번 들어보고 싶습니다.

동학에 관한 기념물들은 조금 위에 기념물들로 이루어지다가 처음으로 기념관이 만들어지면서 서사적인 형태로 바뀌는 걸로 일단 보이고요. 기념물들의 미학적인 문제는 제가 보기에는 별로 깊게 생각하지 않았던 것이 아닌가 하는 생각이 들고, 아까 우리 장승에서 보다시피 사실과는 어긋나는, 아까 여러분들 시간 없어서 안 봤지만 83년도에 만들어진 기념관 안에 가보면 그림이 있는데 그림도 한선생이 설명했지만 갓 쓴 전봉준 그림이 있어서 사진을 찍어왔는데, 많은 경우에는 당시에 농민군들은 사진을 남길 수 있는 여유랄까 장비가 전혀 없었습니다. 전봉준 양반 사진도 일본 사람이 당시에 일본군의 허락을 받아서 특별히 일본 사진사가 찍은 사진이거든요 그래서 리얼리즘 맥락에서 보더라도 사실성이 떨어지고 미학적인 차원에서도 굉장히 사실적 거래가 안 되어있는 기념물들입니다. 그런 기념물들에 대한 여러 가지 수법들은 상징성이랄까 사실주의적인 그러한 수법들은 상대적인 사회주의국가들에서 훨씬 더 많이 발달되어 있거든요, 예를 들면 발발한 해를 기념한다던지. 발발한 사건의 시행자들의 수를 형상화한다던지 여러 가지 각도에서 상징성을 부여하는데, 우리의 기념물들은 상징적 차원에서는 굉장히 낮은 그러한 것들이어서 아쉬움이 많이 남아 있다고 생각을 하고요. 처음 본 작품 이런 것들은 국가주의적인 작품이여서 안타까운 부분이 많이 있습니다. 연구했던 기념문제에서 거창에 가면 제일 의미 있는 기념물이 하나 있어요. 광주에 민간인 학살의 책임이 군인들에게 있었다. 따라서 오늘날 군인들이 학살을 참회하는 기념물이 하나 있는데 그것역시 사실은 우리의 희망을 만들어 상징화한 것이어서 사실과는 다른데, 한편으로는 의미가 있는 기념물 때때로 우리가 보는 기념물들이 무엇을 말한다, 그런 것이 아닌 좀 더 균형감각을 가진 미학적 작품이라는 방향으로 전진을 하려고 하면 더 많은 문화적인 성숙이 있어야 한다, 치열한 역사의식과 함께 문화적인 역사의식이 있어야지 대한민국이 하나의 작품으로 만들어지지 그렇지 않으면 전부 규모, 크기, 덩어리로 존재하는 그런 상황입니다. 아직 우리나라의 기념문화는 충분히 문화의 수준 차원을 고려하지 않은 방식으로 전개된 것이 확실하다, 이것이 오늘 답사의 결과 중 하나라고 생각을 합니다.

최갑수

서울대 서양사학과 교수, 한국서양사학회장, 한국프랑스사학회장 역임, (공)저서로 〈근대 유럽의 형성〉, 〈프랑스 구체제의 권력구조와 사회〉, 〈유라시아 천년을 가다〉 등이, 역서로 〈프랑스대혁명사〉, 〈왕정의 몰락과 프랑스혁명〉, 〈프랑스의 역사〉, 〈1789년의 대공포〉 등이 있으며, 〈역사용어사전〉을 편찬했다.

한인섭

서울대 법대 교수, 한국형사정책학회, 법과사회이론학회 회장 역임. 저서로 〈가인 김병로〉, 〈식민지 법정에서 독립을 변론하다〉, 〈인권변론 한 시대〉, 〈5.18 재판과 사회정의〉, 〈형벌과 사회통제〉 등이 있으며 〈인권변론자료집(1970년대)〉, 〈항일민족변론자료집〉 등을 정리하였다.

한정숙

서울대 서양사학과 교수. 서울대 러시아연구소장 역임. 현재 한국러시아사학회 회장. 주요 저서로 〈시베리아 유형의 역사〉(저서), 〈여성은 이렇게 말했다〉(저서), 〈독일통일과 여성〉(공저) 등과 〈우크라이나의 역사 1〉, 〈유랑시인〉(편역) 등의 역서, 편역서가 있다.

유용태

서울대 역사교육과 교수. 중국근현대사학회 회장 역임. 주요 저서로 〈동아시아의 농지개혁과 토지혁명〉(편저), 〈한중관계의 역사와 현실: 근대외교, 상호인식〉(편저), 〈직업대표제, 근대중국의 민주유산〉, 〈함께 읽는 동아시아 근현대사〉(공저), 〈지식청년과 농민사회의 혁명〉 등이 있다.

정용욱

서울대 국사학과 교수. 한국역사연구회 회장 역임. 〈해방 전후 미국의 대한정책〉, 〈강압의 과학〉 등의 저·역서가 있으며, 최근 "웨드마이어 장군 전상서—네 지식인이 논한 1947년 8월의 시국과 그 타개책", "냉전의 평화, 분단의 평화" 등의 논문이 있음. 6·25 전쟁기 심리전과 냉전 문화, 한국 현대 민족주의 등의 연구를 진행하고 있다.

박구병

아주대 사학과 교수. 한국서양사학회 편집위원장, 한국라틴아메리카학회 출판이사. (공)저서로 〈제3세계의 역사와 문화〉, 〈글로벌 냉전의 지역적 특성〉, 〈포퓰리즘과 민주주의〉 등, 역서로 〈변화하는 라틴아메리카〉, 〈근대세계체제 Ⅳ〉 등이 있다.

공익과인권
서울대 민주화교수협의회, 서울대학교 법학연구소 공익인권법센터

혁명과 민주주의

초판 1쇄 인쇄 2018년 5월 31일
초판 1쇄 발행 2018년 6월 7일

저   자 최갑수, 한인섭, 한정숙, 유용태, 정용욱, 박구병

발 행 인 한정희
발 행 처 경인문화사
총 괄 이 사 김환기
편 집 부 김지선 한명진 박수진 유지혜 장동주
관리·영업부 김선규 하재일 유인순
출 판 번 호 제10-18호(1973년 11월 8일)
주   소 경기도 파주시 회동길 445-1 경인빌딩 B동 4층
대 표 전 화 031-955-9300   팩 스 031-955-9310
홈 페 이 지 http://www.kyunginp.co.kr
이 메 일 kyungin@kyunginp.co.kr

ISBN 978-89-499-4751-8 03300
값 12,000원